けいほうとみんぽうのたいわ

刑法与民法的对话

[日] 佐伯仁志 道垣内弘人 著

于改之 张小宁 译

北京大学出版社
PEKING UNIVERSITY PRESS

译 序

顷接山东大学法学院于改之教授电话,请我为其与张小宁博士共同翻译的日本东京大学著名刑法学家佐伯仁志教授和著名民法学家道垣内弘人教授的《刑法与民法的对话》一书作序,我欣然应允。

我早已从我的学生付立庆博士那里听说过这本书,付立庆在攻读博士期间曾经到日本东京大学访学两年。在其回国期间,向我介绍了这本独具特色的书,并将目录翻译给我看。当时在法律出版社任职的蒋浩先生也有意在中国策划出版这样一本书,但终因条件不成熟而未果。现在,该书的中译本终于在我国出版,使我国读者得以受惠,这是值得庆贺的。

刑法在整个法律部门中处于一个十分独特的地位,它是其他法律的制裁力量,因而与其他部门法之间具有极其紧密的联系。如果说,刑法总论,包括犯罪论和刑罚论,具有刑法的专属性,更多的是刑法自身所特有的专门知识。那么,刑法各论,主要是指各类犯罪的理论,与其他部门法之间则存在着不可分割的联系。财产犯罪与民法的联系,就是一个明显的例证。可以说,如果没有充分的民法知识,对于财产犯罪的研究是不可能深入的。在这个意义上说,刑法更多地是向民法学习,将民法知识融入刑法的教义学分析当中。例如我国1997年《刑法》设立侵占罪以后,曾经出现过这样一种观点,认为此后欠债不还的行为,就可以按照侵占罪定罪处罚。因为所欠债务系他人财物,不还就是非法地据为己有,因而符合侵占罪的特征。但后来又认为,欠债不还只是侵犯债权的行为,而侵占是侵犯物权的行为。只有借用他人的特定物而非法据为己有的行为才构成侵占罪,而货币系种类物,借钱即使拒不归还,也不能构成侵占罪。欠债不还为什么不构成侵占,难道仅仅是债权与物权的差别吗?或者仅仅是种类物与特定物的差别?对此,我也未能深刻理解。后来,在应邀参加深圳市公安局经侦部门的一次经济犯罪案例点评会议上,我首次从著名民法学家梁慧星教授那里听到"对于货币来说,采用的是占有即所有这一原理",这对于我来说可谓茅塞顿开。侵占代为保管的他人财物,是以占有与所有的分离为前提的。但在欠债不还的情况下,占有即所有,因而不存在占有与所有的分离,也就不具备侵占罪所要求的"侵占代为保管的他人财物"的要件,所以欠债不还不能构成侵占罪。当然,在这里并不是说不存在保管他人货币的事实,因而也不是说不存在侵占代为保管他人货币的情形。在该书中,佐伯教授和道垣内教授对这些问题都进行了较为深入的探讨,例如佐伯教授提出基于他人的委托行为所受领的金钱,因为受领的金钱属于委托人所有,因此,如果受托人随意使用该金钱的构成侵占。这一定性是否违反民法上的金钱所有权是随着占有一并转移,即占有即所有这一原理呢?围绕这一问题,佐伯教授与道垣内教授展开了讨论。对此,道垣内教授指出:虽然末川博先生与川岛武宜先生确立了"占有人享有所有权,占有的所在与所有权的所在并不分离"的学说,但至少末川先生也承认,在例外的情况下金钱的事实性支配与所有权是分离的。由此可见,例外的情形是存在的,刑法对于货币的占有即所有原理的理解,也应当根据具体情况进行具体分析。我认为,在该书中,佐伯教授和道垣内教授对于上述刑民交错问题的探讨,对于我国学者正确地认定财产犯罪具有重要启迪。

在一般情况下,对于财产犯罪认定来说,都应当以相关的民法知识为前提,那么,刑法是否完全从属于民法而不具有自身的独立性呢?这个问题,也是在财产犯罪中处理刑法与民法关系的时候,必须应当关注的。应当说,刑法与民法的逻辑并非完全相同,两者在逻辑上的差异可能会影响到刑法中对财产犯罪的定性。例如我国学者以不法给付为例对刑法与民法的关系作了探讨。在民法上不法给付是不受保护的,但在刑法上侵占不法给付的财物同样可以构成侵占罪。我国学者由此得出结论:"刑法的保护并不以某种利益在民法上得到认同作为前提。财产犯罪的法益不是民法确立的财产性权利,而是事实上的财产利益。尽管在多数情况下,这一事实上的利益内容也可以表述为财产权利,因为刑法与民法指涉的社会生活具有相同性,因此对同一对象的指称存在互相借用的情况,毕竟同一生活情景拥有多种叙述方式,但后者不足以涵括前者,即作为刑罚制度出发点的法益较之民法中的权利具有更为广泛的生活内容"。① 这种观点强调了刑法与民法对于财产权利保护上的差异性,这种差异性在盗窃罪的保护法益是所有还是占有这个问题上也表现得十分明显,其中本权说和占有说的对立就深刻地反映了这一点。对此,日本学者西田典之指出:"本权说与占有说之间的对立,可以说是围绕以下问题展开的,盗窃罪这一规定究竟是为了保护私法上的正当权利关系还是保护事实上的财产秩序,进一步而言,以刑事法的形式禁止私力救济应控制在什么范围之内。为此,这一问题的对策就远远超越了对于从盗窃犯人处夺回自己之物这一行为的刑法处理,其解答还应包括对刑法介入民事纠纷应控制在何种程度这一现实问题的回答,例如,收回未支付租金的租赁

---

① 刘凤科:《刑法在现代法律体系中的地位与特征》,人民法院出版社2007年版,第175—176页。

物件、收回未支付货款的已销售的分期付款商品、因期限届满而收回担保物等。"①由此可见,刑法逻辑的独特性也是应当受到尊重的。在强调刑法知识独特性的情况下,刑法与民法之间就会产生一定的冲突,如何解决这一冲突,也是刑法学者与民法学者共同应当面对的。在该书中,佐伯教授与道垣内教授围绕不法原因给付产生的讨论,对于解决刑法与民法之间的这种冲突具有参考价值。

《刑法与民法的对话》一书,在相当广阔的范围内展开了刑法与民法之间的知识整合,其所涉及的财产犯罪认定的民法基本问题,为我们打开了一扇知识大门,使我们得以深入浅出地体会刑法与民法之间的知识冲突、知识转换及其知识融合所带来的愉悦。

该书作者之一的佐伯仁志系日本东京大学教授,也是该书译者之一的于改之教授在东京大学访学时的导师。我与这两位教授都具有较深的交情。佐伯仁志教授曾经多次来中国参加学术研讨会,也是中日刑事法理论交流的中坚力量。佐伯教授与日本成蹊大学的金光旭教授主持了日中经济刑法比较研究的项目,为完成此项目,我和张明楷教授等2009年前去日本参加学术研讨,佐伯教授和金光旭教授等则在2010年前来中国参加学术研讨。通过互相之间的交流,不仅增长了知识,而且增进了彼此的友谊。现在,佐伯教授与道垣内教授的《刑法与民法的对话》一书由于改之、张小宁两位中国学者翻译、介绍到中国来,这是令人高兴的。我期待着佐伯教授更多的刑法著作能够在中国翻译出版,与中国读者见面。与此同时,该书涉及刑法与民法两大部门法的知识,而两位译者均是从事刑法研究的,可以说,该书在

---

① 〔日〕西田典之:《日本刑法各论》(第3版),刘明祥、王昭武译,中国人民大学出版社2007年版,第118页。

翻译上面临着知识与语言上的双重障碍。现在,两位译者克服重重困难,终于以流畅的中文完成了该书的翻译,这是极不容易的。对此,我也要对于改之和张小宁两位译者的辛勤劳动表示由衷的敬意。

是为序。

陈兴良

2011 年 6 月 21 日

谨识于北京海淀锦秋知春寓所

中文版序

本书是对作为刑法学者的佐伯与民法学者的道垣内就刑法与民法相交错的诸问题历时两年所进行的对话的整理。作为几乎没有先例的尝试，虽然本书究竟能在何种程度上取得成功尚不得而知，但毫无疑问的是，本书在对两大部门法学理论进行某种程度深化的同时，还从双方的角度提示了就刑法与民法相关联的课题展开研讨的必要性及乐趣。实际上，于2004年召开的日本刑法学会第82届大会便将"刑法与民法的交错"采纳为共同研究的课题，本书亦成为刑法学与民法学之间议论的滥觞，而此后的相关研究也日渐兴盛。

如果本书能够为中国刑法学与民法学的交流以及两大部门法学理论的深化提供些许参考，则甚感欣慰。

只是，因为本书即使是针对传统课题也立足于现在日本法学中最前沿的议论而展开，并且课题本身也多为迄今为止议论累积较少的现代性课题，所以书中可能存在一些即使是日本学者也不太容易理解的内容。又因为本书形式上是关系密切的朋友之间的会话，所以书中包含着很多的笑谈，并因此给翻译带来了相当的不便。在此，谨向使本书得以更容易地接近中国读者的译者于改之先生与张小宁博士表示由衷的谢意。

祝日本与中国的学术交流更上一层楼！

佐伯仁志
道垣内弘人
2010年1月

前　言

本书,是在作为刑法学者的我与民法学者的道垣内君就刑法与民法相交错的领域进行对话的基础上整理而成的。能有一年的时间与好友道垣内君进行对话,对我而言,既是极其快乐的经历,同时也是珍贵的学习机会。对话的初衷在于为学界提供点滴贡献,并为学生们提供些许学习乐趣,但能够取得多大成功还有待于读者的判断。

多数对话采用的是由我提问,由道垣内君回答,进而展开议论的方式。因此,无可否认的是,在题目的选择方面有较强的从刑法角度出发的倾向。连载于《法学教室》时使用的是"民法与刑法"的题目,但在本书中将其颠倒,修改为"刑法与民法的对话",原因正如上所述,而非我们两人争论民法与刑法孰轻孰重的结果。

在对话中频繁地出现"今后我再考虑一下"的表述,是因为我发现自己的发言中还存在众多需要补充之处。尽管如此,我还是依照对话的原样将其归纳于书中,原因在于:本想仔细琢磨补充完整后再作补充,但本人能力有限不知何时才能完成;对话以民法学与刑法学的交流契机为首要目的,该目的是否达成,为此现在才有整理本书的价值;等等。

如果本书能够获取某种意义上的成功,则主要归功于道垣内君。针对我的质疑,尽管显然未作充分准备(偶尔而非总是),但道垣内君总是能提供精辟的分析。每当看到这种情形,我总能感受到戏曲《阿玛迪斯》中安东尼奥·萨里耶利凝望莫扎特时的心情。所幸专业不同,我买回的冰激凌中并未投毒。

对话后，西田典之教授与中田裕康教授也曾莅临组织了座谈会。在我一年级时，西田先生曾教授我法学，由此开启了我法思考的大门，并直至今日一直耐心地指导我，在本次的对话与座谈会中，又为我们提供了诸多帮助。我与中田先生是在座谈会上才初次见面，先生提供的研讨笔记以及在座谈会期间亲切地指出的问题让我受益匪浅。在此谨对两位先生表示衷心的感谢。

在对话的连载过程中，我们收到了众多读者温暖人心的鼓励与珍贵的意见。特别是山口厚教授多次提出宝贵意见。森田教授指出了我的失误之处。立教大学的岛田聪一郎君在将对话整理为书籍时通读了全文并提出了许多宝贵意见。对话开始时，有斐阁的大井文夫君帮助甚大。在从准备对话到完成本书的过程中，有斐阁的田中朋子始终如一地为我们提供着种种支持。在此谨表示诚挚的谢意。

佐伯仁志
2001 年 3 月 31 日

目 录

译序/陈兴良　/001
中文版序/佐伯仁志　道垣内弘人　/007
前言/佐伯仁志　/009

第一回　寄托的现金

1. 前言　/001
2. 被限定了用途的寄托现金是否"他人之物"？　/003
3. 与合同宗旨的关系　/006
4. 刑法与民法之间真的存在差异吗？　/010
5. 刑法＝物权的保护、民法＝债权的保护？
   ——债权保护不够充分的理由　/012
6. 民法认为恶意人也值得保护吗？　/016
7. 扣押的场合　/018
8. 盗窃犯占有的赃款（1）
   ——现实的问题　/022
9. 盗窃犯占有的赃款（2）
   ——特别论述混合　/024
10. 使用寄存款购买物品或卖出寄存物时　/027

第二回　存款

1. 存款人是谁？　/029
2. 合同的宗旨与不法领得的意思　/033

3. 与汇款送金的法构造之间的关系　/ 036

4. 关于错误汇款的最高裁的判决　/ 038

第三回　不法原因给付

1. 不法原因给付与所有权的转移
   ——对昭和 45 年最高裁判决的理解　/ 047

2. 不法原因寄托的思考方法的登场　/ 051

3. 刑法学者提出的民法学说？　/ 056

4. 赘述　/ 059

5. 不法原因给付与诈骗罪的关系　/ 061

6.《民法》第 90 条与第 708 条的关系　/ 063

7. 不强制清偿的债务与诈骗罪的关系　/ 065

8. 总结　/ 071

第四回　非典型担保（1）

1. 前言　/ 073

2. 卖与担保与让与担保
   ——判例中的区别　/ 075

3. 外部转移型与内外部皆转移型的区别
   ——判例法理的现状　/ 078

4. 关于让与担保的清算义务的问题　/ 083

5. 让与担保的所有权构成与担保构成　/ 086

6. 论述所有权之所在的刑法意义　/ 091

第五回　非典型担保（2）

1. 让与担保权的效力接近于所有权还是抵押权？　／093
2. 所有权保留的问题点
   ——米仓教授的论文　／111
3. 应将所有权保留与让与担保作区别考虑吗？　／114
4. 关于典型担保权、特别是法定担保物权　／121

第六回　双重让与

1. 前言　／127
2. 有关所有权转移时期的议论现状　／130
3. 民法中为何重视交付？　／132
4. 刑法是否对被害的实质做出评价？　／135
5. 第二受让人的刑事责任　／140
6. "自由竞争论"的现状　／149

第七回　建筑物的他人性

1. 前言　／158
2. 根抵押权设定之意思表示的撤销　／160
3. 抵押权设定无效的场合　／165
4. 民事实体关系与民事诉讼的结果　／169
5. 民事裁判与刑事裁判中的"证明程度"　／172
6. "民法上也应该否定所有权存在的明确理由"
   与证明责任　／176
7. 民法保护占有吗？　／179

第八回　占有

1. 前言 / 182
2. 共同占有的观念化 / 183
3. 刑法"占有"中"意思"的要素 / 186
4. 围绕着占有脱离物侵占罪的客体 / 190
5. 哪一个"占有"的概念更广？ / 194
6. 依据与谁的关系确认占有？ / 197
7. 围绕着死者的占有 / 199
8. 侵入住宅罪中"住宅权"的思考方法 / 202

第九回　信用卡（1）

1. 信用卡交易的构成 / 209
2. 自己名义的信用卡的不正当使用 / 211
3. 针对会员资力的加盟店的利害关系 / 214
4. 理论的循环 / 216
5. 加盟店的交易拒绝义务或拒绝权的存在与否 / 219
6. 第 1 款诈骗还是第 2 款诈骗？ / 224

第十回　信用卡（2）

1. 前言 / 230
2. 他人名义的信用卡的不正当使用与承担损害者 / 231
3. 是否与使用自己名义的信用卡之间存在差别？ / 236
4. 卡会员承担损害的情况 / 239
5. 信用卡的 CASHING / 241
6. 可否返还无法预见的借款 / 246
7. 围绕着现金结算卡 / 248

第十一回　自救行为（1）

1. 前言　／250
2. 占有的自力救济论与盗窃罪的保护法益论的关系　／251
3. 民事判例与刑事判例的比较　／257
4. 紧急性的要件　／260
5. 手段的相当性　／263
6. （以工薪阶层为对象的）高利贷的催收　／265

第十二回　自救行为（2）

1. 公司更生中的自力执行与盗窃罪　／270
2. 汽车的收回　／274
3. 非典型担保权人拥有的自力执行权　／279
4. 正当防卫·紧急避险·自救行为（自力救济）的概念
   ——刑法与民法的比较　／288

第十三回　因合同而生的正当化

1. 前言
   ——何谓"因合同而生的正当化"？　／297
2. 没完没了？　／301
3. 因诈骗·强迫而缔结的合同的正当化能力　／304
4. 因无效或可撤销的合同而生的正当化　／308
5. 个别犯罪的检讨　／315

第十四回　名誉·隐私的侵害

1. 前言 / 322
2. 损害赔偿的制裁机能·抑制机能
   ——损害赔偿额太低了吗？ / 323
3. 事实的真实性与误信 / 333
4. 真实性证明的基准时·证明的程度 / 338
5. 因意见或评论导致的侮辱 / 344
6. 名誉侵害与隐私侵害的关系 / 349

第十五回　从试管到墓场（1）

1. 精子·卵子·受精卵 / 352
2. 关于人的始期 / 359
3. 父母的监护权 / 368
4. 成年拟制与拐取未成年人罪 / 373
5. 以结婚为目的的拐取 / 375
6. 伪装结婚·伪装离婚与公正证书原本不实记载罪 / 379

第十六回　从试管到墓场（2）

1. 夫妻间是否成立强奸罪？ / 382
2. 占有说与亲属间相盗的特例 / 387
3. 对尸体·埋葬物的权利 / 391
4. 死者的人格权 / 398
5. 继承 / 402
6. 结语 / 406

结束语/道垣内弘人 /409
判例索引 /413
判例·判例集·杂志等的简称 /419
译者后记/于改之 /421

第一回
寄托的现金

1. 前言
2. 被限定了用途的寄托现金是否"他人之物"?
3. 与合同宗旨的关系
4. 刑法与民法之间真的存在差异吗?
5. 刑法＝物权的保护、民法＝债权的保护?
   ——债权保护不够充分的理由
6. 民法认为恶意人也值得保护吗?
7. 扣押的场合
8. 盗窃犯占有的赃款(1)
   ——现实的问题
9. 盗窃犯占有的赃款(2)
   ——特别论述混合
10. 使用寄存款购买物品或卖出寄存物时

1. 前言

佐伯 刑法问题中存在很多与民法问题相交错的部分,立刻浮现于脑海中的便是财产犯领域——刑法中关于财产犯的讨论深受民法影响。此外,在违法阻却问题上也有许多与民法中的权利行使相关联的情形,而更大的问题是,寻求权利保护时应如何考量刑法与民法的功能分担。此外,还存在许多其他值得探讨的问题。

平时研究刑法时常遇到"民法中如何解决该问题"的场合,所以一直有"如果能有与民法学者讨论的机会,该多好啊"的想法。这回能与道垣内君进行刑法与民法的对话,实在难得。由于我与道垣内君几乎同时开始学习法律,工作单位也基本一致,因此,以前即有各种各样的对话机会。无论我提出什么问题，道垣内君总能够像"哆啦A梦"一样立刻给予妥善的解答，因此，期待从现在开始的各种对话趣味无穷，如果读者也觉兴致盎然，则深感荣幸。

道垣内 不是啦。不过，体形上的确像"哆啦A梦"……

此前，曾有这样一种倾向：有些问题虽然缠绕于刑法与民法双方，但由于法体系、目的不同或者概念相对等理由，处理上稍有差异。这种倾向，对仅仅研究民法或刑法之一的学者而言，固然可以成为最简单的逃避理由，但对于学生们而言却是令人困惑的话题。例如，民法上的"围绕地"是指一块土地被他块土地所包围而无法与公路相通，被围绕之地称为"袋地"，围绕之地则被称作"围绕地"，即包围袋地的土地。与此相对，刑法上的"围绕地"，是指附属于建筑物的、管理人以设立围墙等方式而明示将其作为建筑物的附属地加以利用的土地。这些差异，就是由于各学科之间缺乏沟通而引发的悲剧，极易造成混乱。

进而言之，这不仅仅是学习上的问题，即使作为学问上的法体系问题，由于各法域彼此独立，"所有概念皆为相对"的思考是否正确，我本人也深表怀疑。虽然刚才佐伯君说刑法讨论深受民法的影响，但这不是一方影响他方的单行道问题，而是关系到通过会合双方法域，构筑一个无矛盾的、整合性的法体系问题。我想，对不同的法域展开研究时，在法的解释论上也必须在彼此之间予以关注吧。

以前，我与佐伯君曾在不同场合一边豪饮，一边愉快地探讨问题，这回也并非盛气平掀波澜而仅是坦诚相见。在此意义上，本回对话并非决定版而是一个契机，希望能够鼓励同学们对刑法与民法的关系进行思考，同时也希望能给学界带来一定的影响。

佐伯 为了准备这回对话,我拜读了末川博先生有关金钱所有权的论文,对末川先生不只关注民法问题同时兼顾刑法的做法深感敬佩。过去也有像牧野英一先生那样同时兼顾刑法与民法两个法域的教授,希望这回对谈能够成为刑法与民法相互交流的一个契机。

2. 被限定了用途的寄托现金是否"他人之物"?

佐伯 虽然刑法与民法的问题众多,但一直以来,一提到刑法与民法的关系主要是有关财产犯的议论,因为同学们也比较容易接受该话题,所以我们就从财产犯的问题开始谈起。在此问题中,首先是关于金钱,因为金钱可以分为"现金"与"存款"两种,我想就此分别探讨一下在刑法与民法上会出现什么问题。

首先,请允许我发言。众所周知,《刑法》第252条第1款规定了委托物侵占罪,即"侵占自己所占有的他人之物的,处5年以下惩役"。刑法学说一般认为:该规定中的"他人之物"应解释为他人所有的物品,所有权的归属问题原则上应根据民法进行判断,但在例外情况下,也有民法上的所有权归属判断与刑法上的所有权归属判断并不一致的情形。

其中的一个例子便是关于限定用途的寄托现金的问题。例如,我拜托道垣内君帮忙购物而将金钱托付给他保管的场合,刑法学说一般认为:虽然民法上发生了金钱所有权与占有同时转移的结果,金钱成为受托人之物,但在刑法上受托金钱的所有权仍然属于委托人。因此,当受托人随意使用该限定用途的受托金钱时,就构成了"侵占他人之物"而成立侵占罪。

其次,基于他人的委托行为所受领的金钱,例如受托人基于债权人的委托从债务人处催收得来的金钱、收款员收缴的欠款、通过委托贩卖得来的金钱等,因为受领的金钱属于委托人所有,因此,如果受托人随意使用该金钱的构成侵占。

关于这个问题,首先我想请教:刑法学者认为民法上的金钱所有权是随着占有一并转移的,这种理解是否合适呢?

道垣内 表面而言通说正是这样理解的(关于金钱的学说整理,参见能见善久:《金钱之法律上的地位》,载星野英一编辑《民法讲座·别卷Ⅰ》,第101页以下(1990年)),但我认为依然有稍作详细考察的必要。虽然末川博先生与川岛武宜先生确立了"占有人享有所有权,占有的所在与所有权的所在并不分离"的学说,但至少末川先生也承认,在例外的情况下,金钱的事实性支配与所有权是分离的。

其中的一种情形是:"家事的受雇人相对于主人处于从属地位,为了主人的利益……持有主人的货币时",此时的货币并不具有作为货币的职能,即并未作为其价值被置于流通领域。因为受雇人只能根据主人的命令保管与处分该货币,因此货币的所有权仍归主人所有。另外一种情形是:"亲权人、监护人、失踪人的财产管理人、法人的理事以及其他机关或职员、组织的业务执行人、信托中的受托人、破产清算人、执行官等为他人利益而保管或处理财产时",此时必须依据合同的宗旨进行处理。概言之,金钱的保管存在两种情形——作为其价值而被置于流通领域产生为本人利益保管一定数量金钱关系的情形,以及作为其价值并未被置于流通领域而仅仅产生保管金钱这种关系的情形,后者中的保管人并不取得金钱的所有权(参见末川博:《货币及其所有权》,载《物权·亲属·继承(末川博法律论文集4)》,第269—270页(1970年),但该论文首次发表于1937年)。

与之相对,川岛先生认为,财产管理人为本人利益而占有金钱时所有权通常也为管理人所有,只有存在例外情形时不如此判定。无论"末川说"还是"川岛说",虽然都可称为"占有＝所有权"说,但也存在差别。因此,刑法学者对民法上的理解是以"川岛说"为通说的,但民法通说与民事判例实际上都采用"末川说"。

首先,我们试看几则判例。最高裁平成4年4月10日的判决(参见家月44卷8号,第16页,《家族法判例百选》,第5版,86事件)中,A死亡后遗留下6 000多万元的现金,Y以"A的遗产管理人"的名义将该钱存入银行,共同继承人X等指出Y仅能保管金钱,请求其支付自己所应有的法定继承份额。与之相对,虽然最高裁认为"继承人在遗产分割之前,针对将继承开始时存在的金钱作为继承财产而保管的其他继承人,不能请求其支付相当于自己应继承份额的金钱",从而判决X等败诉,但是,这是一种从严格的、即川岛所谓的"占有＝所有权"说中推导不出的结论。所谓作为继承财产的金钱是遗产分割的对象,意味着在遗产分割之前即属于共同继承人的共有财产,因为如果将之归于某人单独所有的话,该财产就无法再作为遗产分割的对象。然而,如果采用"占有＝所有权"的话,则不能成立共有,即使在该事件中,因为Y占有现金并存入银行,所以钱应归Y单独所有。如此一来,该判决便将共同继承人中的一人"于继承开始时将存在的金钱作为继承财产而保管"的情形作为"占有＝所有权"的例外,这与将保管目的视为例外的"末川说"是类似的。

其次,在学说上好美清光先生于昭和40年代初即已指出,"占有＝所有权"的理论可以适用的情形应仅限于着眼于金钱的价值而被流通的场合(参见川岛武宜编:《注释民法(7)》,第100—101页,好美清光(1967年))。我认为,该理论虽然实际上是将盗窃作为争论的焦点,但并非特殊学说,而是忠实地解说"末川说"的出发点——为何应该考量金钱上"占有＝所有权"的理论的学说。并且,最近论述有关金钱的多数学说基本上也持相同立场。

在教科书中,"占有＝所有权"的表述极为简单,感觉任何场合中金钱的占有人总是所有人,并且这种表述也影响到了刑法。

3. 与合同宗旨的关系

道垣内 对于刚才议论的刑法我注意到了几点,所以请允许我提几个问题。

例如,平时我不可能拥有1亿日元的现金。因此,当有人给我1亿日元现金时,这现金显然是别人托付的东西,交到我手里后,即使没有约定也不能用于清偿我自己的债务。与此相对,如果佐伯君给我1万日元钱,并对我说"我借了A君1万日元,因为你见到他的机会比我早,所以请你帮我把钱还他。"在该种场合,或许我会在回家的路上用这1万日元买酒喝。但是,佐伯君会想,不过是1万日元,如果道垣内君用了的话,他会从自己的银行账户中再取出1万依照委托支付给A君,至于目前他拿这钱在干什么是没必要责备的。这种情况应该不少见吧。

对刑法中的侵占进行探讨时,对那些具体的情况、合同的宗旨等是如何考虑的呢?

佐伯 首先,如果委托允许履行期届满前自由使用金钱的,在刑法上金钱的所有权转移至受托人,不会产生侵占罪的问题。

其次,在确保存在等额金钱或即刻能够提取的存款从而能够切实履行委托目的时,如果委托允许暂时挪用的,因为此类暂时挪用并非违反委托宗旨的行为,因此也不构成侵占。我想,道垣内君举的例子便是通常情形。问题在于,在委托不允许挪用或者委托不明确的场合中,学界很早之前就认为:在受托人将与寄托之金钱等额的金钱或存款转移给委托人所有时,如果具有填补空缺的意思,则其暂时挪用行为不构成侵占罪。作为说明,以往有力的观点一般认为,侵占原则上是针对特定物的所有权进行保护的,所以对种类物的挪用多以缺乏可罚的违法性或缺少不法领受意思等理由而否定侵占罪的成立。

最近,受末川先生"将金钱作为有价值的东西流通"的思考方法的影响,有一种主张认为,侵占罪中的"金钱"问题只是"金额"问题,作为物的侵占罪不宜受到保护,所以,如果暂时挪用人可以确保等额金钱或存款时则不能肯认其存在最初的受领行为。基于此种考虑,"以暂时挪用的受托人具有填补空缺的意思作为条件而否定其受领行为"的通说是妥当的。如果要推进金额所有权的保护这一思考方法,可能得出如下结论:即使受托人没有填补空缺的意思,只要其在挪用存款时可以确保等额的金钱·存款,则履行期到来前不履行债务时也不能肯认客观上的领受行为。西田典之先生就是这样解释的(参见西田典之:《刑法各论》,第 228 页(1999 年))。

<small>道垣内</small>　末川先生的确发表了类似的见解。受托人虽然是受领金钱的所有人,但根据约定"在受托人必须拥有与让与金钱等额的金钱这一点上,呈现出一种似乎委托人拥有金钱所有权的印象,虽然现实中让与的可能性不大,但随之却被认为构成刑法上的侵占罪"(参见末川博:《合同法下(各论)》,第 207 页(1975 年))。不过,说到这一点,如下情形该如何考虑呢?我从别人处领受了 500 万日元,领受时已经预定

明天会从其他客户那里收入300万日元,于是,成竹在胸的我就把500万元领受款中的300万元花掉了,然而,可靠的客户却破产了,我的300万元没了。这样,侵占罪的成否竟然要依赖第三人的破产与否,岂不滑稽?这种情况应当如何呢?

佐伯 判例(大判明治42·6·10刑录15辑,第759页,大判大正2·11·25新闻914号,第28页)认为,即使日后具有填补该空缺的意思与资力也成立侵占罪;通说也要求在挪用时存在等额的金钱或存款以及填补空缺的意思,所以刚才的例子是成立侵占罪的。但学说中也有见解认为,对于确有填补空缺的意思与资力的场合,由于欠缺可罚的违法性或者不法领受的意思,所以否定侵占罪的成立(参见西田典之:上揭书)。如果依据这种观点,在客户意外地破产时,由于欠缺可罚的违法性的认识(即故意),或者缺少不法领受的意思,所以可能无罪吧。

在现实中,可以平安获得300万日元并能够偿还的场合不存在成立侵占罪的问题;因为客户意外破产而无法返还300万日元的场合也没有立即就被起诉的。因此,判例·通说的实际机能仅仅在于阻止自始就无意返还的恶意被告人的辩解。另一方面,在没有确实的可靠保证时期待获得未来资金而挪用的场合,因为少数说可能也并不否定不法领受的意思,所以实际运用中通说与少数说也许并无多大差别。

道垣内 虽然已经明白刑法学者是从不法领受的意思这个主观层面来处理问题,但作为民法研究者我还注意到这样一个问题:最初的委托合同在整个框架中处于什么样的位置?

从他人处收到应交付给第三人的10万元金钱时,如果在支付时最终拥有10万元即足矣,即使中途阶段为负数或者与自己的钱相混合都没有关系。但是，根据合同，即使我的口袋中装有别人的 10 万元受托金也不能将之与自己的钱相混合，并且自始就不能染指这 10 万元受托金，而必须原样交付。该情形与预见到会从他人处再得到钱所以将手头的金钱花掉的情形之间不是当然存在差异吗？在民法有关债务不履行的讨论中当然存在差别，这就变成了讨论应当被科以何种样态的保管义务的话题。在后一种情形中，只要染指，则这种义务违反行为就构成了债务不履行的问题。

在我看来，在欠缺可罚的违法性等例外情形时阻却犯罪的成立是奇怪的，在不法领受的意思等主观要素问题上的处理也是不合适的。至少在合同所肯认的情形下，构成要件的该当性自始便不存在，这一点才是关键性的问题吧？

佐伯 刑法学说认为，与民法中将占有与所有权一致化相对，刑法为了保护寄托人与受托人之间的委托信任关系应考虑认可由委托人享有所有权，所以在刑法学者的意识中，刑法较之于民法更为注重保护合同的宗旨。因此，如果像道垣内君那样认为刑法更应当注意委托宗旨这个问题，多数刑法学者会感到吃惊，至少我是很惊讶的。的确，合同更重视当事人的意思，这也许本来就是合同的核心，而问题在于有时合同的宗旨并不十分明确，所以应首先利用民法的合同解释问题明确合同的宗旨，而后再考虑侵占罪的问题，这或许是应有的姿态吧。

然而，作为讨论的前提，民法中的通说是否将封金（指盖有封印的钱款）的所有权归于委托人呢？刑法学者是如此认为的。

道垣内 关于"封金"到底是什么，尚欠缺一个准确的定义，并非指放入信封中的金钱，因为即使放入信封中的金钱也还是可以使用的。虽然存在"着眼于物的个性而交易的场合",但如此做的结果却与合同的宗旨无异。

4. 刑法与民法之间真的存在差异吗？

佐伯 在禁止混合或出于其他目的的挪用而给付金钱时,既可以将钱放入信封中,也可以用绳子捆好,还可以嘱咐一声"请分开保管"。并且,如果金钱达到一定数额时分开保管当然包含在委托的宗旨之中。果真如此,在寄托限定用途的金钱时,除去数额极少与明示可以挪用的情形外,如果民法上也将所有权归属于委托人,那么,一直以来民法与刑法在所有权判断上存在分歧的部分实际上可能也就没有了什么差别。是这样的吧？

道垣内 作为例外,关于金钱所有权与占有并不一致的具体情形,虽然民法中应予更充分的探讨,但是如果仅仅根据委托合同的宗旨来决定所有权的所在,那么是会存在一贯的争论,并且金钱的特殊性可能也没有存在的必要。

根据委托合同的宗旨,A 交付给 B 10 万日元要其转交给 C,那么 B 可以将之与自己的金钱相混合,只要其在一定期间内将 10 万日元交付给 C 即可。在这种情形下,无论采取什么样的做法,所有权都已经发生了转移——这并不限于金钱,一打啤酒也同样如此。与此相对,在 A 将一打放在箱子中的啤酒交给 B 并要其转交给 C 的场合,因为 A 没有将所有权移转给 B 的意思,所以啤酒的所有权不能移转至 B。这种情形与标的物是金钱的场合也是相同的,因为此时的 B 并未从 A 处取得金钱的流通价值,所以金钱的所有权仍属于 A,得出这一结论是十分可能的。

如果这样考虑的话，那么当合同允许可以使用、可以混合时，民法上的所有权发生转移，刑法上也不构成侵占；相反，当合同禁止使用、不能混合时，民法上的所有权未发生转移，如果染指的话，则在刑法上成立侵占。再者，如果混合的话，因为该混合意味着将物占为己有的意思，所以也就具有了"不法领受的意思"，这样也就一致了吧。

佐伯 在不允许混合时，民法上的所有权属于委托人。采取这种理解的只有道垣内君吗？

道垣内 这不仅仅是我如何考虑的问题，关键在于如何理解"使之作为价值而流通"以及"封金般的，着眼于物的个性而交易的场合"等这些通常使用的语言。我对上述情形的理解，都是忠实于最初的"末川说"这个出发点的。

佐伯 一直以来，刑法学者认为，虽然民法学说经常将金钱的所有与占有视为一致，但在具有"不能混合"这种意思的场合所有权仍属于委托人所有。并且也曾探讨过为他人管理金钱时是否存在所有权归他人所有的情形。如果这样理解，那么民法与刑法的关系不是变得更近了吗？

但是，在"虽然不能混合，但刑法或许认为混合无关紧要——只要能完成所委托的任务，顺利交付金钱"这种情形中，未能达成委托目的的即成立侵占。在此意义上，虽然极为简缩，但仍然遗留下了差异。

道垣内　这是一个与合同宗旨相关以及 A 是否接受风险的问题。即使不能达到委托的目的，如果 A 接受了 B 没有资力的风险就不应该成立侵占，而在允许混合时 A 更是接受了该风险。

佐伯　在寄托限定用途的金钱时，寄托人接受受托人无资力风险的不应成立侵占罪；在允许混合时，寄托人已经具有接受该风险的意思。所谓合同宗旨的解释，即使刑法也应该做更缜密的考虑吧。

5. 刑法＝物权的保护、民法＝债权的保护？
——债权保护不够充分的理由

佐伯　接下来，我想就四宫先生将"金钱所有权"与寄存人之"物权的返还请求权"分而论之的见解请教几个问题。四宫先生认为，在金钱所有权只归属于委托人所有时，所有权作为单一的东西而存在，但在寄存完成后，对物所有权与价值所有权分离，委托人虽然丧失了对物所有权，但在受托人还有其他债权人时，委托人却对此拥有优先性的物权返还请求权。"四宫说"中颇有意义的一点在于：肯认了金钱的寄托人具有类似于所有权的物权性权利（参见四宫和夫：《论物权的价值返还请求权》，载《四宫和夫民法论集》，第 113 页（1990 年）。论文初次发表于 1975 年）。

认为刑法上的所有权与民法上的所有权分离、刑法上的概念只需从刑法独立性的观点而确定的见解，是刑法中一种有力的学说。与此相对，也有人认为，从法秩序的统一性出发，不应将民法的所有权概念与刑法的所有权概念进行区分——在德国，此种见解是压倒性的通说。至于我，虽然并不认为民法概念与刑法概念必须经常保持统一，肯认应从刑法独立性的立场出发确定刑法上的概念,但问题在于,从刑法独立性的立场出发时对于被限定了用途的寄托金钱是否应当比通常的消费寄托的情形给予更深入的保护呢?* 以往的学说并未对此给予充分的说明。

例如,以侵占罪保护限定用途的寄托金钱时,其理由是"有必要以法的形式保障寄托人的意愿受到尊重,受托人依此诚实地按照预定用途使用之"。但是,如果仅有"必须保护寄托人与受托人之间的委托信任关系"这个理由,那么虽然通过背任罪也可以进行充分保护,但在债权关系上必须深入保护拥有所有权的寄托人的权利——该理由可能未必充分吧?实际上,团藤重光先生也曾经指出,在金钱的场合,即使不以侵占罪而以背任罪进行保护也是可以的(参见团藤重光:《刑法纲要各论》,第3版,第638页(1990年))。

与团藤先生的见解相对,因为背任罪处5年以下惩役,因此与处10年以下惩役的业务侵占罪之间欠缺均衡;也有意见认为,涉及金钱的法定刑比涉及特定物的法定刑低,是不合理的。在法定刑这一点上,团藤先生本人也对"背任说"表现出一定的踌躇。但是,如果认为金钱寄托人的实体性权利与特定物相比弱的多,那么从刑法的观点出发,将之转化为反映寄托人权利强弱的法定刑也是不自然的。问题在于寄托人的权利实质,正如四宫先生所言,如果将物权性的权利归属于金钱的寄托人,那么即使不以民法上的所有权称之,刑法上也存在不以背任罪而以侵占罪进行保护的实质。这一点是这样的吗?

---

*　所谓消费寄托,是指约定在期限之前返还同种、同等、同量之物的寄托,参见《日本民法典》第666条的规定。——译者注

道垣内　关于四宫先生的学说，有必要分成两部分来考虑。① 首先是价值所有权以及由此而产生的"物权的价值返还请求权"概念能否为民法所肯认；其次是一个实际的结论——金钱的占有不依 A 的意思从 A 移转至 B 时，与 B 的通常债权人相比，是否有必要对 A 给予更充分的保护？

关于前者，至少判例中肯认这一新概念的可能性不会高。进而言之，场合不同金钱所有权的所在与占有的所在也不一致——这是可以直接肯认的，而且此前介绍的最高裁的判决也肯认这点。

与此相对，关于后者的实际结论许多学说甚有同感，民法学者也不认为任何情况下都应该积极保护债权。在这一点上最近又出现了

---

① 关于金钱所有权，民法学说首先根据是否采纳"占有＝所有权"说而分为两派。并且，在采纳的学说中，又根据是否肯认"价值所有权"概念与否而再分为两派。

通说采纳"占有＝所有权"说，并且不肯认"价值所有权"概念。这样的话，金钱的所有权归属于占有人，而且，委托人对于受托人仅享有"返还多少"的金钱债权。

与之相对，四宫博士既采纳与通说相同的"占有＝所有权"说，同时肯认"价值所有权"的概念。虽然这可能会引起误解，但四宫博士是在采纳"占有＝所有权"说、认为金钱的物的所有权归属于占有人的前提下，又肯认委托人享有优先权，从而肯认"价值所有权"概念的。

与以上见解相对，我的立场是不采纳"占有＝所有权"说，或者对其加以缓和。

刑法学中，认为挪用委托的金钱构成侵占罪的学说中，使用的是"金额所有权"这一概念，而非作为特定物的金钱的所有权，并且将不法领受行为作为对"金额所有权"的侵害，参见藤木英雄：《刑法讲义各论》，第 332 页（1976 年）；西田典之：《刑法各论》，第 219 页（1999 年）。该"金额所有权"的概念，与民法上四宫博士所主张的"价值所有权"的概念是相对应的吧。对该学说而言，"占有＝所有权"这种民法上的见解不是该学说的障碍，更不用说作为前提了。如此一来，刑法学说上应该驳斥的就不是民法学上的"占有＝所有权"说，而是不肯认"价值所有权"概念的通说性见解。

而且，藤木教授早在 1965 年时就提出了"对于一定金额的所有权"的见解（载《经济交易与犯罪——以诈骗・侵占・背任为中心》，第 43 页［1965 年］），这比民法中四宫先生的主张早了 10 年。

关于上述论断，请参见西田典之、中田裕康、佐伯仁志、道垣内弘人：《座谈会・民法与刑法（1）》，《法学教室》241 号，第 44—46 页（2000 年）。（道垣内）

新的进展。

例如，证券公司从许多客户处领受金钱，并为其利益从事各种证券等的买卖行为。但是，另一方面，证券公司本身也从事利用自己资产的一定行为，在此状况下，如果证券公司破产，那么与该公司的一般债权人——例如借贷给证券公司金钱的普通债权人或者持有买卖贷款债权的卖主——相比，顾客的权利不是应该得到更强大的保护吗？在这一点上，如果学者能够达成一致的见解也许会更好。

因此，一种有力的见解认为：有关证券公司或商品交易人员，因为法律明文规定其必须将自己的财产与从顾客处领受的财产分别管理，所以即使无明文规定，也应认为这是该受托人当然应该履行的义务——一方面，规定分别管理的义务；另一方面，在证券公司等破产时使委托分别管理金钱的委托人比其他债权人享有优先的地位。实际上，美国与英国虽然省略了详细的规定，但也根据信托的思考方式对顾客进行保护。与处于大规模金融国际竞争中的英美证券公司相比，日本证券公司在破产时因为委托金的返还率较低，没有危险，因而也就没有什么真正的竞争力。说这些有点不合时宜，但背景就是这样的。

一言以蔽之，在私法领域中，"对以相同形式寄托钱的人应该与寄托物的人同等保护"这种思考方式，与四宫先生那个时代相比更为强硬了。

的确如此，期待今后的探讨能有更深入的展开。

6. 民法认为恶意人也值得保护吗？

佐伯　民法中将金钱的占有与所有归于一致的最大理由，经常提及的是保护交易安全、动的安全。刑法学者则认为，民法虽然保护动的安全，但因为刑法更重要地保护委托人与受托人间的静的安全，所以宜将民法上的所有权与刑法上的所有权分开。但是，为了保护动的安全，民法上规定了善意保护制度。那么民法是否超越了这点而认为恶意受托人也应受保护，从而特意将所有与占有归于一致呢？

从刑法通说的立场出发，因为受托人随意使用限定用途的受托金钱构成侵占，因此，如果受托人的债权人明知该金钱为限定了用途的寄托金而仍然从受托人处接受其债务偿还的话，则该行为可能构成赃物参与罪。当然，（民法上）金钱的所有权属于受托人，而委托人因为丧失了追索权，所以（受托人的债权人）不存在成立赃物参与罪的余地。果真如此，就不存在什么问题了。但是，侵占罪以刑法上的所有权为基础，而赃物参与罪却一变而以民法上的所有权为基础，这可行吗？并且，将赃物参与罪中成为问题的追索权局限于物权追索权，也不无疑问（西田典之：前揭书，第254页）。如果恶意第三人遭到处罚，被处罚后又何来动态的安全？民法是如何看待这一点的呢？

道垣内　关于这一问题，有两点必须说明。

第一点是与即时取得的关系。从"占有＝所有权"的理论出发，只要取得占有就能够取得所有权，所以即使关于金钱也不产生《民法》第192条的即时取得问题。事实上，末川先生也是这样认为的，但是，其理由必须从下述实际问题中去寻求——A将保留所有权的金钱交付给 B，在 B 交付给 C 之时，A 要想证明 C 手中的金钱是自己的所有物，除非能确定该纸币上的号码(参见末川博:《货币与货币的所有权》，前揭书，第 271—272 页)。但是，如果不能证明最初即为自己所有的特定物，当然不能主张所有权，这一点也并不仅仅限于金钱。并且，末川先生也指出，因为在特定的例外情形中也考虑即时取得问题，所以也就不保护恶意人了。反观之，这一思考方式对以"占有＝所有权"说为基础并肯认存在例外的判例的立场也是合适的。

进而言之，虽然这里也存在问题，但由于民法的标准中要求特定性，所以这里与刑法间可能仍然存在无法跨越的屏障。

但是，必须指出的第二点是，即使不存在特定性也存在于一定情形下不保护恶意人的法理。在"用骗取的金钱偿还债务与不当得利"的问题中，甲用从乙处侵占或骗取的金钱而向自己的债权人丙偿还债务时，乙与丙间有成立不当得利返还请求权的余地，最高裁昭和 49 年 9 月 26 日的判决(参见民集 28 卷 6 号，第 1243 页)就是类似的例子。最高裁认为，当(甲)偿还债务的金钱系从乙处骗取或侵占而来时，如果丙具有恶意或者重大过失，则乙成立不当得利返还请求权。并且最重要的是，最高裁认为："甲用骗取或侵占的钱原封不动地实现丙的利益，或者将其与自己的金钱相混合或交换，或者存入银行，或者将其中的一部分消费于其他目的而后设法用另外的金钱补足后，又为丙的利益而使用时，如果社会通念上认为乙的金钱与丙的利益间存在联系，应当解释为具备成立不当得利所必要的因果关系。"并不以特定性为要件。不过在与丙的其他债权人的关系上，因为乙并不优先，所以乙并不能必然地、完全地收回受害额的金钱。

以上两点，特别是后者是最高裁的判例。学说中一般也肯认这样的结论——如果存在类似情形，民法也不会保护恶意者。

7. 扣押的场合

佐伯 　　判例中经常出现债权人行使扣押的情形。我的疑问是,如果道垣内君将我托付给他保管的 100 万日元用于清偿自己的债务,而债权人田中君(负责组织本次会谈的有斐阁的编辑)收受金钱时也明知这个事情,道垣内君因犯侵占罪、田中君因犯赃物参与罪就应遭受处罚。但是,如果田中君对道垣内君的财产申请扣押,于是执行官将我托付的该 100 万日元扣押时,执行官不会构成财产犯,所以就是合法的。——近乎同样的情形却产生不同的结果,让我感觉有些不可思议,这不奇怪吗?

　　顺便说一句,判例·通说都认为,双重让与时虽然实施双重让与的人构成侵占罪,但双重让与的第二受让人因为具备对抗要件而可以有效地取得所有权,所以不能成立共犯。因此,如果这里作相同的思考,也许就可以得出这样一种解释:即使明知是受托金钱,但只要债务的清偿是有效的,则接受清偿的债权人就不成立侵占罪的共犯或赃物参与罪,这样就有可能实现民法与刑法的调和。反之,在民法中因为债权人不能扣押被限定了用途的寄托金钱,寄托人可以提起第三人异议之诉,所以也可以实现两者之间的调和。总之,两者之间的调和是可以放心实现的。

道垣内 　　扣押与任意让与间的差别,即使在基于不法原因而交付的给付物上也是相同的。这点有机会时会详谈,总之是很麻烦的。不过,我想指出的是,民法一般认为对于扣押与基于任意让与的让与可能性可以进行不同的判断。

典型的判例认为,根据《民法》第466条第2款的规定,附禁止让与特约的债权让与凭借债权人与债务人间的特约就可以撤销债权的让与性;而如果有特约的话则不发生让与的效力。而且,虽然不能对抗善意第三人,但却可以凭借特约的效力对抗明知存在禁止让与特约却仍然受让债权的人;然而,即使是约定禁止让与的债权也可以被扣押。即言之,禁止让与特约原则上仅拥有剥夺任意让与的权限,却不具备将某人财产中的特别财产——即债权人也无法捕捉的特别财产——加以剥夺的权力。如果不这样的话,就会产生滥用。我现在就有大量的欠款,但在银行却只有1亿日元的定期存款。此时,如果在定期存款合同中规定有债权的禁止让与特约,那么只要该特约存在,我的债权人就不能扣押这笔存款,在牺牲债权人的某些利益后,我可以安心地继续保住这1亿日元。

因此,虽然行使任意让与时也有成立犯罪的余地,但如果债权人实行扣押就没有办法了。刑法理论是这样的,也并非与民法理论不相容。

不过,虽说并非冲突但也有"仅此是否足够"的疑问。例如,我手头有他人寄存的金钱,此时如果原封不动使用的话构成侵占罪,但我就是想用。于是,我先找好朋友说明情况然后向他借钱并使用,并且后来也没有返还那笔欠款。此时,如果强制执行我手头的寄存款当然也可以;如果通过公正证书*就可以行使金钱消费借贷合同的话,那

---

* 按照《广辞苑》的解释,"公正证书"是指公务员基于其权限而制作的证书,特别是指公证人所制作的有关私权的证书,可以认定其在法律上具有完全的证证明力。考虑到日文中除了"公正"这一术语之外,还专门存在"公证"、"公证人"等术语,所以,对照《刑法》第157条所规定的事项,直接使用日文原文,而没有使用"公证证书"一词。——译者注

么扣押的程序也是很简单的。

一般情况下金钱的扣押不那么容易，只要债务人把它隐藏起来就很难成功；但如果债务人协助扣押的话，事情就简单多了。所以，只要债务人耍点小聪明就不会成立犯罪——这就是问题所在。因此，正如佐伯君刚才所言，不能对债务人最初从第三人处收受的寄存金实行扣押，即使扣押，该第三人也可以提起异议之诉，这种解释是必要的。

佐伯 虽然受托人随意用寄托的金钱清偿债务时会构成犯罪，但扣押时就不成立犯罪。作为其实质理由，这种思考是否可以呢？例如，道垣内君对田中君负有100万日元的债务，但同时其手头有我寄托的100万日元的现金以及卖出后确实能得到100万以上日元的奔驰车一辆，此时，只要把车卖掉即可还钱，没必要故意将寄托金用于清偿债务。但是，如果没有其他财产而只能扣押那100万日元时，这种扣押方式可能就不行了吧？如果存在这种实质性的判断，扣押时若债务人处同时存在他人的寄托现金与其他财产的，则应尽可能扣押不同于现金的其他财产。虽然这种制约是适宜的，但实际的扣押中不存在这种制约吧？

道垣内 一般而言正好相反。通常的动产，即使其实用性较高，扣押后也必须经过出卖的程序。与此不同，由于现金不需要折换成金钱的程序，所以作为执行员一般会选择现金。

佐伯 的确，这样不行。如果将任意清偿与扣押综合起来，虽然不肯认扣押也会是一个解决办法，但如果是以被扣押为前提，是明知而仍实施扣押的也受处罚呢，还是接受任意清偿的不受处罚呢？作为一种价值判断,究竟应当选择哪一种?

道垣内 现金的扣押虽然可以作为动产执行而行使,但不同于不动产执行,扣押申请债权人不得向裁判所申请特定化某一应扣押的标的物。在执行申请书上记载的动产中,究竟应扣押哪一种,应由执行员决定。因此,如果考虑到不折价对债权人有利,执行员一旦扣押现金,就成为扣押债权人的侵占罪的共犯;而执行员扣押其他动产时,则不成立侵占。这导致执行员存在一种微妙的感觉,似乎不应如此吧?

佐伯 作为执行员一般先扣押现金,所以如果将现金放在一眼可见的场所——即只要两人事前合谋,就可以非常简单地扣押该现金,在两人进行合谋时,处罚也就是合理的了。作为利用执行员的正当行为的间接正犯,受托人与债权人双方都可能受到处罚,虽然我们对此并无论述。

道垣内 当然,因为利用扣押的方式可以成功地实施侵占行为,所以,存在成立侵占罪的解释。但是,与刑法理论以民事执行程序的实务为中心而展开论述相比,民事执行法与民法都认为,当寄托现金的所有权在寄托一方时,可以提起第三人异议之诉。并且,即使在判定成立侵占罪时,由于可以在事前以第三人异议之诉的方式制止之,这与其后用不当得利的方法进行调整,也更为妥当。

8. 盗窃犯占有的赃款（1）
——现实的问题

道垣内 以下是以前请教过佐伯君并且自己也一直在考虑的问题。假设警察搜查盗窃犯的家，在柜子里找到了 100 万元，其后，随着调查的进行，有人声称在临近搜查的某个时期被该盗窃犯盗取了 100 万元，此时，该 100 万元是否返还给被害人呢？如果贯彻"占有＝所有权"说，由于此时盗窃犯已成为所有人，被害人充其量基于不当得利对盗窃犯提起返还之诉，或者基于不法行为仅仅请求损害赔偿，但实务上确实是这样处理的吗？

佐伯 例如，搜查盗窃犯嫌疑人的家时，发现了被害人的钱包。当钱包中有钱时，因为具有特定性，所以与封金相同，即使是民法理论也认为金钱的所有权归被害人。因此，钱包作为证据被扣押后返还时，应将其返还给被害人，实务上也是这么做的。

顺便说，在将扣押的赃物返还给被害人的问题上，《刑事诉讼法》有以下规定，"扣押的赃物中没有留置的必要的东西，只要应返还给被害人的理由是明确的……就必须返还给被害人"（第 124 条第 1 款，第 222 条第 1 款）。

与此相对，在是否被害人的金钱并不明确时，就要做好被告人的赔偿工作。有时警察官和检察官也会做一定的工作，财产犯中被害赔偿还占了相当大的比例，所以辩护人当然会做这种努力。以前听道垣内君讲，《研修》杂志曾刊载过此类论文，是怎么写的呢？

道垣内 作为检察的公式性见解,是根据民法上的所有权见解进行处理,该金钱应返还给其所有权归属之人。因此,"除非纸币上有特别的表示,货币被放入特殊的容器之中等具有特定性的特殊情形……则被害人在脱离占有的同时丧失对该金钱的恢复请求权,同时,因为金钱的赃物性归于消灭,所以,受返还人也是被扣押人"(传法谷弘:《证据品事务入门(4)》,载《研修》485号,第124—125页(1988年))。即言之,上述理论认为盗窃犯家中的金钱属于盗窃犯所有。

但是,是否果真如此呢?如果盗窃犯家徒四壁,几乎没有任何财产家具,也没有任何食品,而仅有100万元现金,那么,在临近搜查的时期正好有人被盗取100万元现金,此时就有一个疑问——是否可以将此现金作为该盗窃犯的所有物来处理呢?从常识来看,当100万元现金可能是该被害人被盗取的金钱时,将之返还给被害人,也与一般人通常的感觉相吻合,如果不这样做,被害人可能也无法接受吧?

佐伯 实际上,也许会返还给被害人,但是,这种返还方式,究竟是因为所有权属于被害人而返还,还是基于被称为可能嫌疑犯·被告人的返还义务而作为损害赔偿才予以返还的呢?根据警察统计书中的《平成9年的犯罪》一文,在平成9年财产犯的现金受害案件中,确认件数为563 225件,受害金额上升至104 030 747 000元。虽然这一数额庞大得让人吃惊,但由于警察并未确认所有的财产犯,所以实际受害数额或许更大。在警察所掌握的现金受害案件中,因犯人被检举而恢复被害的有19 258件,计5 157 918 000元。其中,不仅有返还给被害人的赃物,还包括根据赔偿而恢复的被害,具体内情不详。单纯推测一下,也许返还给嫌疑犯·被告人的比较多吧?因为从民事关系的角度出发,这种方法比较简单。

道垣内 但是,盗窃犯一般是生活一有窘迫就去盗窃,想方设法获取高利贷。此时,如果只向被害人随意返还的话,严格来讲,这种偿还行为就构成了诈骗行为的撤销对象,实际上,不论其他的债权人撤销与否,存在这种可能性的解释论并不妥当。

9. 盗窃犯占有的赃款(2)
——特别论述混合

佐伯 法律上也存在肯认所有权属于被害人,由被害人基于所有权请求返还的可能性。即使盗窃犯的债权人行使扣押,第三人也极有可能提起异议之诉。是这样吗?

道垣内 没有吧。

佐伯 即使将盗窃来的金钱与自己原有的钱相混合时,也没有吗?

道垣内 首先,在将"被盗金钱的所有权属于被害人"的想法作为前提时,即使该笔钱与盗窃犯的相混合,如果被盗的金钱较多,则根据《民法》第245条的规定准用《民法》第243条,全部混合金钱皆归属于被害人所有;如果没有主从区别时,则根据《民法》第244条的规定,混合金钱为被害人与盗窃犯共有。并且,如果采纳上述见解,盗窃犯原来拥有的金钱比较多时,根据《民法》第243条的规定,则全部金钱归盗窃犯所有，所以，此时不能提起第三人异议之诉。

但是，如果将肯认"占有＝所有权"说的例外说作为前提的话，关于金钱能否原封不动地适用混合的条文就成了问题。对此，四宫先生也提出了令人瞩目的见解，即属于个别所有人所有的物混合时，如果存在主从区别，那么根据《民法》第245条的规定准用《民法》第243条，全部混合物的所有权属于主要动产的所有人，这是将"即使分离混合物也无法恢复到原来的状态"作为前提。例如，将秋田产的大米与新潟产的大米混合后，如果想单个分开的话，或许在技术上是可能的，但会因为花费太多而难以实现。与此相对，将两种同一匀质状态的金钱混合，即使是100万元的金钱与300万元的金钱相混合，如果将其以三比一的比例分开，仍可以恢复原状，也许钞票的编号不对，也可能硬币混合在一起。但是，因为这些都不是什么问题，所以与混合的条文中通常预定的情况不同，不能准用《民法》第243条的规定，一般应解释为三比一的共有（四宫和夫：前揭论文，第118页）。

由此可见，混合的条文是先稳定混合物的所有权，而后通过支付赔偿金以调整当事人间的关系。但是，由于稳定混合金钱的所有权而后通过支付金钱以调整关系的方法也是毫无意义的，所以，金钱不适用混合的条文这种思考方法并无不妥。

如果这样，那么，盗窃犯无所有权的被盗金钱丧失特定性的情形也将大大减少。但是，即使如此，上述见解将混合金钱作为一个整体来把握，并且在其构成要素上将窃取金钱明确地包含其中这一事态作为前提，一方面有出处不明的200万元，另一方面又有被盗了200万元的人，仅仅这样是行不通的。

佐伯　由"四宫单独说",发展为"四宫＝道垣内说",现在已经成为通说了吧?

道垣内　但是,由于四宫先生以肯认"价值返还请求权"的概念为前提,所以与我在出发点上存在差异。顺便说,四宫先生认为,价值返还请求权中同一性的识别没有必要与有体物中物权返还请求权中的同一性一样进行严格的考虑。这点,在刚才所提到的有关"用骗取的金钱清偿债务与不当得利"的判例中,即使金钱并非用于直接偿还,只要"社会通念认为存在用乙的金钱使丙获利的关联"就可以认为是相似的。即使是相混合——包含被盗金钱在内的混合物的价值因而增加,被盗金钱的价值以这样的形式残存,也还是可以认为仍然具有同一性。但是,正如刚才所言,问题在于"价值返还请求权"这一概念本身是否可以获得肯认,不解决这种前提的可能性较高。

佐伯　不过,盗窃犯盗窃10万元花了,但是家里还有另外的10万元。此时,针对盗窃犯放在家里的10万元,被盗的被害人不能主张所有权吗?

道垣内　不能吧。

佐伯　不管金额多少,都不能主张吗?

道垣内　假设,即使认为盗窃的被害人比其他债权人更应该受到保护,那么针对个别的10万元,用物权法秩序来解释被害人对此拥有优先权,也是相当困难的。

10. 使用寄存款购买物品或卖出寄存物时

道垣内 接下来，还有一个问题。用寄存款购买物品时，物品的所有权所在何处？已经寄存了物品，受托人却将寄存物出卖给第三人时，所得价款的所有权属于谁呢？

佐伯 判例认为，在这种情况下，寄存物品的人拥有出卖物的价款的所有权。如果民法上认为该结论勉强，民法与刑法的所有权概念只要以判例·通说为前提，就不得不在这一限度上进行区分。

道垣内 我个人认为，用寄存款购买物品时，该物品的所有权属于寄托金钱的人；反之，将寄存物卖出时，该价款的所有权属于寄存物品的人。《民法》第646条规定，受托人必须将"处理委任事务时所收取的金钱或其他物品"以及"以自己的名义为委托人取得的权利"转移给委托人。关于这一点，只要受托人取得财产，委托人与受托人之间就可以达成财产所有权转移给委托人所有的合意；如果有此合意，那么，从受托人取得财产时起财产所有权即当然地归属于委托人所有，并且学说上也广泛地推定该合意的存在。我认为，这种存在合意的推定应推广至所有的不当处分，并且对象上应包括金钱。然而，不当处分时，又产生了"是否满足'为委托人'这一要件"的疑问。在此，对该要件的存在与否应从规范上加以判断，那种认为尽管受托人处分了委托人的财产也非"为委托人"的主张是行不通的，结果是已经具备了这个要件（道垣内弘人：《信托法理与私法体系》，第208—210页（1996年））。

最高裁的判决(最判昭和43·7·11 民集22卷7号,第1462页；《商法总则·商行为判例百选》,第3版,69事件)也认为,受委托购入物品的批发商破产时,即使没有将所有权从批发商转移给委托人的程序,委托人也拥有该物品的取回权。我认为,这一观点不仅奇怪,也很难成为通说,虽然也有学说赞成之。

佐伯 从刑法的立场而言,如果采用道垣内君的见解,那么,在刑法与民法的调和这个意义上应该是一种极受欢迎的解释,我即使支持也没什么作用吧。

道垣内 还是支持一下吧。

第二回
存款

1. 存款人是谁？
2. 合同的宗旨与不法领得的意思
3. 与汇款送金的法构造之间的关系
4. 关于错误汇款的最高裁的判决

1. 存款人是谁？

佐伯 　上回我们讨论了金钱是现金时的问题，本回我们来探讨一下金钱是存款时的问题。在上回的讨论中，我们谈到了判例·通说都认为被限定了用途的寄托现金之所有权属于寄托人，受托人如果任意使用的话将构成侵占罪。同理，我们还认为，如果受托人以自己的名义将寄托的现金存入银行，而后又取出随意使用的，同样也构成侵占罪（参见大判大正元·10·8刑录18辑，第1231页）。理由说明如下：

首先，侵占罪中的"占有"意味着凭借自己实施的占有而拥有处分的可能性，所以，该占有不仅包含事实上的支配，还包含法律上的支配。既然存款人可以自由地处分金钱，那便可以说存款人占有存在银行的相当于存款额的金钱。其次，关于是否为"他人之物"的问题，如果我们认为寄托人拥有寄托金钱的所有权，即使该金钱被存进银行，其仍然为所有权人之物，此时，如果受托人随意处分的，则构成侵占自己占有的他人之物。

关于存款的占有问题中必须注意的一点是，关于委托物侵占罪（即单纯侵占罪），即使是肯认可以占有存款的见解也不肯认在盗窃与诈骗情形下对存款的占有。例如，A 去 B 家里盗窃，偷走了存折与印章，然后去银行把钱取走时，同时构成盗窃存折、印章罪与骗取银行占有的存款之诈骗罪这两项罪名。又例如，盗取信用卡然后通过 CD 机*取钱时，构成盗窃信用卡与盗窃银行现金两项罪名(参见东京高判昭和 55·3·3 判时 975 号，第 132 页)。这里当然是将存款的占有归属于银行。

在这种情形中，如下想法与实际状况是不相符合的：银行可因支付而免责，存款人将遭受实质性的损害，因此，需认定该犯罪是针对银行实施的。并且，从对被告有利的角度来看，这种认为盗窃是盗取了存款人的存款的思考方法，也优越于判例·通说认为的该罪是盗窃的包括一罪，即是针对存款人的盗窃与针对银行的诈骗、盗窃的并合罪的观点。但是，关于夺取罪，至少也应当考虑事实上的支配问题(参见场纯男：《侵占罪中的占有的意义——以不动产及存款的占有为中心》，载《刑法的基本判例》，第 132 页以下(1988 年)；西田典之：《刑法各论》，第 216 页以下(1999 年))。

仅在委托物侵占罪中才肯认占有存款性金钱的理由之一是源于如下考虑——不管现金是存在银行还是以存款的形式保管都没有实质变化，此外，如果不肯认对存款性金钱的占有，则在将钱从一个账户转移到另一个账户时，就不能认定侵占罪的成立。即言之，即使在现实地取出金钱并消费时不肯认可以对存款实施占有，因为取款时又变回为现金，所以仍然可以以侵占罪处理，但是在不以现金而以汇款的

---

* CD 机是"cash dispenser"机的缩写，指的是可以取款但不能存款的机器，多设在地铁站、便利店、火车站等；而 ATM 机则是既可以存款又可以取款的机器。——译者注

方式实施时，由于现金并未实际出现，所以为了肯认侵占罪的构成而有必要肯认对存款的占有。

因此，我想问的第一个问题便是，寄存人在以自己的名义将寄存的钱存入银行时，由谁取得存款的债权，存款归谁所有，民法上是如何处理这些问题的。

道垣内　我觉得这个问题相当于民法中的"存款人的认定"问题。最高裁的判决虽然很多，但一般都采用"捐出者说"，即存款人并非行使存款行为的人，而是金钱的捐出人。但是针对这一理论学术界多有批评，认为其违反了合同法理中关于当事人的一般准则。

并且，现在在一些另外的例子中也采用了不同的法理。如损害赔偿保险公司的代理店每月应从顾客处收取保险费而后转交给保险公司，但有时代理店会将顾客数月的保险费先存起来然后再转给保险公司。此时，代理店并不是将顾客的保险费存入自己的账户，而是以"X保险股份公司代理店 A"的形式存入专用的账户。

假设这时代理店 A 破产，如果从"占有＝所有权"的观点出发，顾客将保险费支付给 A 社时，该金钱就成为 A 社之物，因为金钱的捐出者为 A 社，所以该账户的存款人也就是 A 社了。并且，如果认为限定用途的寄托金钱的所有权属于委托人，则捐出人就是顾客，顾客也就是存款人。然而，东京地判昭和 63 年 3 月 29 日的判决（参见判时 1306 号，第 121 页；《损害保险判例百选》，第 2 版，42 事件）以及东京地判昭和 63 年 7 月 27 日判决（参见《金融法务事情》1220 号，第 34 页）中，都将 X 视为存款人。这些判决都认为本案中的存款的原资金属于保险合同者支付的保险费，所以，可以视为保险公司的捐出，但是，判例并未对为何可视为捐出的问题予以明确的说明。由于保险公司的代理店领受了保险费,即,在合同上保险合同者支付了保险费,发生保险事故时保险公司必须支付保险金,所以,保险费应当属于保险公司所有,但是这种解释总让人感到是将实质公平的话说在前面。

如果想将这两种做总和性的理解,所谓的"捐出者说"可以说是将实质性的利益归属主体认为是存款人,而后者的东京地判的立场至少从实质的妥当性上是无法否定的。如此一来,如果想整体理解判例法理,则除上述解说外别无他法。并且,如果这样考虑的话,在学说中评价并不十分出众的"捐出者说"却是可以推导出实质妥当性的完美理论,理所应当给予积极的评价了。

佐伯　　确实很有意思。但是,刚才您所说的思考方法是否适合于一般的情况呢?

道垣内　　我认为是可以的。只是有这样一种感觉,并非采用了"捐出者说"一切问题就都可以迎刃而解了。首先,我们确认一下,我从别人处得到100万并存入银行时,即使是以我的名义存入,存款人对于该存款也拥有刑法上的所有权,并不失去占有,对吧?

佐伯　　对。

道垣内　　所以,金钱属于委托人,如果存款人任意取走的话就构成侵占,对吧?

佐伯　　对,这在条理上与民法上的"捐出者说"相吻合。

<small>道垣内</small> 最早采用"捐出者说"的最高裁判决是昭和 32 年 12 月 19 日的判决(参见民集 11 卷 13 号,第 2278 页;《银行交易判例百选》,第 2 版,25 事件),在该案中,作为存款人的乙被作如下限定:"既然不是侵占了上述金钱并作为自己的存款"。对于侵占之时作其他判示的案例在以后的最高裁判决中也屡屡出现。如果采用"捐出者说"而以存款时不构成侵占罪为理论依据,就会陷入一种循环论证的状况。也就是说,"捐出者说"认为,不构成侵占时捐出人为存款人,而另一方面,刑法上根据"捐出者说"又认为,捐出人为存款人所以不构成侵占。

<small>佐伯</small> 自始就打算侵占寄存的现金从而以自己的名义存款时,因为从打算存款时就已经取得了现金,所以从那一刻起就构成侵占。因此,此种情形下,自然应当认为是将金钱作为自己的物品而实施了存储。当然,在委托的宗旨是以存款的形式保管时,是很难认定在存款时就具有领得的意思,如果从仅肯认金额之保护的西田教授的观点出发,只要存在同等金额的存款,在履行迟延之前就不能肯认领得行为。

<small>道垣内</small> 对,无论哪一种情形都理应构成侵占。

2. 合同的宗旨与不法领得的意思

<small>道垣内</small> 还有几点是需要注意的。随着金融交易越来越趋向自由化,普通的存款也表现出多种多样的形态。再如银行,也有经营不善的银行与运营良好的银行。并且经营不善的银行一般利息偏高。在这种状况下即使说是一种保管的方法,在高利率的银行中存款一般也不构成侵

占吧。特别是在约定利息归受托人时,受托人可凭借高利率获得利益。

佐伯 一般情况下,如道垣内君在上回中所说的根据委托的宗旨而决定。是取决于用什么样的方式保管较好,或者被委托以什么样的方式保管的。所以,虽然合意为存入安全的银行,但如果为了追求高利率而存入易破产的银行的,理论上看来只要存款就可能构成侵占。

道垣内 但是,为满足侵占罪的成立要件,仅仅有高利率一点是不够的,还必须具备不法领得的意思。但是,对不法领得的意思还必须做某种程度的类型化考虑。有时行为人将寄存的金钱存入高风险、高利率的银行,但却是打算返还的。有时行为人存款的目的不是为了将钱占为己有而仅仅是为了得到高利息,甚至有时行为人还打算将利息也一并返还。所以,这几种情形中也就不构成不法领得的意思了。

再举一个比较极端的例子,别人给我 10 万元,我想让它升值后再还。然后我去了赛马场,这时,就主观上来说,即使我坚信"3—4"号马一定会赢而买了赛券,不是也不构成不法领得的意思吗?

佐伯 确实不构成。如果禁止在当事人之间实施这种流通使用的话,只要能够返还就不构成故意或不法领得的意思。

道垣内 但是,如果总是一味地追究不法领得的意思,是否违反了合同呢?

佐伯 是的,刚才讨论的问题是与不法领得的意思,进一步说是与如何理解侵占罪的性质相联系的。众所周知,关于盗窃罪与侵占罪等的领得罪之中,判例·通说要求具备不法领得的意思,但关于这一意思为何要与故意作不同的理解,观点并不一致。一种理解认为,盗窃罪与侵占罪属于利欲犯,如果没有自己获得利益的意思就不能处罚,在不具备这种意思时,可能构成毁弃罪等其他犯罪。如果以此理解不法领得的意思,就会得出如下结论:在为了本人而存入利息较高的银行时,即使违反当事人间的合同,也可能否定不法领得的意思。但是,在赛马时,由于购买赛马券本身就是一种娱乐,在此意义上,不法领得的意思成立。

另一方面,也有在理解不法领得的意思时不重视利欲犯的要素的见解。特别是关于侵占罪,有判例认为:"所谓使侵占罪成立所必须的不法领得的意思,是指占有他人之物的占有者违背委托的任务宗旨,虽对标的物并无权限却欲以所有人的意志处分之,而不以获取利益为必要"(参见最判昭和24·3·8刑集3卷3号,第276页;《刑法判例百选Ⅱ》,第4版,55事件)。因此,即使不从"不法领得的意思不要说"出发而仅从判例的角度出发也可得出如下结论:违反委托的宗旨而对寄存金进行高风险的返还投资行为时,是极有可能构成侵占罪的。这跟风险的高低也有关系吧。

道垣内 从常识上看来,很多情况下虽然发生债务不履行责任,但并未达到可受惩罚的程度。但是,此种情形必须把寄存至银行的存款与赛马相对照,在前者中,银行破产时,如果合同禁止存入银行的话则构成债务不履行,而不构成侵占。与之相对,赛马的话就构成侵占。以此为限是比较明确的,但是现在,即使金融商品中也存在各种各样的包含有较强赌博意识的金融派生产品。因此,在普通的存款与赛马之间产生了多种情况,也就产生了在哪个限度上作出区分的问题。是以合同的宗旨为切割点呢?还是树立别的标准呢?如果稍作认真研究,那么是否构成一个严密的逻辑体系呢?

并且,例如在定期存款中,如果存款期为6个月,则这6个月间是看作无法返还呢?还是根据银行的现实经营状况来判断能否按期还款呢?稍作细微的考虑就会出现这样的问题。

3. 与汇款送金的法构造之间的关系

道恒内 我再问一个问题。刚才您讲到了在普通存款时,只要不将该普通存款的金钱的占有局限于寄存人,在汇款送金的场合就无法明确地说明侵占罪的成立,这种讨论是如何考虑存款的法构造的呢?

佐伯 您是问怎么考虑的?

道恒内 我在A银行里有普通存款,将这账户中的10万元转移到B银行的C的账户下时,我当然并没有亲眼见到钱。我去A银行的取款机,插入卡,输入密码,然后输入对方当事人的银行账号,通过计算机画面上的操作,我在A银行的账户余额就减少了10万元,而C在B银行的账户余额就增加了10万元。此种情形下的交易,一般被视为委任合同,是我委托A银行从我的账户中转10万元去B银行的C的账户下。据此,A银行对我拥有10万元的费用偿还请求权以及一定的报酬请求权,这在法的构造上究竟是一个什么样的问题呢?这确实有不明确之处。但是,传统理论认为,我需要将此笔款项从自己的账户中返还，对 A 银行履行费用偿还以及报酬支付债务。在此，虽说有些虚构的成分，但是实施返还行为这一点是很重要的。

然而，如果我在甲银行拥有普通存款，并将该账户中的 10 万元转入同在甲银行的乙的账户，此时，传统理论认为这并非是"汇款"而是"转账"，这里同样有不明确之处，因为此时并不存在我的返还行为，但是资金好像已经移动了。

虽然民法学上也有说不清楚的时候，但至少在"汇款"的一方存在着拟制的返还行为。

佐伯 的确如此。以前并未考虑过送金之类的行为在民法上是如何构成的。虽然是一种虚拟，但如果采用了以提取现金为依据的法构造，则既然侵占了提取的现金，似乎也就可以肯认汇款的存在了。这种解释虽然有些牵强，但肯认因存款而占有金钱本身更是一个牵强的解释。

道垣内 如果我们以"侵占罪的客体是有体物"为前提，那么，即使观念上认为因返还行为在一定时期内产生金钱，但由于物理上那些金钱并未出现，因此从刑法上来讨论可能也比较困难。

佐伯 实际上，肯认因存款占有金钱便有将"侵占罪的客体是有体物"这一前提改变的意思。银行并不会将存入的所有现金原封不动地保管，所以即使认为存款人占有金钱，也不能保障占有的对象——金钱被银行现实地保管。当然，虽然银行保管着在普通的侵占罪中作为讨论对象的一定数额的现金，但并非所有的存款都以现金的形式存在银行中，从这一意义上来看，肯认占有存款的见解中或多或少是对作为客体的有体物性质的拟制。如果肯认这种拟制,在再次将钱取出这一点上也是肯认一定的拟制的。如果正如道垣内君所说的"汇款"与"转账"在法构造上并不相同,那么,在取款这一点上即使采用拟制的做法,也只能将前者看作侵占。但是将两者在侵占罪问题上做不同处理的理由并不存在,还是应当视为金钱的占有。

4. 关于错误汇款的最高裁的判决

佐伯 　　与存款问题相关联,关于汇款受托人因搞错领受人而错误汇款、收款人将错汇的金钱从自己账户上随意取出的问题,在以前已经讨论过。以往的下级裁判所认为,在这种错误汇款的场合,收款人对于银行的债权并不成立。刑法上也以之为前提,认为因为收款人的存款债权并不成立,所以即使存在因错误汇款而产生的账号,收款人也不能对该账号中的金钱行使正当的返还请求权,进而,如果收款人通过窗口取走金钱的就构成诈骗罪,从 CD 机取走的则构成盗窃罪,而通过 ATM 机将金钱转入他人账户的就构成使用电子计算机诈骗罪。在相关判例中,有认定为诈骗罪的札幌高裁昭和 51 年 11 月 11 日的判决(参见判夕347 号,第 300 页),以及认定为盗窃罪的东京高裁平成 6 年 9 月 12 日的判决(参见判时 1545 号,第 113 页)。

　　在最高裁平成 8 年 4 月 26 号的民事判决中(参见民集 50 卷 5 号第 1267 页,票据支票判例百选,第 5 版,108 事件),错误汇款的受托人在收款人的债权人对收款人的账户进行扣押时,提起了第三人异议之诉。裁判所判决认为,当受托人将钱存入收款人在银行的普通账户时,在汇款受托人以及收款人之间,不管作为汇款原因的法律关系存在与否,收款人与银行之间的普通存款合同成立,收款人因此对银行取得相当于上述金额的普通存款债权,汇款受托人只能向领受人提起同额的不当得利返还请求权,从而驳回了第三人异议之诉。

针对这一判决,学说上好像进行了讨论,道垣内君也在《票据支票判例百选(第5版)》中进行了解说。刑法上关注的焦点是:以往曾考虑,虽然不成立存款债权就构成盗窃或诈骗,但是因为最高裁认定成立存款债权,这会对以后的讨论产生怎样的影响呢?例如,岩原绅作教授在评释判决时曾指出,"本判决有覆盖肯认领受人成立盗窃罪的东京高判平6·9·12判时1545号第113页的危险"(参见岩原绅作:"判批",《金融法务事情》1460号,第15页(1996年))。

那么,最高裁上述判决的趣旨究竟是什么?是因为债权人要扣押领受人的账户一事才得出的吗?在收款人将钱取出的场合,是否还会有别的判决呢?所以我想请教一下判决的意义或者射程的问题。

道垣内 我个人认为,这一判决在形式上看来进行得不错。因为汇款银行(受托人汇款的银行)与收款银行(收款人的账户所在的银行)为同一银行,所以可以将法律关系划分为汇款受托人A与银行B间的关系以及在银行B拥有账户的收款人C与银行B间的关系。这样的话,A与银行B间发生的受托汇款存在着错误,本应存入D的账户中,却误写为C。所以这一受托汇款行为存在着错误,可被认为是无效的。如果离开本案件进行一般的考察,例如因第三人的胁迫或诈骗而写为C时,也可能产生因诈骗或胁迫而导致的撤销问题。但是,银行B与C之间的法律关系却并不受影响。这是因银行B与C间的合同而产生的问题。所以在这一点上,平成8年的最高裁判决指出:"在上述普通存款的规定中,只要汇款就认定存款账户有接受的宗旨,收款人与银行之间的普通存款合同的成立与否并不受汇款受托人与收款人间的作为汇款原因的法律关系的有无的影响。"即言之，B、C之间存在的合同是只要有汇款普通存款账户就予以接受的生效合同，所以，只要A汇款，银行B就必须根据与C的合同将该汇款存入C的普通存款账户，从而C就享有了对银行B的存款债权。对吧？

刚才佐伯君指出，很多私法学者对最高裁的这个判决进行了批评，确实如此。尤其是考虑到本案件中所牵扯到的扣押问题，C的债权人G因为得到了本不应存在于C账户中的金钱而受益。考虑到本不应使G受益而应该保护A的利益，所以，本案的判决是有欠妥当的。但是，由于在汇款时往往牵扯到许多银行，并且，在国际性的汇款业务中，这些银行甚至都不在同一个国家中，这时，对于全部的交易作一并处理确是一件困难的事情，所以，至少本案件在理论上是可以成立的。

另一个问题是有关本判决的范围，如果似上述般理解本判决，则这一结论并非是通过比较扣押债权人与汇款受托人的要保护性而得出的，而是基于严格的形式理论而推导出来的。因此，C不仅可以扣押，还可以请求返还存款。

但是，从刑法的目的层面来看，C对银行B拥有返还请求权这一点与该权利的行使可以归结出行为并不带有刑法上的违法性这一点之间，存在着必然的直接联系吗？在很多情况下，虽然存在私法上的权利，但在刑法上行使该权利的行为依然被评价为违法。这一问题是否也如此呢？

佐伯 虽然在现金问题上确实出现过，但有力的见解认为不必考虑民法，仅从刑法独立性立场出发考虑即可。从这一点出发，有人认为，即使有最高裁的民事判决，刑法的判例也不会受到影响。但是，如果存款的债权成立、取出存款的行为在民法上是合法的这一论断的意思是指,只要领受人说"要提钱"银行就必须立即支付的话,那么即使从刑法独立性的立场出发,能否处罚取款的问题就不无疑问了。

例如,所谓盗窃罪是指违反金钱占有人的意思取走物品,诈骗罪是指通过诈骗取走物品。A去银行说"我一查存折发现被汇入了1亿日元,也不知是谁因为什么汇入的,虽然我没有得到这1亿日元的理由,但钱已经汇进来了,我要取走它",只要银行将钱交付,即使A不说上面的话而直接将钱取走,也不能说是违背了银行的意思将钱取走或者将钱骗走。如果无视民法的权利以及该权利所依据的事实,而仅从刑法的立场出发是无法认定违法性的。

不过,即使存款债权有效成立,银行也可以因发现汇款错误而拒绝给付。但是,如果根据银行实务当事人对银行说出错汇一事就无法取出钱来,于是二话不说在窗口将钱取走,或者用卡将钱取走时,是有可能构成盗窃罪或诈骗罪的。

实际上,最近的最高裁平成8年判决后的新的刑事判决在下级审中出现了,该判决认定了诈骗罪的成立。这便是大阪地裁堺支部平成9年10月27日判决(判例集未登载)与其上诉审的大阪高裁平成10年3月18日判决(参见判夕1002号,第290页;渡边惠一:《错误汇款的现金提取行为与犯罪的成立与否》,载《研修》599号,第729页以下(1998)年;西田典之:《判批》,载《法学教室》222号别册,《判例选集》98,第30页(1999年))。案情如下:A为真正的收款人,但是由于其妻子的书写错误,B公司将钱汇入了被告X的普通存款账户中,金额为750 031日元,X明知为误汇,但由于无钱还债,还是将钱取走。

两判决都以最高裁平成8年的判决为理论基础,认为相当于汇款金额的存款债权成立,大阪地裁堺支部判决如下:"在如本案件般因书写错误而导致的明确的误汇的场合中,既然明确该汇款最终不应归属于错误指定的收款人,根据关联证据,在银行实务上,此时,如果有汇款受托人的申请,即使汇金已经处理完毕,也应当在得到收款人的承诺后,撤销之前的汇金受取行为,使之恢复到汇款受托前的状态,并且,在收款人指出误汇时,还应当联络汇款受托人以采取复原措施,银行决不能随意地允诺提取金钱。如此看来,即使是普通存款债权的名义账户人,在认识到了误汇时,随意地将与该汇款金额相当之金钱取走的现金化的做法,从银行交易的诚实信用原则上来看也是不容许的行为,因此,暂且不谈对外性的法律关系的处理,至少在对银行的关系问题上,是不能肯认当事人拥有取走相当于误汇金额之现金的正当权利的。"

大阪高裁的判决也作出了相同的判示:"如果汇款受托人通过汇款银行提出了错误汇款的申请要求转回汇款,或者,如果汇款方的收款人提出了错误汇款的申请,采取通过收款银行联络汇款受托人等事后处理方式的银行实务或答应返还误汇金钱时,作为银行无论是否追究法律上的责任,事实上都极有可能卷入汇款受托人与收款人之间的纷争,作为接受返还请求的银行,不能不接受该存款因错误汇款而被汇入的事实,因而,隐瞒误汇事实而取回金钱的行为是诈骗罪中的'欺罔行为',而银行方面的错误相当于同罪中的'错误'。"

关于上述两判决,你是怎么考虑的呢?

道垣内 有很多值得注意的地方。

首先,在银行实务方面,如果有汇款受托人的申请,即使是金钱存入之后也应当返还,这一点可以作为论据,但是,我们还需要注意的是,至少在大阪地裁堺支部的判决中,还需要"得到领受人的承诺"。

实际上,在约款中,如果是银行本身的错误发信或错误记账,不需要领受人C的承诺就应当撤销存入的金钱,而在汇款受托人错误发信时,并不能当然地撤销之。①如此一来,便可以根据领受人的承诺而实施转回行为,继而再考虑实施由C向A的汇款行为,私法上是作这种简便直接化的解释的。堺支部的判决将领受人一方提出的误汇也作同样的处理,根据领受人提出的误汇申请,对转回的要求表示同意。无论如何,金钱都不是那么轻易就可以取走的了。

并且,在这种错误汇款的场合,必须考虑各种情况。平成8年的最高裁判决中,本来的收款方应当是D,却写作了C,但事实上与C之间的交易关系早已结束,所以A对C并不负有债务,与C之间的原因关系也不存在。发生错误的原因为,汇款受托人的手里有许多交易地址,本打算偿还对D的到期债务,而对C的债务还未到清偿期,但却存进了C的账户。此时,C回收债权也不是稀奇的事情。所以,在一般性的理论中,错误汇款时,能否说仅根据对银行的关系就可以判定是否有接受返还存款的正当权限呢?

佐伯 堺支部的判决仅限于因形式上的书写错误而导致的明确的错误汇款的情形。

但真实的情况是怎样的呢?例如只知道错误汇款了,但不知究竟有多少时,银行怎么应付呢?最高裁的判决背后,隐含的是让收款银行逐一考察是否错误汇款这一并不明智的考虑,在银行一看就知道是

---

① 此后,最高裁平成12年3月9日的判决(《金融法务事情》1586号,第96页)指出:"汇款完成后,收款银行在收到了汇款银行的转回申请而领受人未承诺时作出了承诺的,此时,领受人对收款银行的存款债权并不消灭。在取回问题上,领受人的承诺是必要的。"

错误汇款时,例如,在本人肯认是错误汇款时,银行是否应认定"根据最高裁的判决,你确实就是存款人",从而予以返还? 我认为,银行还应当再付以一定的理由才能返还之。

道垣内 大阪高裁的判决理由中提到"答应返还时,作为银行,不论是否追究其法律上的责任,事实上都极有可能卷入汇款受托人与收款人之间的纷争"。但是,这对于银行而言是重要的吗? 换言之,银行是否想返还错误汇款呢? 我觉得不是。

实践中产生纷争的,是接受错误汇款的 C 陷入偿还不能的状态时。因为如果不如此,依据不当得利就可以解决了。此时,C 的交易银行 B 对于 C 也享有债权。然而,作为银行 B,在第三人实施扣押或请求 C 返还之前,首先考虑的是将自己对 C 的债权与该存款债权相抵销。其结果,第三人即使有返还请求,也可能不能简单地同意。但是,在错误汇款时能否抵销这一点上,我认为是可以的。这样的话,如果存款人接受返还的话就构成诈骗,银行执行抵销时就没什么问题了,得到利益的还是银行。

如果认为银行从心底就想返还的话,就可以说问题很简单了。

佐伯 一方面肯认领受人针对存款人的诈骗罪成立,另一方面又认为知道错误汇款的银行即使行使抵销也不构成任何犯罪的想法是显失公平的,但认定银行构成犯罪好像又不是件容易的事。

道垣内 如果仅以最高裁的判决为前提,则扣押是可能的。如此一来,就又回到了上回关于扣押与任意让与间是否存在差别的问题。如果我错误汇款时,可能会拜托朋友扣押。

佐伯 　明知是错误汇款而实施扣押时,也不成立犯罪。这虽说有些奇怪,但扣押不能算是诈骗罪与盗窃罪的共犯。

再附加一点,以最高裁的民事判决为前提,也有观点认为,作为存款人的收款人占有存款时,不构成诈骗、盗窃而是脱离占有物侵占罪。将错误地寄到自己家里的物品随意处分的,构成脱离占有物侵占罪,所以对错误汇款的场合也可予以相同的解释。事实上,以往也有将错误汇款的事例认定为脱离占有物侵占罪的判例(参见东京地判昭和47・10・19 判例集未登载,原田国男:《判批》,载《研修》337 号,第 69 页(1976 年))。但是,这回的两判决中都未将其认定为脱离占有物侵占罪而是认为构成诈骗罪,堺支部判决也指出:"仅从对银行的关系来看,就缺少接受存款返还的正当权限",意味着否定了被告人对存款的占有。

道垣内 　在脱离占有物侵占罪的场合,以该占有脱离物的所有权属于被害人为前提。如果这样的话,就与最高裁的判例不符了,其他的债权人也可以扣押这一点是奇怪的。

但是,从 ATM 机取回就构成盗窃罪,而从银行的窗口取回就构成诈骗罪,这似乎有些不对劲。

佐伯 　因为诈骗罪的成立必须要有对他人的欺诈行为。从 CD 机取钱时,自然也是诈骗。但是,不骗人的诈骗罪是不能成立的。因为不成立诈骗罪,所以就是盗窃了。虽然也有学者例如松宫孝明教授认为不构成诈骗罪并不必然就是盗窃罪(参见松宫孝明:《过剩进款与财产犯》,载《立命馆法学》249 号,第 1302 页以下(1997 年)),但这却是一个确实的盗窃案例。使用电子计算机诈骗罪中在客体上仅规定了财产上的利益,就是以这一判例为前提的。

道垣内 明白了。

佐伯 最高裁的判例是否认为在当事人想取走时,是无法阻止的?如果我们预测一下将来的情况,似乎只能看到依赖权利滥用或其他的形式而不存在阻止取款的可能性。

道垣内 我觉得没有这种可能。况且还有存款利息的问题。

佐伯 刑法学者总是依照以往的判决进行解说,所以对于这一特殊案件,刑法学者似乎想说明这对收款人并不适用。这是一种最简单的说明,虽说是想如此说明,但实际不是这样的吧?

道垣内 没有私法学者认为该判决是因为扣押才得出的吧。

佐伯 是的。有人对判决本身表示反对。关于大阪高裁判决的事件,因为又被提起了上诉,就让我们等待最高裁的判决吧。

在一、二回中我们讨论了金钱的问题,下回我们转入关于不法原因给付的讨论。

第三回
不法原因给付

1. 不法原因给付与所有权的转移
   ——对昭和 45 年最高裁判决的理解
2. 不法原因寄托的思考方法的登场
3. 刑法学者提出的民法学说？
4. 赘述
5. 不法原因给付与诈骗罪的关系
6. 《民法》第 90 条与第 708 条的关系
7. 不强制清偿的债务与诈骗罪的关系
8. 总结

1. 不法原因给付与所有权的转移
   ——对昭和 45 年最高裁判决的理解

这回我们讨论不法原因给付与侵占罪·诈骗罪的关系问题。

首先，关于侵占罪的典型例子是，领受贿金的受托人随意使用该贿金时能否构成侵占罪的问题。受委托向第三人行贿的合同因违反公序良俗而显然无效。故而，受委托实施行贿并领受金钱的受托人也不负有向第三人行贿的义务。如果委托他人向第三人行贿并交付金钱的事由可以构成不法原因给付的，则根据《民法》第 708 条，委托人便不能取回金钱了。而受托行贿并领受金钱的受托人既不负有向第三人交付金钱的义务，也不负有对委托人的返还义务。那么，受托人随意使用金钱时会构成什么呢？

判例（参见最判昭和 23·6·5 刑集 2 卷 7 号，第 641 页；《刑法判例百选Ⅱ》，第 4 版，52 事件）指出：即使物品的给付人因不法原因给付而无法请求返还,但也并不丧失对该物品的所有权,领受人也不能取得该物品,因此,对于领受人而言,该金钱仍然是他人的所有物,该不法领得构成侵占罪。即,侵占罪的成立不以物品的给付人可以行使民法上的返还请求为要件。虽然"二战"之前曾有有力的见解反对该判例,认为"刑法居然对不受民法保护的所有权进行保护,真是奇怪",但通说一直支持该判例。

然而,让上述刑法判例·通说困惑的事态还是出现了。最高裁昭和 45 年 10 月 21 日大法庭判决(参见民集 24 卷 11 号,第 1560 页;《民法判例百选Ⅱ》,第 4 版,76 事件)作出如下判示:"在赠与人无法请求返还给付物时,作为其反射性效果,最适合情状实质同时也是可以明确理清法律关系的做法是,解释为标的物的所有权脱离赠与人而归属于受赠人",由此,上述作为刑法判例·通说的前提的观点,即领受人并不取得所有权的观点土崩瓦解。

因此,我首先想就昭和 45 年的判决提个问题,究竟应如何理解·评价这种认为作为反射性效果的所有权移转的观点呢?

道垣内 在讨论昭和 45 年的最高裁判决之前,有必要首先对作为其前提的《民法》第 708 条中的"给付"的意义略作说明。关于该问题,至少通说是认为"应终局性地将利益转移给对方的"。因此,关于是否是"终局性地将利益转移给对方"的判断还必须根据如下判断进行:为了确定转移利益,是否需要对方当事人与裁判所的进一步帮助。虽然严格来讲并非仅仅如此,但要点却存在于其中。例如,A 欠 B 赌债,作为担保而将自己所有的不动产为 B 设定了抵押权并进行了登记时,由于 A 并非对 B"给付",所以 A 是可以向 B 请求注销抵押权的。原因在于:为了实际实现 B 所有的债权,最终当然还得借助于裁判所的帮助,而且,B 的"取得了抵押权"的利益最终也只有通过向裁判所申请抵押权的实行程序并优先受偿才能得以实现。

与之相同,最高裁昭和 46 年 10 月 28 日判决(参见民集 25 卷 7 号,第 1069 页)中认为:对于登记在册的建筑物,如果仅实施了让与则不能构成"给付"。如果 B 想要最终获得登记在册的建筑物的利益,则必须取得移转登记,在 A 不配合时,只能向裁判所起诉。换言之,裁判所的帮助尚处于必要的阶段上。故而此时尚不存在"给付"。因此,在 A 将登记在册的建筑物让与给 B 但尚未移转登记于 B 时,即使该赠与是为了维持夫妾关系而实施的,A 也仍然可以从 B 处取回该建筑物。

接下来,让我们以上述理论为前提考察一下昭和 45 年的最高裁判决的事例。赠与人 Y 将未登记的建筑物转移给了受赠人 X,此后 Y 又以自己的名义对建筑物进行了保存登记,所以 X 诉请 Y 履行移转登记所有权的程序。

在此,首要的问题是是否存在"给付"。而判断该问题的要点则在于:赠与人将未登记的建筑物让与给受赠人,但均未进行建筑物的保存登记时,受赠人是否可以单独进行保存登记。如果问到实践中如何解决该问题,回答是建筑物保存登记程序是可以由权利人单独申请的。当然,在现实中,受赠人证明自己拥有所有权时,需要出示赠与人拥有的书面材料等资料,但在理论上受赠人却可以独自准备必要的资料并提出申请。如此一来,受赠人权利的实现就无需对方当事人以及裁判所的协助,可以说此时已经"存在给付"。

所以,受赠人已经确保"可以单独以自己的名义保存登记建筑物"这一法律地位,不仅是关于有无"给付"的判断,同时也是本判决中重要的问题点。换言之,尽管受赠人已经取得了此种法律地位,但赠与人却以自己的名义保存登记该建筑物时,可以看作是赠与人对受赠人的法律地位进行了积极的侵害。如此一来,受赠人当然可以请求注销以赠与人名义实施的保存登记了。

本判决的结论,因为肯认受赠人可以请求赠与人履行所有权移转登记的程序,所以与注销登记请求不同,虽然看似裁判所在帮助受赠人取得登记名义,但其实并不尽然。总之,本判决作了如下陈述:"如此一来,为使本案件中的不动产的权利关系符合实体要求,既然上诉人注销了上述保存登记,并重新以自己的名义进行了保存登记,自应认为要求被上诉人进行所有权移转登记程序的本案件的反诉请求是正当的。"即,原则上明确了本来被认可的注销登记请求的问题。

实际上,即使没有明示所有权已转移给了受赠人也可以推导出该结论。然而,由于最高裁召开了大法庭并阐述了标的物的所有权脱离赠与人之手而归属于受赠人的一般理论,由此可以看出最高裁的强烈意愿。在此判决之前,学说上也以所有权转移给受赠人为多数说,即使现在亦为通说。因为所有权的所在与占有的所在、所有权的所在与登记名义的所在相分离的问题导致了法律关系的错综复杂。

但是,由于该结论与刑法历来的思考方式相悖,从而导致了难题,因此考虑到本判决事案的特殊性,可以认为适合上述一般理论的范围是比较狭窄的,因为这是与我们的结论无甚必要的旁论,意义不大。

佐伯 是吗?但是,民法学说一般也认为上述昭和45年判决的事案是特殊的,其判旨一般情况下是妥当的吧?

道垣内 是的。但正如前所述,如下理解是重要的:作为前提,判例法理试图以"给付"的概念控制其适用范围。反论之,如果认为作为反射性效果不应认定所有权已经转移,就应该溯及地推导出"不存在给付"

的结论了。

2．不法原因寄托的思考方法的登场

佐伯 　明白了。因为出现了昭和45年的判决，所以"因丧失了大审院历来所确认的所有权因而构成侵占罪"这样的理由不能被肯认，从而侵占罪肯定说陷入了困境，但是，此时却出现了一个救世主——林干人教授。林教授首先介绍了德国以不法原因给付与侵占罪为问题的事例，例如前述所举之交付了行贿金钱的事例的处理方法：认为财产并未转移给受托人因而不存在给付，故而不能适用不法原因给付，所以构成侵占罪，并主张日本也应采用同样的解释。即言之，过去刑法中作为不法原因给付问题而讨论的事例其实都是关于不法原因寄托的问题，因此不属于《民法》第708条中的不法原因给付问题，所以可以肯定侵占罪的成立（参见林干人：《财产犯的保护法益》，第157页以下（1984年））。

　　此前一直作为不法原因给付与侵占的问题拼命研讨，却因突然被指出这实际上并非不法原因给付的问题，感觉虽然谈不上是非常困惑，但该见解却在此后得到了多数刑法学者的支持（例如，大谷实：《刑法讲义各论》，第4版，第282页（1995年）；西田典之：《刑法各论》，第244页（1999年）；平泽修：《不法原因给付与诈骗·侵占罪》，载《刑法基本讲座》，第5卷，第247页以下（1993年）等）。

　　林教授引用的是民法学者谷口知平先生的学说，谷口先生认为：在单纯的委托情形中，为了维持信赖关系并未然性地防止不法目的，应认可返还请求。因此，民法上并非拒绝返还请求，而即使是从刑法的立场出发，在预付行贿金钱的情形中，应当允许委托人要求拿到行贿金钱的受托人返还该金钱，从而对行贿这种犯罪进行未然性的防止。实际上，也有批判指出：侵占罪肯定说认为，领受人不实施行贿时即以侵占罪追究的做法是在促进不法目的的实现，在领受人不实施行贿时，应返还给委托人，这种方法才是与预防犯罪相联系的。

如此一来，虽然刑法最近的有力说是以《民法》第708条的解释为基础的，但该主张究竟是现在的民法所采用的解释呢，还是仅在与刑法解释相关联时对《民法》第708条所作出的解释吗？这一点并不明确。但是，如果是后者的话，这可就是奇妙的见解，也是无用的见解了。因为刑法的有力说认可民法中的所有权概念与刑法中的所有权概念的差别，所以直率地说，虽然在民法上所有权转移给了受托人，但在刑法上所有权还是归属于委托人。

因此我想，认为在将金钱交付给他人并委托其向第三人行贿时构成不法原因寄托而非不法原因给付的刑法学说，可能是以民法中的如下学说为前提的：对第708条进行解释时应区分"寄托"与"给付"，并认为预付行贿金钱时构成不法原因寄托而非不法原因给付。林教授曾明言，关于所有权的归属即使是刑事中也应尊重民事判例。所以我想请教一下的是：民法是否真的以这种解释为一般论述呢？

道垣内　如果说认为民法中区分"不法原因给付"与"不法原因寄托"，而后者不适用《民法》第708条的理解是刑法学的民法学理解的话，是不对的。

为了说明这是种误解，需要从两个方向上推进该话题，首先，第一个方向是关于刑法最近的学说所依据的谷口知平先生的观点。

谷口先生确实认为在一定的情形中，为了维持当事人之间的信赖关系而应肯认寄存标的物的返还请求（参见谷口知平：《不法原因给付的研究》,第 3 版,第 213 页(1970 年))。但是,需要注意的是,该谷口说却不是着眼于"给付"的概念与"所有权的所在"而提出的。

关于"给付"的概念,谷口先生采用"只要给予事实上的利益即可"的立场(谷口知平:前揭书,第 196 页以下)。与通说的给付理解相比,该概念的外延甚广,甚至包括为赌博债务提供担保而设定抵押权的"给付"。只要是简单的"存在给付"即可。但是,谷口先生却并未简单地得出只要存在给付就可以适用《民法》第 708 条的结论。先生一直致力于对法律关系的整体进行考察而后寻求柔性解决方案。因此,作为整体性的判断,先生在考虑当事人之间的公平以及抑制进一步的违法行为的基础上,得出了如下结论:在为行贿而将金钱寄托给中介人时,应肯定委托人的返还请求。只是,严格来讲,多数情形下认可返还请求而未实施行贿的事实也不过是推导出上述肯定论的动因之一(谷口知平:前揭书,第 213、215 页),即使撇开该问题,如果以谷口先生认可返还请求为由而认为他采用了将该金钱的所有权归属于委托人的立场,那可就错了。不止如此,先生还曾指出:在寄托金钱的情形中,由于受托人的所有权已经发生了转移,故而在以所有权的所在为基准解决问题时是不会得出妥当的结论的,因此,此时不应以所有权的所在为基准(谷口知平:前揭书,第 165 页)。而且,原来在第一回的讨论中,我已经就刑法学中的民法理解是严格地以"金钱的占有的所在与所有权的所在相一致"的命题为前提的问题咨询过您(本书第 5 页),如果真如此,那理应是"受托人 = 占有人 = 所有人"。

所以,谷口先生的立场并非认为委托与寄托都不符合不法原因给付。因为先生曾做如下论述:"无论原因是赠与、买卖、租赁还是寄托,以之为基础而给予事实上的利益状态时,关于恢复原状的请求不应适用第 708 条吗?而对其的限制也应依据具体情况进行其他考虑吧,例如根据不法性的强弱、拒否救济导致的苛酷性、信赖关系等"(谷口知平:前揭书,第 199 页)。例如,谷口先生认为,出于杀人目的而将手枪借给第三人时,构成不法原因给付,不应认可出借人的返还请求权。虽然由于仅是出借所以出借人仍保有手枪的所有权,但考虑具体情况的综合结果应当认为此时构成不法原因给付。这种整体性的考虑是谷口民法学的特色,说得清楚一些的话,是存在理论上的暧昧之处的。

但是,林教授对谷口先生的学说进行了整理,并作了如下陈述:"如果将不法原因给付中的'给付'的意义进行上述理解,在刑事中构成问题的该类情形在实际上就完全不是不法原因给付了。即,委托人可以实施取回,所有权也自始就保留在委托人手中"(林干人:前揭书,第 171 页)。该观点是在结合通说的"给付"概念与前述情形中的谷口先生的结论的基础上,试图利用"所有权的所在"进行说明,这是极大地偏离了民法学中的思考方法的。

不管怎样,民法中也不存在认为寄托一般不符合《民法》第 708 条的"给付"的学说,而自从本人从事民法学研究 17 年来,也从未听说过"不法原因寄托"一词。

佐伯 有些吃惊。为了进一步确认我再问个问题。民法的通说可以说是"我妻说",我妻先生的学说影响力虽然直至今日仍很强大,但关于不法原因给付中的"给付"的意义,我妻先生曾指出:"必须赋予受益人以事实上的终局性的利益"。刑法学者对我妻荣先生之上述定义的理解是,例如,A 将行贿的金钱交给 B 并委托其转交给 C 时,由于并非赋予 B 终局性的利益,所以这不是"给付"而是"寄托",这种理解对吗?

道垣内 　作为民法学上的以往议论的理解是错误的。刚才我说过，为了说明是误解需从两个方向推进该话题，另一个方向上讨论的便是该问题。

　　正如我已经说明的，我妻先生认为，只有"赋予领受人以事实上的终局性利益"才是"给付"，所以构成给付必须达到无需对方当事人与裁判所的帮助便可获取利益的阶段，而关于为担保赌博债务而设定抵押权的问题，因为为了实现利益还必须借助于裁判所的协助，所以此时尚不构成"给付"。与之相对，在寄托与委托的情形中，当然是存在给付的。因为此时的领受人即使得不到对方当事人与裁判所的协助也可以确保获得利益。

　　然而，林教授认为："例如，关于不法原因给付中的'给付'的意义，我妻博士在作出必须赋予受托人以'事实上的终局性利益'的结论的基础上，认为仅仅是为了担保，进行赁贷或者进行委托时不构成给付。这一点与其他学说是相同的"（林干人：前揭书，第170页）。但这是很奇怪的。因为林教授引用的我妻著作中，并未涉及委托问题，虽然书中涉及赁贷问题，但只是论述赁贷中给付了什么，而并未提出仅进行赁贷时不构成给付的主张。

　　话题可能又绕回来了。试图对给付要件进行一定限制的见解确实是以我妻先生为首的通说，但即使从该通说出发，关于预付金钱行为构成给付的问题在民法上也不存在异议。

佐伯 　赋予事实上的终局性利益的要件应理解为将做过的事情做到底吧？如果将其理解为赋予实质上的利益，这恐怕是种误解吧。

道垣内 我认为是这样的。

3. 刑法学者提出的民法学说？

佐伯 刑法学者所认为的关于《民法》第708条的解释在民法中并非一般论，或者说是几乎见不到的，如此一来，我倒产生了民法学者究竟会如何评价刑法学者的学说的兴趣。道垣内君刚才说从未听说过"不法原因寄托"一词，但如果民法学者知道刑法学者对《民法》第708条的解释，那么有没有可能认为这是种不错的提法呢？

道垣内 在直接回答该问题之前，首先我想指出的是：虽然刑法学对民法学的议论存在误解，但关于将委托行贿的金钱花掉时可能构成侵占罪的问题，是可以依据谷口先生的学说与民法进行整合性的说明的。虽然以林教授为首的学者对刑法学的思考方法进行了批判，但这只是针对得出结论的过程的批判。确实，谷口先生认为在以向第三人行贿为目的而委托金钱时，综合考虑各种要素后是可以肯定返还请求的。因此，如果采用该学说，并依据第一回中提到的委托金钱的所有权属于委托人的思考方法，那么"他人之物"的要件是可以满足的。该见解是可以成立的。

因此，关于民法学者如何接受上述刑法学说的问题，必须分为如下两个问题展开讨论：一是接受认可返还请求的学说，还是认为委托的金钱属于委托人，刑法学的结论中是否存在适合民法的要素？二是委托但并非转移终局性利益也不符合《民法》第708条的"给付"的思考方法能否成为民法学的主流？

首先，我想从可能是佐伯君的问题核心的,后者认为"委托不是给付"的思考方法出发,在我看来,这种思考方法成为民法学的主流观点的可能性是零。因为自始就无法理解为何可以说领受人的利益取得并非是终局性的。领受人可以自己消费该金钱的事实本身便显示出了这完全构成取得了利益。一般而言,接受"委托并非给付"的可能性是不存在的。

那么,前者,即在以向第三人行贿为目的而委托金钱时,肯定金钱的返还请求的学说是民法学的多数说,并且,认为委托金钱的所有权属于委托人的问题究竟如何呢？由于金钱所有权的问题已在第一回中讨论过,所以在此我们仅考察返还请求权的肯定与否。

谷口先生学说的背景中存有英美法的"反悔余地的返还请求"的思考方法。换言之,在出于不法目的实施给付,该不法目的被实行前给付人反悔时,认可返还请求的做法是对进一步不法的抑制(谷口知平:前揭书,第124页)。不过,正如前所述,在谷口先生的思考方法中,该问题只是综合考虑的要素之一。四宫先生也认为："在不法原因给付的领受人所预达成的事实目标的不法尚未完成时,或者更为严重的不法尚未实现时,作为倾向于肯定返还请求的要素,必须考虑与'给付'完成的程度·不法程度等的相关关系"(四宫和夫:《无因管理·不当得利·侵权行为》(上卷),第70页(1981年))。只是,虽然说是"认可反悔的余地",但已将行贿的部分金钱实施了行贿而被逮捕时,虽然剩余的金钱仍在领受人的手中,此时也不能认可返还请求了。这便是"在相关关系中的综合考虑"。

所以,即使将问题限定在以行贿为目的而委托金钱时,"作为综合考虑的结果是根据具体情形可以认可返还请求"的结论不也是勉强的吗？

佐伯 关于不法原因给付的根据，一直以来可以举出的是被称为 Clean Hands 的所谓司法不介入不法的原则，而另一项可能是刑法学者的设想：不法原因给付规定是一种使实施了不法行为的行为人无法接受返还给付物的制裁，是通过这种方式对不法行为进行抑制，是一种旨在实现一般预防效果的规定。这一点又是如何呢？

道垣内 这也是民法学经常谈论的问题。通过加以制裁以抑制间接的不法行为。

佐伯 是吗？我一直认为无论是从 Clean Hands 的原则出发，还是从一般预防的观点出发，都欠缺将"给付"与"寄托"区分开来的实质性理由。在授课时，我也会举出如下例子说明此时区分"让与"还是"出借"是没有意义的：A 拜托 B 杀害 C，并将手枪交付给 B 说："用这个干掉 C"。如果根据道垣内君的解释，谷口先生也会认为无论哪种情形都是无法请求返还的，民法的通说也会认为两种情形中都是不法原因给付所以不能请求返还吧？

道垣内 关于委托手枪的问题是这样的。我也赞同佐伯君的刑法学说，在关于以行贿为目的而委托金钱时，我本人也认为与其进行草率的综合性考虑，不如切割为裁判所不介入与不法相连的事件，但这样一来意见便不能统一了。

如果说民法学者想要提出一个刑法与民法相一致的希望，那么我认为在教授刑法课时应避免使用诸如"给付与寄托"式的对立概念，以免给学生造成微妙的误解。

佐伯 明白了。本人并非没有涉及有力说,今后也会注意该问题并作出说明。

以防万一,尚需略作说明。到此为止的谈话已演变成了对林教授观点的批评,林教授见解的出发点中的思考方法是财产犯的保护法益理应考虑民法的权利关系以作出界定,仅从刑法独立性的立场出发进行考虑的见解是不妥当的,这与我们所关心的问题是一致的。林教授的《财产犯的保护法益》便是从上述思考方式出发对财产犯的保护法益论进行了整体性的一贯考察,是一步步推动学界议论向前发展的名著,所以想要详细学习财产犯的同学请务必研读该著作(关于详细研讨该问题的最近的文献是田山聪美:《不法原因给付与侵占罪的成否——刑法与民法的交错》(一)—(四·完),载《早稻田法研论集》90—93号(1999—2000年))。

4. 赘述

佐伯 可能有些跑题了,我以前一直把 Clean Hands 原则想成 Clean Hand 原则,最近才知道正确的说法是 Clean Hands。确实,即使右手脏了也可以伸出左手的想法是奇怪的,所以当然应称为 Clean Hands 原则了。

考虑一下当初为何记为 Clean Hand 原则的话,是因为我最初学习民法时的教科书中表述为"Clean Hand 原则"。所以这种说法一直留存于我的脑海中。我等也一直教给学生错误的词汇,这种状况大概延续了 10 到 20 年,真是可怕。要是有人告诉我之前我所说的谁也没有听过就好了。

道垣内　是四宫先生的教科书(《民法总则》,弘文堂)吧。我和佐伯君读大学时用的是新版(1976年),当时书中确实是写作:"'只有自己尊重法律的人才能要求法律的尊重'(英美法中称为'Clean Hand 原则')"(第39页)。但是,在四宫先生的教科书的第三版(1982年)中,"英美法中称为"的表述被删除了,Clean Hand 原则与 Clean Hands 原则的说法都不被采用了(第39页)。到了第四版(1986年)中就已经改为"Clean Hands 原则"(第33页)了。

佐伯　是吗?真是有趣。

道垣内　严谨的教科书应是能够逐行吟味的,所以会在细微之处发生变化。

其原文是英语的"He who comes to equity must come with clean hands"的衡平法法谚,所以应称为"Clean Hands 原则"。但是,日语的特点是并不区分单数与复数。顺便提一句,现在仍有称为"Clean Hand 原则"的教科书。

佐伯　这是有意的吗?

道垣内　我也不知道。在侵权行为的过失定式中有所谓的"Hand 定式",但这里的 Hand 是人名。因为是美国 Learned Hand 法官的名字,为了敷衍过去而称为"Hands 定式"的话,就让人发笑了。民法学者中也有人不知道此处的 Hand 是人名,所以称之为"夫累铭(Fleming)右手法则、左手法则"的。

佐伯 是吗？真是有用的对话。

5. 不法原因给付与诈骗罪的关系

佐伯 言归正传，刑法中主要是讨论上述委托是否构成《民法》第708条的给付，但也有见解主张通过对《民法》第708条的但书进行柔软化解释以妥当解决问题。与此相关，我想咨询的是与不法原因给付和诈骗相关的问题。例如，骗人说是为了走私毒品而让其交付金钱时，如果这种交付金钱是不法原因给付的话，交付人就不能请求返还了。虽然民法上不认可返还请求，但刑法上是否可以将使他人交付金钱的行为评价为诈骗罪呢？

判例与通说认可诈骗罪的成立，但学说的状况是，不将侵占罪否定说直接适用于诈骗罪否定说，而是虽然否定侵占罪却肯定诈骗罪的见解，是一种有力的学说。我本人也认为这种见解是妥当的。在诈骗的场合，虽说被害人具有不法目的，但由于是受骗而交付其适法占有的物品，所以在被害人交付物品时领受人成立诈骗罪。在交付之后，被害人是否可以请求返还这种不法原因给付的问题，在诈骗的场合已经不再成为问题。

但是，认为诈骗的情形中与不法原因给付的关系也是问题的见解在"二战"前是有力说，现在也依然是有力说。其中，西田教授认为：诈骗的情形适用《民法》第708条的但书，认可返还请求所以成立诈骗罪（参见西田典之：前揭书，第195页）。我认为这是一种肯定民法上的返还请求权，回避评价的矛盾，并推导出妥当结论的思考方法。

不过，我在拜读西田说的时候有个疑问：《民法》第708条但书的

"不法的原因"是指给付的目的,而不包括给付行为本身的不法性与作为给付原因的行为的不法性。是这样的吗?

<u>道垣内</u> 《民法》第708条中的"因不法原因"是指给付所企图的目的本身是不法的,不过,因为但书中表述的是"不法原因仅就受益人存在时",所以但书中的"不法原因"也是指给付所企图的目的本身是不法的。这一点正如佐伯君所言。

但是,虽说如此,有许多事例是在与诈骗相联系时适用《民法》第708条的但书的。首先,《民法》第708条但书的文言是"不法原因仅就受益人存在时",但判例与通说认为,一般是比较给付人与领受人的不法性并在领受人的不法性较大时适用该但书。以此为前提,例如,在骗人说是为了走私毒品而让其交付金钱时,多数情形下,领受人是作为首创者而提起走私毒品问题的,给付人不过是在迎合领受人。西田教授使用了"行为人制造了不法的原因"(西田典之:前揭书,第195页)的文言,如果解释为"与诈骗相关的多数场合中,是诈骗人首创了不法"的话,适用《民法》第708条但书的结论本身对于民法学者而言并无不协调之感。只是,在与诈骗相关时,尚存一般情况下是否也可以如此说的疑问。

进言之,如果问是否可以将诈骗行为积极性地纳入不法原因给付的成立与否的判断中,换言之,是否可以说并非仅将目的的不法性,也将行为样态的不法性纳入判断中,其自始就不是不法原因给付?如此一来,从关于"不法"的一般定义出发就是勉强的了。这便如同佐伯君所言。但是,正如到目前为止谈论过的问题所显示的,民法中关于不法原因给付的解释论是相当暧昧的,如果问到在当事人之间的公平与不法性的比较问题上是否绝对不能纳入诈骗事实的话,回答是并非如此。我认为,不应将诈骗这一行为样态直接纳入判断之中,而应采用先将行为样态纳入首创的判断,再将其纳入不法性衡量的二阶段式操作方法,这才是忠实于条文的。

6.《民法》第 90 条与第 708 条的关系

佐伯 接下来是《民法》第 90 条与 708 条的关系问题,即,不法原因给付中的不法与违反《民法》第 90 条的公序良俗原则间存在怎样的关系？或者说符合不法原因给付的情形是否也违反公序良俗？

道垣内 例如,最高裁昭和 37 年 3 月 8 日判决(参见民集 16 卷 3 号,第 500 页)使用了"作为反道德的丑恶行为而具有应釐蹙程度上的反社会性"。这被认为是违反公序良俗原则中的特别严重的部分。

佐伯 一直以来,作为不法原因给付与侵占的问题而被处理的事例中,从战前到战后初期的时期内,以违反经济统制法的事例居多。例如,使用原本为了购买黑市的大米而预存的金钱的情形,或者随意使用原本为了购买走私的金子而预存的金钱的情形,这样的事例是很多的。

判例认为虽然符合不法原因给付但也以构成侵占罪的假定方式进行判决,也有见解认为,上述事例原本就不符合不法原因给付。特别是从符合不法原因给付就不能构成侵占的立场出发,也有见解支持判例的结论,认为这些实例并非不法原因给付所以构成侵占罪。关于这一点,民法是怎样理解的呢？

违反经济统制法与《民法》第 90 条的关系的问题一直以来也是民法中议论的所在。民法中议论的问题是，违反经济统制法的合同因为是当事人之间的约定，其在私法上是否无效？

在论及合同当事人之间有效、无效的问题时，以前是将经济统制法中的问题区分为因违反该法而无效的情况与不影响所违反的合同的私法效力的情况，并论述各种情形属于哪种法规，但现在的通说认为不仅要考虑各法规的宗旨，还应综合考虑违反行为的违反社会伦理的程度、交易的安全、当事人之间的信义·公正等。特别是最近有学说主张应考虑履行进展到了何种程度。例如，在合同当事人的双方都履行完毕之时，当事人都已经获得了预期利益，此时，如果裁判所不顾这种状况而认为无效的话，就不过是以违反统制法为口实而对合同后的事情的变化，例如对通货膨胀的误判等进行救济了。因此，没有必要认定为无效。此外，由于经济统制法规的目的在于对物的流通进行限制，在物还没有交付的阶段上，一方请求他方让与时，裁判所是没有必要介入履行违反法规的合同的，宜认定为合同无效。

以上的问题在多数场合中是适用的，成为问题的是后例中是否可以认可价款的返还？即言之，在一方支付了价款而另一方并未让与物品时，裁判所是不能介入物品的强行让与的。此时，虽然合同是无效的，但如此一来，支付者可以要求返还价款了吧？川井健先生认为：由于使之返还价款本身并不违反经济统制法的目的，所以没有必要讨论《民法》第 708 条的适用问题就可以确认返还（参见川井健：《违反物资统制法规与民法上的无效》，载《无效的研究》，第 75 页（1979 年），论文初次发表时间为 1967 年）。但是，在这一点上，礒村君的论述可能更为稳妥，也代表了学说中的多数说。让我读一下吧："究竟是应纯粹地从《民法》第 708 条的立场出发认为虽无效但可以认可返还请求呢,还是应否定返还请求本身程度上的不法性更强呢?应当考虑否定返还请求是否反而会引发违反取缔规定的宗旨的结果等问题。在该意义上,判例中的'反道德的丑恶行为'这一标识作为不法性的基准是有用的"(矶村保:《违反取缔规定的私法上的合同的效力》,载《民商法杂志》93卷临时增刊号(1),第18页(1986年))。

佐伯君举的例子并非合同当事人之间的话题,但因为是以违反经济统制法规的合同为目的,所以一般适用《民法》第708条,委托金钱的返还请求并不被否定。只是在极为限定的场合中才构成不法原因给付。民法中的话题常常是"需要综合考虑而极具弹性的",但这会让刑法学很困惑吧。不过,因为经济统制法规多种多样,拿不出明确的标准也是没有办法的。

7. 不强制清偿的债务与诈骗罪的关系

佐伯 那么,作为与不法原因给付相关联的问题,还有关于民法中因违法而不受保护的经济利益是否应由刑法予以保护的议论。例如,对于买春违反公序良俗这一点是不存在异议的,但在与卖春女性交后欺骗她而不交付买春费用的情形能否构成诈骗罪呢?关于该问题,判决分为两种意见:认为买春费用不受刑法保护因而不成立诈骗罪(参见札幌高判昭和27·11·20高刑集5卷11号,第2018页);认为构成诈骗罪(名古屋高判昭和30·12·13裁特2卷24号,第1276页)。

在Seminar上讨论该问题时,学生的意见也分为两派,认为"如果不保护的话卖春女很可怜"的意见占上风。当然了,一般感觉是:认为买春合同是有效的因而可以强迫履行的观点是荒谬的,但在基于买春合同要求卖春女履行完毕后,男方却不支付买春费用的话,也是不公平的。民法是如何考虑这一点的呢？

道垣内 关于卖春，自然是"反道德的丑恶的行为"，所以在不法原因的问题上是不存在疑问的。但是，在此之前还需要确认一点。在缔结了买春合同、负有支付义务而不履行时，仅仅是债务的不履行，并不构成犯罪。只有自始就不打算支付而缔结买春合同并接受履行时才涉及诈骗问题。

佐伯 或者是，买春者性交后本应支付买春费用，却骗人说钱包忘在家里得回去拿而借机逃跑的情形。

道垣内 是的。这是以欺骗的手法而免除买春费用的话题，作为前提，我想民法上的不受强制返还的债务是分为三种类型的。

首先，第一种是没有诉求力和执行力，但认可其给付保持力的债务，例如，超过利息限制法的限制但在贷款业法规定范围内的利息债务。根据《利息限制法》第1条第1项的规定，例如借款100万元时，年息超过15%的利息债务是无效的，即使约定年息30%，债务人也没有必要仅支付年息15%的利息。然而，《关于代金业的规制等的法律》规定：出资规制法（关于代金业的接受、存款以及利息等取缔的法律）无法处罚范围内的约定利息——具体而言是指不超过29.2%的年利率的利息——时，登录、接受监督的贷款业者是出借人，并且，债务人任意支付时，超过利息限制法的限制的额度的支付也视为有效的返还利息债务。但是，由于本来就无效，所以对于超过利息限制法规定之限度的利息债务不能向裁判所提起支付请求或强迫执行请求，不过，在债务人自愿地返还时，债权人可以保持合同的原样。

第二种与第三种是因《民法》第 90 条而无效的债务,其中又包括支付后因适用《民法》第 708 条而无法请求返还的债务与支付后可以请求返还的债务。

首先谈一下前者,即"支付后无法请求返还的债务",我们将之称为第二种,其典型代表是买春费用。买春费用的发生根据是买春合同,这种合同因违反《民法》第 90 条而无效,所以不会引发有效的债务。但是,如果买春的行为人支付了买春费用的话,构成不法原因给付而无法请求返还。

与之相对,我们将"支付后可以请求返还的债务"称为第三种,例如,暴利行为的债务便符合其要求。在对方无论如何需要某物品时,行为人利用对方窘境与之签订了将原价 1 万元的该物品作价 20 万元出售的合同的情形。此时的合同至少在暴利行为的部分上是无效的,所以买主没有必要承担支付 20 万元的债务。进言之,即使买主向卖主支付了 20 万元,买主至少可以请求卖主返还 19 万元。

在回答买春费用的问题前,请允许我先问个问题。当第一种类型中存在诈骗时,刑法上是如何评价的呢?

佐伯 因为贷款业者在放贷时会当然确认申请人的身份,所以申请人能否轻易地欺骗对方并逃跑从而免除债务的问题我存有疑问,但这一点暂且不谈,让我们先以可以免除而事实上并未支付为前提展开议论。问题在于:关于利息限制法与贷款营业法的宗旨看上去存在冲突,私法上是如何理解这种冲突的呢?

贷款营业法的解释是只要接受并保持即可,如果这意味着该债务只要不是出于强制就是合法的债务的话,那便也是刑法应予保护的债权了。

道垣内　　虽说规定了高于利息限制法中规定的利息,但并非即刻构成对《民法》第 90 条的违反,一般认为只有极端的高利贷才违反公序良俗原则。说到极端的高利贷,一般脑海中会闪现出月息 30% 的例子,至少在出资规制法限制内的高利贷是不违反公序良俗原则的。在此意义上,可以说只要并非强制的债务就是合法的债务。

如果重视这一点的话,超过利息限制法的利息债务整体上都是有效成立的,它与整体违反公序良俗的买春债务具有根本的不同。但是,如果仅从没有必要支付但支付后就无法请求返还的结论出发的话,先前的利息债权与买春债务之间还是存在相通之处的。

刚才我从"第一"到"第三"都作了分类,但如果从违反公序良俗原则的要点来考虑,那么只有"第一"是个例,"第二"与"第三"都是一种类型。所以,我认为只有以诈骗方法免除"第一"种债务时才构成诈骗罪。但与之相对,也可以得出如下意见吧:只有"第三"是个例,"第一"与"第二"都是只要支付就无法请求返还,所以可以纳入同一类型中。如此一来,与"第一"种债务相同,如果以诈骗方法免除"第二"种债务时也可以成立诈骗罪了。如此考虑的话,以诈骗方法免除买春债务的,也可以构成诈骗罪。可以设定这样的基础吧。

只是,在作上述论述的同时,萦绕于脑海之中的却是先前所谈的"第三"种类型。例如,因暴利行为产生的债务,以欺骗方法免除的,不成立诈骗罪。这是我作上述论述的前提。

佐伯　　作为最初的想法,实施骗人这种恶行的人应该受到处罚。如果这样想,当然认为构成诈骗罪。若不如此,而是依据被害人实质上是否具有值得保护的利益进行决定,那么先前所谈的暴利行为中只能请求返还 1 万元,超过的部分即使可以免除支付,但由于该超过的部分不属于被害人值得保护的利益,所以也不能构成诈骗罪。判例如何处理的尚不得而知,但我本人是认为不构成诈骗罪的。

道垣内 如果说骗人者是恶人理应受到处罚的话,那么诈骗罪的成立与否与民法上的债权有效性之间就不存在任何关系。所以,我们暂且将该见解放在一边。关于民法上的债权有效性究竟应在何处划线呢?是重视公序良俗的违反而在"第一"与"第二"之间划线呢?还是重视实际结论,即收到给付后是否返还的问题而在"第二"与"第三"之间划线呢?

佐伯 我想是可以得出以刑法保护卖春费用这个结论的,此种场合,即使根据《民法》第90条的解释,也无法将提供卖春服务部分与领受金钱部分分而论之吧。学生们认为,如果免除买春费用不构成犯罪的话,卖春女就是很可怜的了,由于卖春女是弱者,所以如果不对其进行保护是很奇怪的。根据卖春防止法,对卖春本身进行限制但却不处罚的做法,我想也是出于同样的考虑吧。这种做法,虽然何种程度上符合现代社会尚存疑问,但即使是根据《民法》第90条的解释也无法反映出卖春女是弱者的结论吧。

道垣内 啊,是吗?所以就出现了刚才谈到的与违反经济统制法的关系的问题。川井先生认为,因为经济统制法规具有禁止物资流通的意义,所以,在卖主交付物品给买主,物资已经流通之后,宜肯认卖主对买主的费用支付请求,禁止金钱的流通并非经济统制法规的目的,这种思考方式也可以适用于卖春的情形。在性行为实际发生后,不能以获取金钱为目的而进行性行为的法律目的已经遭到破坏,或者说禁止金钱的转移并非法的目的,所以可以确认卖春费用的支付请求。

佐伯｜作为结论,虽然在可以保持给付这一点上是相同的,但作为其说明,是否可以将《民法》第90条至第708条规定的东西作为自然债务,在与费用相关时将其归类为"第一"类呢？

道垣内｜请稍等。在刑法中,与之相反的事例是怎样的？概言之,卖春女答应卖春而收受了客人金钱,但因其自始就出于欺骗的意思,拿到钱后逃跑了,这种情形是诈骗吗？

佐伯｜这是不法原因给付与诈骗的问题。判例·通说认为构成诈骗罪,我也这样认为。因为受骗之前是合法的占有。

道垣内｜原来如此。与此相平衡,也会引发免除买春费用之行为不构成诈骗罪的不当结论啊。

佐伯｜或许也存在这种平衡论。

道垣内｜只是,很难说有关卖春的行为不违反《民法》第90条的规定。
如果再说明白一点,川井先生对如下见解进行了深刻的批判：根据违反经济统制法规的合同,在禁止流通的物资已经流通之时,宜认可费用支付的请求。因为川井先生的想法以公法与私法的机能式分离为前提,所以他认为宜肯认费用支付请求,而因违反经济统制法规进行的处罚则是另外的问题。

但是,礒村君也对其进行了批判：对于不惧怕公法制裁而实施违反行为的人员,通过剥夺私法上的保护而进行有效规制的做法,就法政策的角度而言,是难言不当的(礒村保：前揭论文,第16页)。

由于公法与私法的功能有别,所以应分别考察其中的违法性,此乃传统的想法——持有该观点的礒村君的思考也是初期的法学思考方法之一。但是现在,将日本法视为一种法体系,并认为根据不同标准来判断违法性的做法是不对的意见逐渐变得强势。特别是,大村敦志君(参见大村敦志:《从合同法到消费法》,载《生活民法研究Ⅰ》,第163页以下(1999年))与山本敬三君(参见山本敬三:《公序良俗论的再构成》,第239页以下(2000年))等正强有力地推出这种思考方法。大村君比我大一岁,山本君比我小一岁,大体上都属于同龄人。所以,该方法可以说已经在中坚力量及以下的民法学者中占据标志性地位。

因此,在根据违反经济统制法规的合同而交付了物品时,认为可以请求支付费用的观点绝不是民法学者的一致性意见。

8. 总结

佐伯　我也基本上赞同礒村君的观点。在对个别事例进行解决时,如果也有分类为"第一"类的情形就好了。

讨论可能拖得有些长了。最后,我想就民法所不认可的返还请求的情形,在确认的意义上请教一个问题:将行贿的金钱交付给转交人时,是不可能适用《民法》第708条的但书的吧?

道垣内　谷口先生认为可以请求返还,但这并不是一般性的思考方法。就我本人而言,是赞成礒村君的如下论述的。请允许我读一下原文:"在仅有一方履行了债务时,如果以合同无效为由将已经完成的给付视为不法原因给付而拒绝返还请求的话,不可否认的是会出现具体违反当事人之间公平的结果。因为双方当事人之间不法性的强弱可以广泛地弹力适用第 708 条的但书,并且也有必要适用,所以,任何一方当事人参与违法行为都有可能受到不当的优遇。但是,因为此种情形应被称为同条中一般性内在的不合理,须归结于是否比允许返还请求的不合理更为不当的政策性决定,因此,同条规定的存在宗旨只能被视为容忍个别的不合理了"(礒村保:前揭论文,第 18 页)。我想,仅凭谷口说是无法实现应有的公平的。

佐伯 那么,经常在新闻中大肆渲染的,为了走后门入学而付给中介人金钱的情形又是如何的呢?

道垣内 基本上是相同的。如前所述,中介人引发了他人不法的意思并让人交付金钱的,例如,到原本认为不能走后门上学的人那里说"给我 500 万元就能让你入学",从而骗其交付了 500 万元时,认为中介人一方具有压倒性不法的情形也是很多的吧。

佐伯 这回就到此为止吧。下回让我们探讨让与担保的问题。

第四回
非典型担保（1）

1. 前言
2. 卖与担保*与让与担保
　——判例中的区别
3. 外部转移型与内外部皆转移型的区别
　——判例法理的现状
4. 关于让与担保的清算义务的问题
5. 让与担保的所有权构成与担保构成
6. 论述所有权之所在的刑法意义

1. 前言

佐伯　本回，我们将围绕着担保——主要是"关于非典型担保的诸问题"——进行讨论。过去我为了准备刑法各论的讲义曾就让与担保的问题向道垣内君咨询意见，关于刑法教科书中理解的民法判例，道垣内君曾指出："现在的民法学者中已经没有人这么认为了"。听到这话时，我甚为惊讶。

当时刑法教科书中的说明大致如下。首先，将让与担保分为卖与担保与狭义的让与担保。

因为卖与担保的标的物的所有权转移给了债权人即买主，所以占有标的物的买主即使在买回期间前实施了卖却等处分行为，也不会构

---

* 书中原词为"壳渡担保"以对应"譲渡担保"。早期民法中曾有区分，但现在二者意思已趋于一致，不再有任何区分。但是，为了在行文过程中以示区别并与"让与担保"相对应，我们将"壳渡担保"一词翻译为"卖与担保"。——译者注

成侵占罪。反之,在债务人(即卖主)以租赁等形式对标的物实施现实使用时,如果卖主随意地处分该标的物则构成侵占罪。因为卖主是接受了买主的委托而占有该标的物。

另一方面,关于狭义的让与担保,可以分为如下两种:担保标的物的所有权仅外部性地转移给债权人的类型(即外部转移型)以及所有权内外都转移的类型(内外部皆转移型)。在外部转移型中,因为就内部来看,债务人仍拥有所有权,所以债权人处分标的物时构成侵占罪,而债务人处分时虽不构成侵占罪,但有可能成立背任罪。与之相对,在内外部皆转移型中,因为所有权已完全地转移给了债权人,所以在构成犯罪的关系上与前者恰好相反。即,债务人处分标的物时构成侵占罪,债权人处分时则不构成,但此时债权人可能构成背任罪。

此外,即使是在偿还日截止前债务人持有所有权的情形中,在偿还日到来的时刻,即使不进行移转登记所有权也会转移给债权人,因此,截止后,债务人处分标的物的行为也会构成侵占罪。

以上大致是以战前的判例为基础的思考方法,在我学习刑法时,教科书多采用该说明方法,现在,依据我们谈到的区别——即外部转移型与内外部皆转移型的区别——来论述侵占罪之成立与否的教科书依旧存在于代表性的教科书中。

因此,首先我想请问的是,刚才谈到的区别在现在的民法学中是如何处理的呢?

道垣内 刚才听了刑法方面的议论,作为民法学者,我的感觉是:"那位现在还?"这种感觉就像是边见艾米丽活跃时,其母亲边见玛丽又突然出来并打算唱一首《经验》(昭和45年的流行曲"停止吧,如果不再相爱"),感觉怪异的程度就类似这个不太好理解的比喻。在开始本回讨论前,我翻阅了一些民法的教科书,却未能找到关于判例究竟如何,以何种趋势发展,到达点如何等问题的解答。确实,许多教科书中会写道:"区分卖与担保与让与担保的意义并不存在","即使将外部型转移与内外部皆转移两种类型区别开来进行论述也没有办法",但这些论述都并未对判例进行认真解说就转移到了自说的展开。如果带着深切的注意细读一下的话,其书写方法是仅让明白人明白的。论述方法不够亲切。对了,我本人也写过担保物权法的教科书,这也是让本人反省的一次评述。

2. 卖与担保与让与担保
——判例中的区别

首先,让我们从卖与担保与让与担保的区别开始。

确实,大审院昭和 8 年 4 月 26 日的判决(参见民集 12 卷,第 767 页)曾认为:"担保供与的方法有两种",因而应区分卖与担保与让与担保。简言之,卖与担保是指,债务人作为欠款的清偿或欠款与价款的相互抵销而将财产出卖给债权人,而后债务人(卖主)向债权人(买主)支付一定额度便可以买回标的物,而买主对卖主的债权也不复存在,即被担保债权也不复存在。与之相对,让与担保是指,债务持续存在,至少某财产的所有权作为担保转移给债权人。

然而,昭和 8 年的判决并未被后来的判例所继受。此后不久的诸多判例便不再在用语上对两种担保类型作严密的区分,并且,根据我的调查,在最高裁的判决中,不采用诸如"原审的判示"而积极地使用"卖与担保"术语的最后一次判示出现在昭和 30 年 6 月 2 日的判决(参见民集 9 卷 7 号,第 855 页)中。即,在最高裁的判决中该用语已趋于消亡。

如果认为卖与担保与让与担保的区别具有法律意义,该意义就必须与某种效果的差异相联系,但由于用语方法本身自始就缺少严密的区别,故而与效果的差异上并不存在什么联系。

理论上考虑有几处效果差异之处。如果是"卖与担保",就没有容许清算概念存在的余地,而且,赎回时是需要限制期间的。所谓清算是指,标的物的价额大于被担保债权额时,由债权人向债务人支付差额部分,但在"卖与担保"中,由于被担保债权自始便不存在,所以不会出现差额清算的问题。在让与担保中,即使债务返还期已经届至,在支付清算金或将标的物处分给第三人之前,债务人——包含物上保证时,严密的说法应是设定人——只要支付债权额就可以终结让与担保关系而收回完整的所有权。但如果是"卖与担保"的话,只要超过约定的买回期间,卖主(债务人)就无法取回标的物。这便出现了差异。

然而,即使是"卖与担保"的性质被决定的场合,实际的判决也不会推导出上述效果的差异。最近的将成为问题的法律关系定性为"卖与担保"的判决是高知地裁平成7年7月14日判决(判夕902号,第106页)。该判决指出:"参照当事人之间没有签定借用证书,……也没有约定明确的利息与迟延损害金等事实,……当事人之间并不存在货款债权","本件附买回特约的买卖虽出于融资目的但不存在货款债权,因而并非让与担保,而应认定为卖与担保",裁判所也认可了清算义务,并"与让与担保的情形相同,在买主处分给第三人之前,依据诚实信用原则,卖主还可以提供融资金以收回担保标的物"。并且,虽然货款债权不存在,但裁判所在计算清算金时甚至还计算了利息。总之,定性为"卖与担保"的决定并未与效果发生联系。

如果要总结的话，确实有大审院判决区分了"卖与担保"与"让与担保"。但是，此后的判决却并未遵循先例。现在的判例中要么不适用"卖与担保"这一词语，要么即使使用也不与效果发生联系。

佐伯　但是，平成7年时也有区别对待的判例吧。

道垣内　您举出的是一个极为罕见的判例，这种判例是几乎没有的。一方当事人主张："是买卖，所以不能赎回"，与之相对，判决却认为："因为以担保为目的所以可以赎回"，在作上述回答的流程中，判决指出："本案件的合同虽然具有买卖的形式，但并非卖与担保，而是让与担保"。这便是东京地裁平成2年7月13日的判决（判时1381号，第64页）。但这不过是排斥一方当事人的主张而认可买回的决定，与刚才提到的平成7年高知地裁的判决相同，都是费了好大劲才找到的判例。

佐伯　刚才提到了"付买回特约的买卖"，这个概念现在还在使用吗？这不是担保吧？

道垣内　是的。被认定为让与担保，不愿接受担保效果的当事人首先会在诉讼中主张"这是单纯的买卖"。然而，另一方当事人可能提出反论："因为已经约定在此期间无论支付多少钱所有权都可以返还给本人，所以是担保"。针对该反论，前者会再提出反论："不。这是买回特约。买回适用的是《民法》第579条，不能作为担保处理"。因此，裁判所会考虑合同的状况，如果认定是以担保为目的，则定性为让与担保。

如果这样的话，《民法》第 579 条以下的"买回"——"再买卖的预约"也附加于此——就仅意味着不以担保为目的的场合了。即裁判所定性为"附买回特约的买卖"意味着当事人的目的并非担保。或许有人会问，是否有这种东西，但可举出如下例子：住宅公团与地方公共团体分让不动产时，一般会缔结附有一定期间内禁止转卖条件的合同，如果买主违反附加条件，则卖主以约定额实施买回。这是不动产的价格会激增时的话题，但与一般的民间住宅相比，如果允许便宜地购买了公团的分让住宅的人员再高价转卖的话，是很奇怪的。在以兴建有利于地方设施的前提下，地方公共团体将土地卖给业者时，如果业者违反约定前提，地方公共团体也是可以买回的，这种特约也曾有过（参见最判平成 11·11·30 民集 53 卷 8 号，第 1965 页）。这些都是无法作为担保处理的。

有学说认为，将标的物的占有转移给债权人的合同，即使是以担保为目的，也可被称为"买回"或"再买卖的预约"，近江幸治教授便持该观点。但是，由于近江教授认为以担保为目的订立"买回·再买卖的预约"时与让与担保作同等处理，因此，关键在于是否以担保为目的。这一点并未改变。

3. 外部转移型与内外部皆转移型的区别
——判例法理的现状

接下来讨论"外部转移型"与"内外部皆转移型的区别"，这也与刚才谈到的卖与担保与让与担保的区别差不多。

刑法的议论所依据的是大审院联合部大正 13 年 12 月 24 日的判决（参见民集 3 卷，第 555 页）。在该判决之前，曾有大审院明治 45 年

7月8日判决(参见民录18辑,第691页),该判决在让与担保的法律关系问题上明确了如下法理:虽然在外部标的物的所有权转移给了让与担保权人,但在内部——即在设定让与担保合同的当事人之间——设定人仍享有所有权。然而,当时的学说批判道:所有权不可能有相对的归属,因此,大正13年判决认为权利的相对归属是种异态事物,在让与担保中,原则上标的物的所有权应内外部皆转移给让与担保权人。

但是,该判决只是表明了原则上应内外部皆转移,而对于本案中的根据当事人之间的意思仅在外部转移所有权的问题,判决认为:如果主张者能够提供证明,那么将仅进行外部上的转移。如此一来,根据该判决,外部转移型的存在是未被否定的。刑法学说便以之为基础认为让与担保存在两种类型,在该意义上是能够理解的。

但是,这种"外部转移型"与"内外部皆转移型"的区别自始就是没有什么意义的。作为造成两种类型的区别效果的差异,其中最重要的是不履行债务时让与担保权人的权利。即言之,学说所批判的与刚才所说明的明治45年的大审院的判决,以外部转移型的构成为主要的说明理由,认为只有债权人在债务人不履行债务时才可以取得有效处分标的物的权能即足矣。即,如果所有权在内外部皆转移给让与担保权人,在债务人不履行债务时,债权人不必重新、特意地行使权利,只是出现债务人履行债务,让与担保关系无法终了的效果。与之相对,在外部转移型中,债务人不履行债务时,让与担保权人有必要行使处分权限从而使让与担保关系终止。两者的区别是使让与担保权实现归属与必须实施处分之间的区别,这种区别是与是否需要清算相对应的。即,在当然归属的情形中是不需要清算的,而在取得处分权情形中是必须清算的。

然而,在大正 13 年联合部判决出台两年后的大正 15 年中,大审院出现了如下判决(参见大判大正 15・11・11 日判例拾遗(1)民 104):只要没有特约,则无论是内外部皆转移型还是外部转移型,都不能作为返还救济将标的物归属于自己所有。而且,还有判决认为,即使在让与担保权人使标的物归属自己所有的让与担保中,自战前便存在以清算为必要的判例,反过来,即使在约定有处分而后清算的情形中,所有权也应在内外部都转移给让与担保权人。这便是大审院昭和 8 年 9 月 20 日判决(参见《法律新报》345 号,第 9 页)。

如上所述,在最初阶段上,区别两类型的意义便不甚明确,此后无论在学说还是判例中都未涉及两类型的问题。即使是涉及了两类型,论述方法上也与最初的出发点大相径庭。

总之,参照上述判例的进展,可以看到的是:在刚才提到的充当返还的方法问题上,作为引起效果差异的概念区分,"外部转移型"与"内外部皆转移型"的区别是毫无意义的。因此,判例直接着眼于充当返还的方法而实施了分类。刚才我的说明基本上借鉴于四宫和夫先生的判例研究,在此还需引用先生的如下论述:"不履行债务时,标的物是当然地归属于债权人(当然归属型)还是债权人仅取得处分标的物的权能(处分权取得型)的区别,在标的物的价值与债务额之间进行精确计算(精算型)还是不进行精确计算(非精算型)的区别等应该是存在的。在判例中,因两者的组合而形态各异的类型也逐渐出现了"(四宫和夫:《综合判例研究论书・民法(17)》,第 67 页(1962年))。

然而,这种根据组合而分类的方法此后也失去了意义。首先,判例接受了关于假登记担保的判例的展开,在让与担保的问题上,自昭和 46 年开始就确立了只要是让与担保就需要清算的判例理论。最高裁昭和46年3月25日的判决（参见民集25卷2号,第208页;《民法判例百选Ⅰ》,第4版,95事件）便为其适例。如此一来,非清算型便不复存在,清算型与非清算型的区别也归于消亡。

另外,当然归属型与处分权取得型的区别主要在于何时可以赎回——我认为更正确的说法是何时可以返还被担保债务——的问题上也没有意义了。最终,昭和57年1月22日的最高裁判决（参见民集36卷1号,第92页）在关于让与担保的问题上指出:"在债务返还期到来后,债权人的换价处分完结前,债务人可以返还债务而取回标的物",即,无论如何在"换价处分完结"前可以取回的问题是非常明确的。何谓"换价处分的完结"？根据其后的判例,是指"债权人通知债务人支付或提供清算金,或者标的不动产的合适评价额并未超出债务额"或者"债权人将标的物卖却处分给第三人"之时点之前。此后,最高裁平成6年2月22日的判决（参见民集48卷2号,第414页;《民法判例百选Ⅰ》,第4版,97事件）指出:无论让与担保是归属清算型还是处分清算型,上述问题都没有改变。此时两种类型的区别已经完全失去了意义。关于"归属清算型与处分清算型的区别",包括我的教科书在内的所有教科书中都有所涉及。而关于当然归属型与处分权归属型的区别流程,学说采用了与判例不同的立场,这固然是学术自由,但通过平成6年的最高裁判决,可知其已经失去了作为判例法理的意义。

上文的论述是类似讲义的长篇大论,判例的流程与现状大致而言就是这个样子了。

佐伯　谢谢。卖与担保与让与担保的区别仅仅具有历史意义,现在已经没有再区别的必要了。而在以内外部皆转移型为原则的大审院判例出现后,区分外部转移型与内外部皆转移型的做法在实质上已经被舍弃了。上述理解对吗?

关于以内外部皆转移型为原则的大审院判例,刑法学者的理解是这仅仅是原则与例外关系的变化。即,外部转移型作为例外还是继续存在的。

道垣内 我特别强调的是:论述卖与担保与让与担保之区别的判例,以及论述外部转移型与内外部皆转移型之区别的判例都是存在的,但这并未产生什么效果,而且重视这种区别的判例法理在此后也没有什么进展。

佐伯 这就是刑法学者研习民法判例时的困难之处。如果有判例明确地说明这种区别已被舍弃的话问题就简单多了。但无可否定的是,指出原则如此但有例外的判例是存在的,在民法教科书与论文中——道垣内君是作为历史性的说明而解说的——也引用了这些判例。如此一来,如果刑法学者不仔细学习此后的判例,就不能明白大正13年判决的意义,而这又是很难期待的。我想这也是时至今日刑法教科书中仍残存有两种分类的原因之一。

民法学中对外部转移型与内外部皆转移型不作区分的做法已经传达给了刑法学。虽然没有作过正确全面的调查,但从1980年的后半期开始,民法学中关于不再作此区别的认识已经逐渐出现,最近也有刑法学论文指出:现在,在让与担保中依然区分外部转移型与内外部皆转移型的思考方法,已经没有意义了。此外,不区分两者而论述侵占罪的教科书也已出现。但是,如前文所述,认为应维持两者之区别的教科书仍大量存在。或许此后,作此区别的刑法教科书会逐渐消失吧。

4. 关于让与担保的清算义务的问题

佐伯 接下来,我们来探讨清算的问题。您能先讲一下如何实施让与担保的清算吗?

道垣内 从刑法观点出发,清算包括哪些问题呢?

佐伯 有两个。一个出现于最高裁判所昭和 51 年 9 月 21 日的民事判决(参见判时 832 号,第 47 页)中,在不产生清算金的场合,完全所有权在不履行债务的同时归属于让与担保人。以之为根据,刑法学认为,在不履行债务出现后清算金未产生时,无论采用何种思考方法,设定人的处分都构成侵占。这种想法是否妥当?

另一个是让与担保权人不支付清算金时,刑法上会出现什么问题的问题。在归属清算方式的情形中,不支付清算金是单纯的不履行债务,但在处分清算方式的情形中,卖却并出现卖却代金。因为委托物的卖却代金是委托人的所有物,所以如果受托人随意使用时会构成侵占,这是判例·通说的思考方法,如果将这种思考方法放在这个层面上,考虑到处分清算方式中卖却标的物的代金中包含有设定人所有的部分,如果随意使用而不交付清算金的话,不是可能构成对清算金的侵占吗?

道垣内 我明白以清算义务为问题的刑法的宗旨了。

首先,昭和 51 年的最高裁判决目前还适用吗?该判例已经被修改过了。此后,出现了最高裁昭和62年2月12日判决(参见民集41卷1号,第67页),认为:"债务人迟滞履行债务,即使债权人向债务人表示将标的物不动产确定地归属自己所有,只要债权人不通知债务人支付或提供清算金或者标的不动产的合适评价值并未超出债务额,债务人便享有赎回权,可以全额返还债务而使让与担保消灭"。即使是客观上不产生清算金的场合,只要不通知债务人"标的不动产的合适评价值并未超出债务额",让与担保权人就不能取得标的物的全部所有权。因此,在不产生清算金的场合,如果刑法认为在返还期之后设定者的处分也构成侵占的话,坦率地说,在与判例法的关系上,这种理解是错误的。

以此为基础,我们转向第二个问题。首先,让与担保权人利用将标的物归属于自己所有的方法实行让与担保权时不产生侵占清算金的问题,虽然结论是妥当的,但"不支付清算金仅构成不履行债务"的理解在与判例法理的关系上存在错误。这也不构成不履行债务。如果认真仔细地阅读一下刚才谈到的昭和62年的最高裁判决的宗旨就会明白,在让与担保权人将标的物归属自己所有的情形中,是不会出现"完全归自己所有,但对设定者负有支付清算金义务"这个状态的。只有支付或提供了清算金后,让与担保权人才能将标的物的完全所有权归属自己所有,其次,算定清算金的基准时应是支付·提供时。如此一来,在不支付·提供清算金的状态持续存在的阶段上,清算金是无法算定的,其支付义务也不会发生。在最高裁平成8年11月22日的判决(参见民集50卷1号,第2702页)中,在让与担保权人未支付·提供清算金,也未通知不存在清算金的阶段上,让与担保权设定人是无法放弃赎回权并向让与担保权人请求支付清算金的。在判例法理中,清算义务因支付或提供清算金而具体地发生,并且也在支付时同时归于消灭。

当然，在提供的场合，之后会出现让与担保权设定者拥有债权的状态，所以在与提供相关的问题上，佐伯君的理解是正确的，其他的则有问题。

与之相对，让与担保权人即使采用将标的物处分给第三人的方法也可以实行让与担保权，此时，在处分给第三人的时点上，让与担保设定者已经不能偿还债务并取回标的物了。先前谈到的最高裁平成6年2月22日的判决便是最终性的。如此一来，在对第三人处分的时点上清算金债权便产生了。由此出现的问题是，此时，如果让与担保权人将由第三人处取回的金钱全额使用的话，是否构成侵占罪？

但是，我的结论是不构成侵占罪。即言之，虽然实施了处分，但让与担保权人并未从第三人处领受处分代金，如果考虑到该时点，此时的清算金债权是成立的，设定人可以向让与担保权人请求支付。并且，成立侵占罪的见解也存在于让与担保权标的物的价值中至少有一部分是归属于设定者的状况之中。让与担保权人将其整体卖给了第三人。这样一来，就产生了如下关系：在归属于设定者的价值份额方面，让与担保权人作为设定者的代理人恰好将该部分卖掉了。因此，在让与担保权人从第三人处领受的金钱中，与设定者拥有的价值相对应的部分理应归属于设定者。但是，在代理人的情形中，在处分的相对方尚未支付期间，没有必要向本人交付代金。在处分的相对方破产，代金的支付最终陷于不能接受时，风险由本人承受，即本人不能取得代金。然而，在让与担保的场合，即使处分的相对方不支付，让与担保权人也负有对设定人支付清算金的义务，所以两者在性质上是截然相反。清算金债权是针对让与担保权人的债权，而并非针对现实受领的金钱的权利。今天的研究所设计的深度是我以往从未达到的。

从刑法学的角度进行分析时,民法上的理解也加深了。

5. 让与担保的所有权构成与担保构成

佐伯 我想稍微了解一下判例与学说关于让与担保的法律构成的理解。

民法中一般使用所有权性构成与担保性构成的整理方法,现在有这种说法:过去的判例希望以所有权性构成为基础,但最近的判例正处于向担保性构成的过渡期中,学说也以担保性构成为通说。

但是,在道垣内君的教科书中,提到了两种担保性构成:一种是在认可所有权移送给让与担保权人的基础上,认为设定者拥有关于标的物的物权——道垣内君称为"设定者保留权"——的思考方法;另一种是认为让与担保权人拥有担保权,而设定人拥有所有权的思考方法(参见道垣内弘人:《担保物权法》,第253页(1990年))。受此影响,最近有见解认为何不分为所有权转移型构成与所有权非转移型构成两种。

对于刑法学而言,由于所关心的是"他人之物怎么样了"的问题,因此,与所有权性构成与担保性构成相比,所有权转移型构成与非所有权转移型构成的整理方法似乎更为合适。但这两种整理方法都不能明确地划分并使人了解。我感觉民法的议论并未被刑法所理解。

例如,时至今日,刑法中的部分学说仍认为民法的判例采用的是所有权性构成,并有人指出其转向了形式性所有权。您能否对该问题稍作说明?

道垣内 教科书上通常说到的所有权的构成是指:标的物的所有权完全转移给让与担保权人,债务人仅拥有接受债务返还的合同性的,换言之是债权性权利。然而，如果问到是否存在采用这种所有权构成的学说，那么回答可能是没有的。在学说中形成对立的，是刚才佐伯君说明的，在推导出与作为担保的实质相吻合的结论时，如下哪种思考方式更为合适的问题：所有权全部转移给让与担保权人的思考方式；所有权不转移给让与担保权人，让与担保权人拥有的是抵押权或让与担保权等限制性物权的思考方式。如果说到刚才谈到的与严格的所有权性构成的对比的话，这都可以评价为担保性构成，并在"担保性构成中分为所有权转移性构成与所有权非转移性构成"。感觉民法终于对该问题进行整理了，虽然我在整理时使用"担保性构成"而非"担保权性构成"的术语，但使用"担保权性构成"的学者较多。不过我认为，为了明确地说明包含所有权转移性构成的问题，还是"担保性构成"的称谓更好。

学说中关于目前何者更强的议论是微妙的。以米仓明先生为中心，采用所有权非转移性构成的学说至少在最近论述让与担保的学者中占据多数。但是，铃木禄弥先生与高木多喜男先生等有影响力的担保法学者都是在所有权全部转移给让与担保权人的前提下展开论述的，我本人也持这种观点。

接下来是判例中的态度。判例法理中经常使用所有权构成的说法，但却推导出了各种各样的作为担保的实质的结论，这也是理所当然的。另一个问题在于，以怎样的理论推导出上述结论，如果是作为合同上的话题推导结论的话，前述严格的所有权性构成也是可能被推出的。关于这一点，过去不久的最高裁的判示具有深远的意味。根据我的调查，最高裁昭和57年9月28日的判决（参见判时1062号，第81页）是最早的判决，该判决作如下阐述："让与担保是为了担保债权而转移了标的物的所有权，上述转移所有权的效力在以达成担保债权为目的的必要范围内得到认可"。这种说法在此后的最高裁平成 5 年 2 月 26 日的判决(参见民集 47 卷 2 号,第 1653 页;《损害保险判例百选》,第 2 版,6 事件)、最高裁平成 7 年 11 月 10 日的判决(参见民集 49 卷 9 号,第 2953 页)中再次出现。这可以说是目前最高裁关于所有权转移的观点。

佐伯 　刑法学说的理解是:担保性构成理论在民法上也未能达到被多数的学说·判例接受的程度。根据刚才的说明,这种说法至少是种误导。在将所有权构成单纯地理解为设定人仅保留有债权性权利时,可以说判例也是采用担保性构成的。关于形式性的所有权转移,可以说是所有权是在担保目的范围内转移的吧。

道垣内 　确实如此,但还需补充一点:在担保性构成中采用所有权转移型构成的学说之关键,在于认可一定的物权归属于设定者。例如铃木禄弥先生认为:所有权归属于让与担保权人,但"设定者保留权"这一物权归属于让与担保权的设定者。为了认可该设定者保留权的物权效力,理应认可设定者的种种权利。

　　与之相对,判例认为所有权的转移仅在担保的范围内产生效力,但又认可设定者方面的一定物权的归属,这是很微妙的。确实存在作出类似认可的判决,特别是前文提到的昭和 57 年 9 月 28 日的最高裁判决。该判决认为,设定者可以请求返还第三人名下的让与担保标的物,也可以行使物权性的请求权。因为要想认可设定者拥有物权性的请求权,必事先认可一定的物权归属于设定者,所以最高裁认可了该问题,但遗憾的是,该判决并未解释详细的法律构成。此后的最高裁判决也未能明确地认定究竟有哪些物权归属于设定者。

佐伯 米仓明先生援引返还期经过后赎回权也不消灭的最高裁判决，认为判例大多倾向于抵押权说(参见米仓明：《让与担保的法构成》，载《担保法的研究》，第63—64页(1997年)，首次发表于《金融·商事判例》737号(1986))，那么，赎回权消灭的问题与设定者保留有物权的问题之间究竟具有怎样的关系呢？

道垣内 昭和57年1月22日的最高裁判决(参见民集36卷1号，第92页)与抵押权关系密切，米仓明先生得出这种结论的理由如下。虽然关于该最高裁的理解各种各样，但都认为赎回权与消灭时效无关。并且，如果认为赎回权是产生于合同的权利，是债权性权利的话，就应适用《民法》第167条之10年的消灭时效了，这与判例有异。如果认为赎回权是以设定者保留权的物权为基础的话，可以适用《民法》第167条第2项的20年的消灭时效。但最高裁也并未提到第167条第2项的适用问题，因此，应认为赎回权是以所有权为基础的——因为所有权不受消灭时效的约束，这也就与设定者拥有所有权的想法相联系了。

但是，该判决指出："债务人的赎回请求是，以清偿债务而恢复的所有权为基础的物权性返还请求权或以合同为基础的债权性返还请求权，或者作为由此而生的抹消或移转登记请求权的行使而实施的"，因此，该判决就整体而言，不能说是与抵押权相接近，或许可以说，从抵押权说出发，判决的结论才容易获得说明吧。

佐伯 担保性构成中分为两种理论说明的原因，是否可以说是单纯的理论性说明的方法问题，或者是因说明方法不同而出现的实质性差异呢？担保性构成中，米仓明先生的说明与道垣内君的说明之间是否存在实质性差别呢？换个问法，为什么道垣内君明知自己的导师采用抵押权说，而自己却非要选择设定者保留权说呢？

道垣内 对各种情形的处理会因法律构成的不同而不同，但实际上并无多大变化。最近米仓先生发表了题为《不动产让与担保的法律构成——为何不能用抵押权说解释》（参见 Tatonnement 2 号，第 1 页以下（1998 年））的演讲，其中提到："如果像判例般仅在担保目的的范围内转移标的物的所有权，并且认为设定者拥有一定的物权，在结论上就与本人的抵押权说几乎不存在差别了"。但米仓先生又指出，判例的做法是迂回的，直接得出让与担保权人拥有抵押权的做法是更为顺畅的结论。

因此，米仓先生指出：抵押权说是以民法上业已存在的抵押权这一物权概念为构成的，与其他学说相比不存在无理之处。这是先生与我本人认识的差异之处，我认为抵押权说是无理的。这多少有些抬杠了，但下文中会详细阐述该问题，所以我只作一个简单的总结。米仓先生认为，让与担保仅限于抵押权，但可以附私人实行合同。关于抵押权，直流*抵押的私人实行特约的效力是可以无异议地获得认可的，的确，在抵押权问题上该特约无法对抗第三人，但可以采取所有权移转登记的方式利用登记取得的特约赋予其对抗第三人的效力，这便是让与担保。

但是，无法对抗第三人的直流抵押的特约只能局限于未实行假登

---

* 所谓直流，是指在清偿期前权利人取得标的物，或者以任意的方式将其换价处分而优先受偿。因中国民事法律中并无对应的术语，本文将"抵当直流"直译为"直流抵押"。——译者注

记的代物返还预约,是与抵押权无关的合同。这并非作为物权的抵押权的效力问题,而是债权性合意的话题。因此,将可以私人实行的抵押权认可为物权的做法使用的并不是民法典上存在的物权概念,并且关于为何可以凭借所有权移转登记对抗第三人的问题也不明晰。所以,该权利自始就不应作为物权获得认可。

关于直流抵押的特约,目前的大多数担保物权教科书认为其有效,但是,"若不履行债务,请转移之"的合同是不能在与抵押权无关的基础上成立并拥有效力的。尽管如此,研究界的一般倾向仍然是引用明治41年的大审院判决(参见大判明治41·3·20民录14辑,第313页),将之作类似于抵押权式的论述。一言以蔽之,该倾向正在逐渐升温。

6. 论述所有权之所在的刑法意义

佐伯 民法学中或许感觉,担保性构成中的所有权转移性构成与所有权非转移性构成不过是在结局的说明上存在差异。但对刑法学而言,两者的差异是非常显著的。因为侵占罪是在侵占他人之物时才成立,所以只要遵从民法判断"他人之物",如果所有权转移给让与担保权人,则让与担保权人处分标的物的行为就不能构成侵占;与之相对,如果让与担保权人拥有的权利并非所有权,让与担保权人的处分就可以构成侵占。设定者的处分问题则恰恰相反。

外部转移型与内外部皆转移型的区别在民法中已不再实行的问题已被刑法学界所知悉。但是,如果问到现在的刑法学说是如何论述该问题的,则大致可分为如下两种:一种是,民事判例中认为所有权在形式上转移给了让与担保权人,因此,刑法上的所有权也随之转移给了让与担保权人；另一种是，既然实质上是担保，所有权并未转移给让与担保权人，至少刑法上的所有权仍属于设定者所有。关于目前哪种学说为多数说的问题很难回答，但根据以往的判例·学说的流程，认为让与担保权人是所有权人的观点更为有力。

在该问题的背后，时至今日反复出现的是，刑法上的所有权概念对于民法上的所有权概念所具有的从属性·独立性问题。在刑法学中，认为应从刑法独立的立场出发考虑是否属于他人之物的独立性说更为有力。然而，在让与担保的问题上，在形式而非实质的所有权的所在上判定"物的他人性"的见解更为有力的结论却并未取得一致性。如前所述，让与担保权人在实质上拥有何种法律地位的问题，该地位在实质上是接近于所有权人还是担保权人的问题等都是关键所在，而我的印象是，对于这些关键点迄今为止尚未进行充分的论述。

因此，接下来，我们本应对所有权人的地位与让与担保人的地位在实质上有何差别，以及抵押权的设定者与让与担保权的设定者之间的关系如何等问题进行研讨，但这回讨论的时间已经够长了，所以具体问题留待下回分解。还希望道垣内君继续展开说明，拜托了。

道垣内 本回有点类似演讲了。如前所述，佐伯君从刑法学的角度问了我很多问题，所以我也得以深入地进行了思考。

佐伯 本回的讨论对于刑法学关于民法判例的理解颇有借鉴意义，对于同学们而言，也是篇易于理解的让与担保的讲义。

第五回
非典型担保（2）

1. 让与担保权的效力接近于所有权还是抵押权？
   (1) 关于针对第三人的排除妨害请求
   (2) 标的物的处分
   (3) 破产·公司更生
   (4) 标的物的扣押
   (5) 比较的总结
2. 所有权保留的问题点
   ——米仓教授的论文
3. 应将所有权保留与让与担保作区别考虑吗？
4. 关于典型担保权、特别是法定担保物权

1. 让与担保权的效力接近于所有权还是抵押权？

佐伯 在上回的对话中，我们将重点放在了让与担保的法律构成的一般问题，特别是判例法理上面。虽说现在民事判例法理已经认为在担保目的的范围内所有权由设定者转移给让与担保权人（本书第 87—88 页），但如果将刑法上的所有权概念从属于民法上的所有权概念，那么，"担保目的的范围内的所有权转移"的内容本身就成了问题。在考虑该问题时，我想如下几点是重要的：让与担保权人在实质上拥有怎样的法律地位，该地位在实质上是接近于所有权人还是担保权人，反过来，在自己所有的财产上设定了抵押权的行为人与以自己所有的财产提供让与担保的行为人之间在法律地位上是否拥有实质性的差别。即使从刑法独立性的立场考虑"物的他人性"问题，类似的考察也是必要的。因此，本回中我们将针对不同的情形，逐一探讨让与担保权

人的地位、让与担保设定人的地位与所有权人的地位之间存在怎样的差别,或者说是否相同。

道垣内 将哪个与哪个比较才好呢？虽说是所有权的地位,但设定抵押权人的地位与通常的所有权人的地位之间是有差别的……

佐伯 因为,在迄今为止的刑法学议论中存在着将让与担保权视为类似于抵押权还是所有权这样的一个主轴,所以,应当将设定抵押权人的地位与通常的所有权人的地位进行比较。

道垣内 考虑让与担保权设定人的法律地位时,应该与抵押权设定人相比较吧。因为其结果是设定怎样的权利,以及权利丧失到何种程度的问题。由于实质上并非所有人,故而必须显示出其比抵押权设定人的地位更弱。与之相对,在考虑让与担保权人的法律地位时,应在与抵押权人的地位相比较的同时,也与无占有的所有权人,例如赁贷人的地位相比较。这是因为涉及拥有何种程度的权利的问题,也因为占有让与担保标的物不能成为让与担保权人。并且,还存在须将标的物分为不动产与动产分别考虑的情形。如此一来,是可以设想动产抵押设定人的权利这一概念的——因为不存在一般性的动产抵押制度,让我们在留意该问题的同时展开讨论吧。

(1) 关于针对第三人的排除妨害请求

佐伯 我们首先来看第三人侵害让与担保标的物时,让与担保设定人与让与担保权人各自拥有怎样的权利,以及该权利与侵害抵押权标的物时的抵押权设定人即所有权人与抵押权人的权利之间是否有不同。

如果从不动产的抵押权出发,关于抵押权,业已确定的思考方法之一是:在实行期届满前,抵押权标的物的使用收益权限归设定人所有,抵押权人无权提出质疑。虽然对于该思考方法的批判较为强烈,但目前的判例持赞成态度。① 从此点出发,即使第三人不法占据抵押权的标的不动产,只要不存在毁损标的物的风险,抵押权人就不能向该第三人请求退去(参见大判昭和9·6·15民集13卷,第1164页)。最高裁平成3年3月22日的判决(参见民集45卷3号,第268页、《民法判例百选Ⅰ》,第4版,94事件)也认为,在对抵押权造成侵害的短期租赁借因《民法》第395条但书被解除后,抵押权人不得向赁借人请求让出。

与之相对,因为抵押权设定人是不动产所有人,所以当然地拥有排除妨害请求权等物权性请求权。

如此一来,无占有的所有权人应该如何呢?因为虽为赁贷但仍拥有所有权,所以所有权人可以依据自己的所有权向第三人行使物权性请求权。只是,此时究竟应返还给谁也是一个问题,虽然判例理解为应返还给赁贷人,但作为事案却略有特殊之处。而在学说中,则以只能返还给赁借人为有力说。

关于让与担保应如何的问题,判例法理是从正面认可让与担保设定人的物权性返还请求权的,如上回对话谈到的最高裁昭和57年9月28日的判决(参见判时1062号,第81页)(本书第87页),可以说

---

① 此后,最大判平成11年11月24日(民集53卷8号,第1899页)判决认可了抵押权人对抵押不动产的不法占有人的排除。该判决还认可了抵押不动产所有人针对不法占有人代位行使妨害排除请求权的方法,以及针对不法占据者直接行使以抵押权为基础的妨害排除请求权的方法。虽然判决的射程与要件论中都存在尚需追问之处,但在本文所列举的最判平成3年3月22日(民集45卷3号,第268页)被变更的同时,以此为前提的东京高判平成4年7月23日(判时1431号,第128页)也失去了根据。据此,可以说所有权人、抵押权人、让与担保权人的权利内容在判例法理上已达成一致。

是返还给自己的。与之相对,关于让与担保权人的权利,学说中存在着争论。我认为,让与担保权人可以行使以所有权为基础的物权性返还请求权,但只能是请求返还给设定人,这与关于所有权的学说的立场是相同的。针对从赁借人处侵夺占有的行为人,作为以自己的所有权为基础的物权性返还请求权的行使,赁贷人只能向赁借人请求返还。与之相对,东京高裁平成4年7月23日判决(参见判时1431号,第128页)认为:"让与担保权原本是与抵押权相同的为了把握该不动产的担保价值,只要第三人的占有不会减少该不动产的担保价值,让与担保权人与抵押权人就同样地不得干涉该不动产的占有关系",从而否定了让与担保权人的腾空请求权。*

上述东京高裁的判决是以关于抵押权人的现在的判例法理为前提的。然而,对该判例法理的评价并不好,所以存在着将来认可以抵押权为基础的物权性腾空请求权的充分可能性。实际上,该关联事件已经被交回给大法庭,判例很有可能会发生变更。如此一来,东京高裁判决的立场也必然发生改变。

佐伯 如果以现在的民事最高裁判例为前提,让与担保设定人的权利在含有物权性返还请求权这一点上与所有权人相同,抵押权设定人也拥有相同的权利。一方面,根据东京高裁的判决,让与担保权人在物权性腾空请求权被否定这一点上是与抵押权人相近的,而与所有权人不同。只是学说中认为抵押权人也可以行使物权性腾空请求权的见解颇为有力,所以判例上也存在变更的可能。如此一来,就不说是与哪

---

* 所谓腾空请求权,是指不动产所有人请求租借人腾出租借房屋的权利。——译者注

一种权利更接近了。

道垣内 是的。比较考虑一下，与以往几乎还是相同的。

佐伯 占有标的物在抵押权人与让与担保权人的情形中是如何的？

道垣内 这与刚才的话题几乎相同。关于抵押权问题，判例在不认可其物权性返还请求权这一点上几乎没有变化，是根据占有诉权实施还是认为抵押权人拥有占有的问题，因为与设定人之间存在某种合同，所以就变成了凭借该合同获得的权利，例如，以赁借权为基础妨害排除请求权是否被认可的问题。采用肯认以抵押权为基础的物权性请求权的学说时自不待言，如非如此时，抵押权人便可以针对自己行使让与请求。在所有权的场合，因为仅仅是所有人实施占有，所以当然可以肯认以所有权为基础的物权性返还请求权。在让与担保的场合，也会出现诸多法律构成：以让与担保权这一物权为基础；以所有权为基础；以占有权为基础；以赁借权等占权源的原来的权利为基础等，但在结论上让与担保权人是可以请求让与自己的。

佐伯 即使如此，也不能说让与担保是接近于抵押权还是所有权吧。

（2）标的物的处分

佐伯 接下来，虽然在清偿期后还会出现问题，但在清偿期前，让与担保权人将标的物处分给第三人时，设定人可以做什么呢？

不，还是从清偿期到来前与到来后两方面考虑比较好。

在此，让我们还是从抵押权出发。关于抵押不动产，实际上抵押权人是很难处分给第三人的。因为在登记簿上并未载明自己是所有人。即使考虑没有登录制度的一般性动产抵押制度——当然不存在这种制度，因为此时应该由设定人占有标的动产，所以事实上是很难处分的。只是，如果参照此时的目的，设定人对于处分的相对方拥有绝对的胜算，而在不动产中，由于自己的所有权可凭借登记而对抗第三人，所以可以拒绝对方的让与请求。此外，在动产中，只要是设定人占有，就应当认为处分的相对方不是依据《民法》第 192 条的即时取得获得保护，而是可以拒绝对方的让与请求。上述论述在清偿期到来前后都是如此。即使清偿期届满，只要不实行抵押权就不会出现变化。

关于让与担保，让与担保权人对标的物的处分会在清偿期到来前后出现变化。首先，关于清偿期到来后的问题，上回曾提到最高裁平成 6 年 2 月 22 日的判决（参见民集 48 卷 2 号，第 414 页）（本书第 81 页）。无论处分的相对方是否背信的恶意者，让与担保设定人都无法返还债务而取回标的物。不过前提是：在清偿期到来后，无论如何约定，让与担保权人都取得处分权能。这在动产中也是相同的。

关于清偿期前的处分问题尚未出现最高裁判决。学说中影响较大的见解是主张适用或类推适用《民法》第 94 条第 2 款，即，从让与担保权人处受让的行为人原则上只取得让与担保权人拥有的权利，在其完全相信让与担保权人为所有人时可适用或类推适用《民法》第 94 条第 2 款以获得保护，我本人也持该观点（我认为是适用而非类推适用《民法》第 94 条第 2 款）。但是，最高裁的立场却似乎是在不动产中适用了《民法》第 177 条，认为只要处分的相对方不是侵害让与担保设定人的恶意背信人,就可以取得该不动产的完全所有权。① 换言之,最高裁认为:即使是债务人偿还债务后让与担保权人将标的物让与给第三人,也适用《民法》第 177 条,只要其并非恶意背信人,上述第三人就可以取得标的物的完全所有权(参见最判昭和 62 · 11 · 12 判时 1261 号,第 71 页;《民法判例百选Ⅰ》,第 3 版,97 事件)。如此一来,在清偿期到来之前,因为债务偿还前标的物被处分时要求第三人具有严格的主观态度有失公平的,所以判例适用了《民法》第 177 条。这在动产中也是相同的。

佐伯 在此,让与担保设定人的地位略弱于抵押权设定人即所有权人的地位。让与担保设定人实施处分的场合是怎样的呢?

道垣内 在抵押权的场合,设定人可以作为所有人实施处分,如果抵押权被登记的话,该抵押权可以对抗处分的相对方而得以存续。如果想定动产抵押权的,我想还是存在即时取得的成立余地的。

让与担保设定人实施的处分,在涉及不动产的场合,由于所有权

---

① 关于这一点,中田裕康教授(一桥大学)作了如下指摘。正如本文所列举的最高裁昭和 62 年的判例事案,如果债务人业已返还了债务,设定人就拥有了针对让与担保权人请求抹消移转登记的地位。因此,设定人与作为处分的相对方的第三人都取得了以自己名义登记的地位,故而,两者处于对立关系,可以适用《民法》第 177 条。与之相对,设定人在清偿前不能恢复自己名义的登记,所以欠缺适用《民法》第 177 条的前提。由此可见,在清偿期届至前,清偿前让与担保权人将标的不动产处分给第三人时,判例法理是无法归结出适用《民法》第 177 条的结论的。

这是极具说服力的指摘。只是即使不能适用《民法》第 177 条,也正如学说所主张的,第三人也可以依据《民法》第 94 条第 2 款的(类推)适用获得保护。如此一来,让与担保设定人的地位弱于抵押权设定人与单纯所有权人的地位的情形,就没有什么改变了。(道垣内)

登记名义属于让与担保权人,所以无法进行事实上的处分,即使实施了处分,让与担保权人也会失去权利。在动产场合中,会构成即时取得的问题。

佐伯 让与担保设定人事实上是无法处分不动产的,在该意义上,可以说其地位也略弱于所有权人。

道垣内 但是,因为抵押权设定人只能卖却抵押权的附属负担,所以可以说并不存在较大差异。

(3) 破产·公司更生

佐伯 接下来讨论第三个问题,让与担保权人破产时应如何。如果是通常的抵押权,会怎样呢?

道垣内 抵押权人破产时法状况上不会发生任何改变。例如,我借钱并以自己的房屋作为抵押,虽说债权人破产了,但债务的清偿期尚未届至,所以不会发生什么改变。所有人,即赁贷人破产时也是同样的,租赁关系并不终结。

让与担保权人破产时可以适用的条文有《破产法》第 88 条、《公司更生法》第 63 条,现在的判例与学说都对上述条文采用缩小性解释,认为只要债务人偿还债务就可以取回标的物,换言之,法律状态上不会发生变更。

佐伯 如此一来，如果不逆向思考的话就不行了。在债务人破产时，应该考虑让与担保权人可以做什么。

道垣内 抵押权以及所有权的场合，在与该物权的关系上不会发生特殊状况。法律状态能够继续维持原样，只是被担保债权的清偿期届满的结果会导致抵押权人行使别除权以实行抵押权。此外，因为第三人的所有物不会被纳入破产财团之中，所以所有权人可以取回。严格而言，在租赁合同存续期间，赁借人的破产构成《民法》第621条所规定的解除合同的事由，所有人即赁贷人可以解除合同，取回财物。判例上也如此适用于《借地借家法》。

在让与担保设定人的破产中，让与担保权人可以行使别除权，这是一般的思考方法。这样，让与担保权人便接近于抵押权人，可以在破产程序外行使权利，由于让与担保可以私下实行，实际上与肯认取回权具有相同的效果。

从抵押权·所有权相比较的观点出发，由让与担保设定人启动公司更生程序的做法是有趣的。此种场合，判例·通说认为，让与担保权人与其他的担保权人具有同等地位，都享有更生担保权人的处遇（参见最判昭和41·4·28民集20卷4号，第900页；《民法判例百选Ⅰ》，第4版，96事件）。如果重视让与担保权人是所有人这一事实的话，那么，设定人的公司更生局面中让与担保权人似乎拥有取回标的物的权利（《公司更生法》第62条）。如此一来，设定人就不会被卷入公司更生的程序中，并可以行使自己的权利。只是，变成了更生担保权人。从而，在更生程序内，被担保债权的处理会优先于其他债权，不限于全额取回，还被纳入程序之中，需花费些时间。这在抵押权人中也是相同的，从这一点来看，可以说是作为接近于抵押权的权利进行处理的。

佐伯 原来如此。原来公司更生程序中的让与担保权与抵押权是作相同处理的。

(4) 标的物的扣押

佐伯 那么接下来讨论扣押。

道垣内 与抵押权人相对的一般债权人不能对不动产实施扣押。因为所有权登记的名义人不是抵押权人。即使存在动产抵押,由于动产也由第三人占有,所以基本上不能实施扣押。由于让与担保标的物为动产时由第三人占有,所以与让与担保权人相对的一般债权人在原则上也无法扣押。与之相对,在不动产的情形中,由于让与担保权人是名义上的登记人,所以是可以扣押的。不过,究竟会如何处理就成了问题,最近东京地裁的判决在与扣押债权人的关系上类推适用了《民法》第94 条第 2 款(参见东京地判平成 10・3・31《金融法务事情》1534 号,第 78 页)。即言之,一般情况下,让与担保设定人可以排除扣押,但在一般债权人信赖登记名义而实施扣押时,可以适用或类推适用《民法》第 94 条第 2 款以获得保护。只是不知最高裁是否认可该立场。

概言之,在不动产的场合,让与担保设定人的权利仅仅是从让与担保权人的一般债权人处获得扣押,弱于抵押权设定人的权利。

关于抵押权人・让与担保权人・无占有的所有权人的权利,首先,抵押权的标的不动产是抵押权设定人的一般债权人的扣押对象。但是,在该程序内,抵押权人可以优先收回债权。抵押权是可以实行的,即使设想动产抵押也是如此。其次,关于所有权,在不动产的场合，借主的一般债权人是不能扣押的，因为登记名义人不是借主。关于动产，实施占有的借主的一般债权人是可以扣押的，但借主即所有人可以提起第三人异议之诉，从而排除扣押。

关于让与担保权人的权利，在不动产的场合，设定人的一般债权人是不能扣押的，因为可否扣押不动产取决于登记。如果登记名义人是设定人，债权人就不能对设定人进行扣押。与之相对，在动产的情形中是可以扣押的，判例认为，此时的让与担保权人可以提起第三人异议之诉（参见最判昭和56·12·17民集35卷9号，第1328页）。

如此一来，此处的让与担保权人的权利与无占有的所有权人的权利也是相同的。

佐伯 如果肯认第三人异议之诉，结果会如何呢？

道垣内 在将抵押权人式的接受优先分配与肯认第三人异议之诉进行比较时，应该考虑到与被担保债权额相比标的物的价值额更大的情形。例如，被担保债权额是500万元而标的物价值为1000万元时，可以对标的物进行扣押。在能够提起第三人异议之诉时，如果提起的话，则拍卖程序自始不会发动。与之相对，如果接受优先分配，便可以启动拍卖程序，在标的物被换算为1000万元时，可以从中优先收回500万元。如果这样考虑，我们就可以理解为何赋予担保权人以第三人异议之诉的超强权利了。虽然担保权人仅能优先收回500万元，但若将扣押作为整体排除出去的话还是很怪异的。

佐伯 那么，肯认让与担保权人提起的第三人异议之诉时，又会如何呢？

道垣内 如果存在扣押的话,通常会因被担保债权的清偿期届满而实行让与担保。

(5) 比较的总结

佐伯 我们把上面讨论过的,因当事人的不同权利内容存在较大差别的问题挑选出来列入下文的表格中。需要注意的是,表格中的"占有"是指现实的占有,与刑法侵占罪中的占有并不相同,与民法意义上的占有权也存在一定的差异。

道垣内 首先,如果将作为非占有人的让与担保权人与所有人・抵押权人进行比较,那么关键在于结果上究竟是重视破产时的处遇还是重视对于扣押的权利问题。

与之相对,如果将作为占有人的让与担保设定人与抵押权设定人进行比较,则非占有人即债权人处分标的物时,针对抵押权人・让与担保权人的一般债权人对标的物、不动产进行扣押时会出现差异。

佐伯 我想从前者开始分析。在刑法学说中,将让与担保权人视为所有人的见解以判例肯认第三人异议之诉作为其论据之一,对于该问题应如何考虑呢?

道垣内 首先,在破产时的处遇与扣押时的处遇两者中重视后者的必然性可能是不存在的。如果重视前者的话,会得出与所有权人不同的结论。

所以,我希望大家能认识到肯定扣押时的第三人异议之诉的判例也是关于动产让与担保的。如果是不动产让与担保,作为设定人的一

第五回　非典型担保（2）

	非占有人			占有人		
	所有权人	让与担保权人	抵押权人	所有权人	抵押权设定人	让与担保设定人
非占有人实施的标的物的处分				可以对抗所有权	可以对抗所有权	清偿期前：除处分的对方是恶意信人之外，不能对抗权利（无最高裁判例）清偿期后：不能对抗权利
占有人的破产　破产	取回权	别除权	别除权			
占有人的破产　公司重组	取回权	更生担保权	更生担保权			
非占有人的一般债权的扣押（不动产）		可以对抗权利（不能扣押）		可以对抗权利（不能扣押）	可以对抗权利（不能扣押）	扣押债权人善意、无过失时，不能对抗权利（《民法》第94条第2项类推适用）（无最高裁判例）
占有人的一般债权扣押　不动产	可以对抗权利（不能扣押）		程序中的优先分配			
非占有人实施的扣押　动产	可以对抗权利（排除第三人异议）		程序中的优先分配			

般债权人原本就不能扣押。因此,即使是关于动产让与担保,对于认可第三人异议之诉的判例法理究竟应该重视到何种程度,仍残存有若干问题。

第一,即使采用如下思考方法:将让与担保权人的权利与抵押权人的权利作同等看待,在程序上仅认可优先偿还,实际上扣押被排除的情形还是很多的。如果考虑到标的物的价值低于被担保债权额的情形,这便是无剩余扣押的事情了。即言之,即使实施了扣押,标的物的换价款也已全部分配给了让与担保权人,扣押债权人一分钱也得不到。此时,扣押本身已经被撤销(《民事执行法》第 129 条第 2 项)。如此一来,优先偿还的要求就具有了完全排除扣押的效果,从而与第三人异议之诉成为相同的东西。

第二,在民事执行法中,旧法中的优先偿还制度已被废止,并且条文上明文列举了可以提出分配要求的债权人。其中仅包括先取特权人与质权人(《民事执行法》第 133 条)。因此,学说中认为在民事执行法下让与担保权人可以提起第三人异议之诉的观点较为强势。这似乎是彻底贯彻担保性构成的学说。

由此可见,关于肯认第三人异议之诉的问题,尚存在是否可以如此重视的疑问。

佐伯 如此一来,关于在让与担保中判例与学说认可第三人异议之诉的问题,与其说是将让与担保权人的权利与所有权做同等看待,不如说是由于民事执行法仅认可了该手段,所以原本可请求分配却不得不仅认可第三人异议之诉了。可以这样理解吧?

道垣内 确实有人这样理解。即,认为因为是所有权所以第三人异议之诉也是一种立场。但是,也有人认为虽然是担保,但因无明文规定所以不能采取这种思考方式而只能认为是第三人异议之诉。第三人异议说与要求分配说的区分标准,并非是否认为是担保,而是另有区别界线。

佐伯 在民事执行法制定前,判例·实务是如何处理的?

道垣内 认可第三人异议之诉。因为我们谈到的判例便是民事执行法制定之前的。但是,关于该观点,因为学说上提出了批判,所以,制定民事执行法时发生了争执。其结果,只能委于解释了。

佐伯 作为让与担保等的非典型担保在实务上经常使用的理由,有为了完整地取得标的物而牟取暴利,以及为了规避不健全的拍卖程序而简易迅速地实行等情形。非典型担保权人的前者的利益现在已经被学说·判例所否定,后者的利益现在依然是值得法律保护的利益,对此,民诉法的小林秀之教授作了阐述(参见小林秀之:《从破产中可见到民法》,第47页以下(1997年))。这一点怎样呢?

道垣内 清算义务确立后私人实行的利益,存在于可称为换算率——即通过拍卖担保标的物而换得的高价这一点中。

但是,如果说可以换得高价这一点在采用第三人异议否定说之后会消失,并非如此。在标的物的换价款额无法满足让与担保的被担保债权时,因为扣押本身会消失,所以,因无法换得高价而导致的不利益是由让与担保设定人承担的。在不撤销扣押而实施拍卖时,即使标的物在拍卖程序中被拍卖,让与担保权人也可以全额收回自己的债权,并且也会有剩余。如此一来,关键便在于速度。与之相对,在第三人异议之诉中,如果可以排除扣押,那么私人实行便可以维持速度。这一点是极为重要的。

但是,私人实行还是付诸于拍卖程序的问题,即使不认可第三人异议之诉,最终也可以从换价款上收回债权。与之相对,如果接受公司更生程序中的更生担保这种处理的话,就会与认可取回权的情形存在很大的差异。首先,排除了利息较多的场合,在程序中需要花费一定的时间以收回被担保债权。这样考虑的话,公司更生程序中的处遇差异较之扣押的场合就更为重要了。

佐伯　在我请教的问题中还有一点是:判例将让与担保权与抵押权作相同处理从而与所有权人无甚差别的情形,是发生在公司更生程序中。为什么在公司更生程序中采取相同的处理呢?

道垣内　例如,如果我们考虑一下不当处分时的处理问题,就会发现,其结局是转化为是否应保护处分的相对方的问题——如果用刑法术语来表达,便是个人法益的话题。与此相对,公司更生程序是为了使被判断为对社会存续有用的公司可以再建的程序,并且与之相连的债权人与从业人员等会占到多数。如此一来,让与担保权人的权利如何的问题就不再是单纯地保护处分相对方的话题——如果也使用刑法术语来表达,便是与社会法益相关联的了。我想,这可能就是仅在公司更生程序中贯彻了将让与担保权与抵押权进行相同处理的真正根据。

只是对于刑法而言,让与担保权的公司更生程序中的处理方式是否具有重要意义,尚不清楚。因为我并未认真地调查过刑事事件的实例，所以对于事实真相无从知晓，但如果问到刑事事例中的让与担保设定人是否是债务超过时启动公司更生程序的大企业的话，我感觉不是。

佐伯　原来如此。

道垣内　接下来，我们转向作为占有人的所有权人、抵押权设定人、让与担保设定人在法律地位上的差异问题，但在此之前我还有一个问题需要请教一下。刑法学中称为"所有权之所在"或"物的他人性"时，是意味着实体法上的权利之所在呢？还是指将具备第三人对抗要件纳入考虑而决定的概念呢？在"非占有人处分标的物（不动产）"的"清偿期间"以及"非占有人的一般债权人扣押（不动产）"的场合，虽然会出现一定的差异，但此时写在表中的处理差异并非基于实体法上的权利不同而导致，而是因为在登记上让与担保权人就是所有人而导致的没有办法的结果。关于清偿期前的处分，学说主张适用或类推适用《民法》第94条第2款，关于非占有人的一般债权人的扣押，东京地裁的判决也类推适用了《民法》第94条第2款。其理由在于，实体权利虽存在于让与担保设定人中，但无法对抗处分的相对方与扣押债权人。我想，在以民事法上的结论差异作刑法上应如何评价的考虑时，必须解明"民事法上的什么成了问题"。

佐伯　通常是实体法上的权利之所在成为问题。但是，让与担保权人可以合法地持有所有人之登记名义的结果，是其在事实上处于了可以行使接近于所有人之处分的地位，这一点作为实体性权利的问题也值得刑法考虑。并且，这与凭借单纯的通谋虚伪表示而取得所有权登记的人员也是不同的。

事实上,一直以来我都认为:如果让与担保权的实质不变换为担保权的话,不管是采用刑法之所有权概念从属于民法的见解,还是考虑刑法独立性的见解,只要对让与担保权人赋予与抵押权人相同的保护,无论采取哪一种见解都足够了。但是,今天经过各种咨询,我认识到:至少在以民事判例为前提的层面上,让与担保权人的地位较之于抵押权人的地位更强,让与担保人在刑法上受到的保护较之抵押权人也更为厚重,将让与担保权人作为所有权人处理的刑法的判例·通说在结论上也是妥当的。进言之,因为让与担保设定人在地位上也接近于抵押权设定人即所有权人,因此,考虑让与担保设定人与让与担保权人中的哪一方是所有权人的以往的判例·学说的前提就被覆盖了,让与担保设定人、让与担保权人都成为了所有权人,担保物对任何一方来说都既是"自己之物"又是"他人之物"。因此,超越权限而处分标的物时,任何一方的处分都可以作为处分"他人之物"而构成侵占。我想是可以这样考虑的吧。或者说,任何一方的处分也都可以认为是处分"自己之物"因而不构成侵占。这种所有权归属于双方的思考方法不会被民法学所接受吧?

道垣内 不,"所有权的分属"是民法学中常见的说明方法。只是,有人认为是"所有权的价值性分属"(我妻荣:《新订担保物权法(民法讲义Ⅲ)》,第 600 页(1968 年)),有人则认为:"从标的物的价值支配来看,是一个所有权分属于债权人与设定人"(高木多喜男:《担保物权法》(新版),第 326 页(1993 年)),如此使用"价值"这一词语会引发诸多暧昧之处。此外,正如上回所提到的(本书第 87 页),因为现在最高裁的判例法理认为:"所有权可以在担保目的之必要范围内转移",所以,如果对其进行直接解释的话,所有权就分属于让与担保设定人与让与担保权人了。

佐伯 原来如此。原来民法学中也可以存在这种思考方法。我会以本回对话为基础再作进一步思考的。

2. 所有权保留的问题点
　　——米仓教授的论文

佐伯 接下来,我想请教一下关于所有权保留的问题。虽说基本的问题状况是与让与担保几乎相同的,但我还是认为存在些许差异。关于该问题,有米仓先生的论文(米仓明:《月赋品处分的刑法化处理》,载《所有权保留的研究》第 395 页以下(1999 年),首次发表于《北大法学论集》17 卷 1 号(1966 年))。

　　刑法的判例·通说认为,因分期付款买卖而保留所有权的情形中,所有权归卖主持有。因此,如果在返还债务前处分买主占有的所有权保留标的物的,构成侵占罪。判例中的引导性判例是最高裁昭和55 年的决定(参见最决昭和 55·7·15 判时 972 号,第 129 页)。案情为:买主以 24 个月分期付款的方式购买了 3 台价值为 305 万元的汽车,在付了 3 次款项后,将汽车为他人作了担保,判决认为其构成侵占。此外,冈山地裁昭和 43 年判决(参见冈山地判昭和 43·5·31 判夕第 232 号,第 226 页)中,买主用分期付款的方式以 1 750 万元的价格购买了 3 辆汽车,在支付了 540 万元后以 700 万元的价格卖给了第三人,裁判所认为买主并无故意不构成犯罪,但客观上是成立侵占的。

　　但是,因为买主在偿还债务前处分标的物的行为经常构成侵占的话是很麻烦的,所以通说的论者试图对其赋予保留,例如有人认为:在第 24 回的分期付款中,如果已经支付了足够的款项,可以不构成侵占。另外,也有很多人认为:在为了支付月供而卖出标的物或提供作担保,并将获得资金全部用于偿还付款时,因为行为是以委托为宗旨而实施的或者说行为人没有不法领得的意思,所以不构成侵占。

针对上述刑法的判例·通说,米仓先生主张:因为所有权保留的实质是担保,所以买主的处分行为不是侵占而仅构成背信。米仓先生的论文是正宗的刑法论文,过去我们曾谈到过像牧野英一先生那样的能够同时撰写民刑法论文的学者,但最近这样的学者很少见了。您知道最近的民法学者中有谁能撰写刑法论文吗?

道垣内 我想,法官与律师出身的人中有这样的,但并非最初就是学者。

佐伯 自牧野先生以后,身为刑法学者却能撰写民法论文的人已经不复存在了。如果说我们对话的意图是希望能在刑法与民法的议论中相互产生某些交叉的话,如米仓先生般,身为民法学者却能够撰写刑法论文的先生正是我们希望看到的。

刚才有些闲谈的味道了。牧野先生的民法论文存在很有意思的东西,过去我妻先生在评价牧野先生时好像曾说过:"牧野君关于刑法的论述尚可,但关于民法的论述过于极端,不够专业"。介绍我妻先生发言的是平野龙一教授,针对我妻先生的发言,平野先生有如下总结:"如果让我评论一下的话,恰恰相反,牧野先生关于刑法的论述过于极端,但关于民法的论述尚可。我妻先生本人不也乐于在自己的专业外展开论述吗"(参见"座谈会·缅怀我妻荣先生",《Jurist 临时增刊·特集我妻法学的足迹》,《Jurist》第563号,第110页(1974年))。每每阅读上述大师的发言,像我这样的小人物就会失去研讨自己专业外的学问的心情,但我还是想努力地推进该对话。

道垣内 不,应该说是"像我们这样的小人物"。

佐伯 回到米仓先生的论文。米仓先生采用背信说的理由有两点。其一,既然应从效果的观点出发来论述要件,就应该考虑效果的适切性。但是,由于侵占罪的法定刑只有惩役,而不当处分月赋品的情形中却存在各种状况,所以如果全部适用自由刑进行处罚,在效果上是不合适的。与之相对,因为背任罪的法定刑中有罚金,所以以背任罪处理的话更为柔软。因为米仓先生的论文中包含有比较法研究的要素,所以是很认真的,例如德国的侵占罪,如果存在可以宽宥的事由,就可以判处罚金以柔软化,但由于日本的侵占罪只能处自由刑,所以是不合适的。只是,虽说该论据有一定的说服力,但我并未被说服。因为法定刑中只有自由刑的并不限于侵占罪,还包括盗窃罪与诈骗罪。盗窃在数额上可以从假装购物窃取小额商品到数额数亿的窃取,虽然状况千差万别,但处罚仅为10年以下惩役。诈骗也可以从吃白食至大规模的诈骗消费者,但处罚也仅为10年以下惩役。所以,仅以自由刑的问题是日本财产犯的一般性问题,而不是否定侵占罪的决定性理由。此外,与德国相比,因为德国基本上奉行起诉法定主义,所以才对轻微的事件也规定了罚金刑,而日本对于轻微事件是适用起诉犹豫的,故而,如果要问哪国的处理更为柔软,我想当然是日本。

当然了,米仓先生论文中还有另一项重要的理由。先生从其专业立场出发,认为所有权保留在实质上便是担保,因此刑法中也应作为担保处理。这一论点在刚才讨论让与担保时曾提到过。

一方面,刑法学者中,如藤木英雄先生认为不应将买主的处分视为侵占(藤木英雄:《刑法各论》,第 372 页(1972 年))。藤木先生举出了两项理由,一是所有权保留的实质是担保。只是,关于这一点,因为藤木先生在让与担保问题上并未采用以担保性构成构建的刑法理论,所以我认为藤木说的内部是欠缺决定性理由的。另一项理由是,在分期付款买卖的情形中,与大众消费者的日常生活上发生的事态相对照,应将其视为单纯的不履行债务,因而认为构成背任罪是妥当的。因为藤木先生在犯罪论中重视社会相当性的观点,所以我认为后者才是藤木说中最为重要的理由。

3. 应将所有权保留与让与担保作区别考虑吗?

佐伯 以上是刑法的状况(最近较有意义的文献有恒光彻:《附所有权保留的汽车分期付款买卖的刑法性保护与刑法的担保性》,载《冈山大学法学会杂志》第 48 卷 1 号,第 1 页以下(1999 年);浅田和茂《非典型担保与侵占》,载《刑法的争点》,第 3 版,第 195 页(2000 年))。道垣内君的主张是,虽然所有权保留中将所有权归属于债权人,但限于所有权之担保目的,所以物权性权利即"物权性期待权"归属于债务人。这与以往关于让与担保的思考方式基本上是相同的呢,还是所有权保留的单独性问题呢? 例如,在买主破产时,买主与让与担保权人同样享有别除权吗?

道垣内　大多数学说都认为,让与担保与所有权保留的效力是相同的。例如,在买主破产时,卖主拥有别除权。虽然我本人认为在所有权保留的情形中,因为存在是否应保护动产的信用卖主的问题,所以应稍作考虑的要素是有差别的(参见道垣内弘人:《买主破产时对动产买主的保护》(1997年)),但由于只是极少数说而未被直接吸纳,故只能将关键点融入藤木先生列举的论据之中。也就是说,从民法学者的角度来看,分期付款买卖是大众消费者日常生活中发生的现象这一理由是否合适? 即使合适,可否将其作为刑法性处理关于让与担保与所有权保留时的差别性做法的论据?

　　我完全明白藤木先生的意思。例如,我在秋叶原买电脑,因为在合同书中写有"我将用夏天的奖金一次性付款"。此时,一般会认为"啊,明白了,付款到那个时候",但是,如果仔细阅读一下合同书的话就会明白,在我用夏季的奖金一次性付清价款前,电脑的所有权是属于商店的。然而在该场合中,因为我本人是完全将电脑作为自己之物来使用的,所以在因别种理由获得新电脑时,是可以将原来的电脑卖给第三人的。

　　只是也会出现如下疑问:这种情形可以简单地归结为让与担保与所有权保留的差异吗? 刚才举到了在秋叶原的电脑商店保留所有权的例子,但实际上,在秋叶原以"用夏季的奖金一次性付清款项"的条件购买电脑时,大多数情况下是由信用公司支付价款给电脑公司的。如果问到夏季的奖金是针对谁支付的债务的话,应是针对信用公司支付的替代偿还金吧。因为替代偿还金结局上是贷款,所以,如果要问在支付之前电脑的所有权归谁所有的话,合同书上写的可是归属于信用公司所有。

　　以上是关于购买物品时申请使用信用卡的合同问题,在使用信用卡购物时也是相同的。购入物品的所有权在支付给信用卡公司之前，即银行取款之前，是属于信用卡公司所有的。

这种场合的问题在于：此时的交易是视为所有权保留呢？还是视为因为卖主以外的人持有所有权因而是让与担保呢？两种看法都是可以的吧。如此考虑的话，即使像藤木先生那样将其视为大众消费者的日常生活中出现的问题，也不能简单地说因为是让与担保所以如此，或者说因为是所有权保留所以如此吧。

佐伯　原来如此。我过去并不知道这些，所以有必要讨论一下信用问题。这一点暂且不谈，在所有权归属于信用公司的情形中，可以适用分期付款买卖法*的类推规定吗？无论如何，因为写在约款中就是相同的，所以是不需要推定的。

道垣内　在买卖业者直接进行买卖信用时，与前述类型不同，这被称为自社分期付款。** 在第三人替代支付的方式中，《分期付款买卖法》第7条的所有权保留推定是无法适用的。但是，信用卡的约款上会有规定的。

佐伯　我也明白藤木先生的意思了，这并非委托的宗旨或故意的问题。但是，如果问到如下问题——侵占罪之"物的他人性"解释会因场合不同而变化吗？因为大众消费者是当事人，所以刑法上的所有权被买

---

　　*　原文为"割赋贩卖法"。——译者注
　　**　原文为"自社割赋"，指的是消费者不经过信用卡公司而直接和商品销售公司之间实行的分期付款。因中国民事法律中无对应术语，故本书采取直译的方式。——译者注

主所认可吗？因为是企业之间的交易，所以意图认可买主的所有权？上述问题似乎是相当难以回答的。

道垣内　是的。关于这一点以及藤木说，我想请教一点："大众消费者之日常生活中发生的事情"的认识最终会导致怎样的结论呢？在第24次或第36次分期付款过程中，如果开发出了新产品，就会有人将旧的贱卖给第三人。如果不追究其责任，这种不可罚不是有些奇怪吗？而如果认为因为是大众消费者之日常生活中发生的情形所以构成背任的话，这又是如何联系起来的呢？

佐伯　背任说只是认为有背任的可能性，但并非总是构成背任。因为背任罪以造成财产上的损害为要件，所以较之侵占罪可以更为柔软的解决。关于日常消费者的买卖，因为通常不构成侵占或背任，所以在结论上可能是相同的。

道垣内　再说一点，有时即使明明是让与担保，但也不追究对标的物的处分。例如，某中小企业从街上的信用金库借钱。对于不动产过去是由银行取得抵押权的。以剩余的财产作为担保标的物的仅仅是工厂的机械。作为信用金库，基本上是因为工厂经营者的信用才提供贷款，但在该信用金库的内部经理处理上，却是需要担保的。因此，可能会在实际并不期待的状况下，签订关于机械的让与担保设定合同。因为被担保债权额与机械的价额并不相同，所以虽然机械的价额很低，但也没有办法。因此，针对信用金库的债务，虽然额度会有所变动，但在借入返还再借再还的操作下，债务本身会在长时间内存在。当然，在此期间内会出现新的机械，工厂也会购买新机械。对于上述例子，当然可以依据违法性意识问题、不法领得的意思问题、甚至以起诉便宜主义等理由而最终得出妥当的结论。但是,如果从刑法学之局外人的观点来看,在作为中心的构成要件该当性阶段上就否定犯罪成立的方法在理论体系上不是更优越吗?

特别是,再考虑一下刚才谈到的信用卡的情形,会很有意思。按照上述理论,在百货公司的地下商店用信用卡购买食品例如牛肉时,如果食用牛肉的话就构成侵占罪。用信用卡购买中元节礼品并让百货公司直接送回家时,不仅买主会构成侵占罪,百货公司也会构成共犯。这太有意思了。

佐伯　　确实有趣。说到中心,作为最初合同的解释,如果可以将其解释为允许如此处分的话,就不会构成侵占的问题了。百货公司的食品与中元节礼品的例子便展示了这种当然允许处分的情形。例如,在秋叶原购买家电时,一般会在约款中规定完成付款前禁止处分的吧?

道垣内　　是会禁止的。

佐伯　　是啊。如果不这样的话保留的意义就不存在了。但是,即使被禁止,通常情况下让与朋友或因无钱支付月付而卖出时,不是可以解释为默示的同意吗?

道垣内　　我想,根据具体情形是完全可以的。不过,在何种程度上追究处分,会因具体情况的不同而有差异。并且,因为完全依存于具体的情形,所以将其反映在构成要件该当性上可能有一定的困难。也许应该在违法性意识的阶段上考虑吧。

佐伯　因为违法性意识不存在的情形几乎不被认可,所以必须寻找其他的理由。还是应该作为合同宗旨的问题处理吧。

道垣内　另外,在考虑刑法的处理时,因处分而使债权人的财产性利益遭受怎样的损害这一点也是较为重要的。在刚才举到的以工厂的机械作担保的例子中,即使实行担保,债权人也不会得到什么,而只能拥有"取得了担保"这种心理上的意义。再者,关于汽车,有登录名义的问题,在经销商保留有所有权时,车检证等的名义人是经销商,对买主而言虽然容易了解禁止处分,但却存在担保价值究竟有多大的问题。汽车在有牌照时价格约为新车的一半,如果再开一段时间的话,价格只有原来的1/3 了。这就变成了二手车的价格。如此一来,在价款的近乎百分之百由分期付款支付时,买主开了 3、4 个月后,还由卖主拥有所有权的意义已经不大了。

佐伯　判例将分为 24 期但只支付了 3 期就提供为担保的情形作为侵占处理。但是,汽车在有牌照时价格约为原价的一半,再开几天时价格降为原价的1/3,在该意义上,利用侵占罪进行处罚恐怕只具有心理强制的意义了吧?

道垣内　说心理强制有些过了。在破产时如果可以将 100 万元完全收回的话,还是很重要的。

此外,车辆有牌照时的价值为原价一半的情形与支付了几次分期付款的费用后可以宽宥其后之处分行为的情形,作用上具有微妙的差异。在前者中，与残存的债权额相比，标的物的价值已经极为稀少，因此，卖主一方应受保护的经济利益已经不复存在。与之相对，在支付了几次分期付款费用的情形中，因为被担保债权额已所剩无几，甚至可以说标的物几乎已经归买主所有，因此，卖主一方应受保护的经济利益也已经不复存在。两者间的意思是存在差别的。在后者中，反而由于残存的贷款额很少，所以作为担保的机能发挥了作用。

　　以之为前提时，在后者的情形中，如果已经支付了原价款的几分之一的话，刑法上是否可以无视卖主对标的物的权利呢？同样的问题在如下情形中也会被议论：拥有所有权保留的买主破产时，卖主对标的物的取回权能否得到肯认呢？学说中有观点认为可以根据支付价款的比率改变支付，东京地方裁判所在处理公司更生事件时认为：如果买主一次也未支付价款，可以肯认卖主的取回权，但是，哪怕买主仅支付了1次，卖主也必须将买卖价款的债权额作为更生担保权提起请求。但是裁判所并未给出确定性的基准。

佐伯　　这太有趣了。买主在24次分期付款中，支付3次时构成背任，1次也未支付时构成侵占。

道垣内　　虽然不符合理论，但确实可以得出这种结论。1次也未支付就转卖的话，其性质在现实中接近于诈取。

佐伯　　如果问到结局上对于所有权保留的保护是否厚于抵押权的话，可以说，至少在日常大众消费者交易的场合并非如此吧？

道垣内 也不能如此言之凿凿。例如，因为宅地·建筑物交易业法上禁止所有权保留，所以所有权保留多出现于有关动产的场合。因此，动产在通过拍卖程序卖出的情形与有途径贩卖的行为人私下卖出的情形在价格上存在很大的差别。不动产也是如此，但不动产不会像动产那样建立起拍卖市场。以绘画为例，如果是有名的画家，不论如何卖出都可能达卖到数亿元，但如果是一幅10万元左右的画，画廊拿回去后也可以以10万元卖出。但是，由于没有人会到裁判所或拍卖场拿10万元买幅画，所以该画是无法以原价卖出的。如此一来，较之于以先取特权式的典型担保权为基础的权利，所有权保留买主的权利可以说是更为有力的权利——因为要实现先取特权，只能请求裁判所拍卖。刚才的让与担保问题中也存在私人实行的利益问题，这在所有权保留的场合中也是重要的。

佐伯 如果说关键在于是否应以侵占罪保护私人实行的利益，在秋叶原买电脑之类的情形中，可能是存在受保护的法益的。

道垣内 是的。如果着眼于私人实行的层面，与民法规定的担保权的差异确实非常出乎意料。

佐伯 原来如此。原来我咨询了一个相当有意义的话题。

4. 关于典型担保权、特别是法定担保物权

佐伯 虽然一直在请教非典型担保的问题，但我想刑法教科书等书中出现的议论就到此为止吧，下面我想咨询一下抵押权与背任的关系问

题，此外还有法定担保物权的问题。刚才提到了留置权，在标的物的占有人任意处分附有其他类型的法定担保物权时，是否会发生某些刑法上的问题呢？这一点我们尚未涉及，应该是怎样的呢？

道垣内 占有质物的质权人卖出质物时，构成侵占吗？

佐伯 构成侵占。

道垣内 无论是质权还是留置权，都由担保权人占有标的物。此处我们假定标的物是动产，如果担保权人此时将该标的物出卖给第三人，则构成侵占。但是我认为，构成侵占对当事人而言有些可怜。

首先让我们讨论一下留置权，留置权人自己没有实行留置权的权限。虽然可以根据《民事执行法》第 195 条申请形式拍卖，但这与实行担保权的拍卖并不相同，一般情况下的权利仅仅是留置标的物，从而给债务人一种心理上的强制。质权人虽然拥有申请拍卖的权限，但将标的物作为自己所有物的所谓流质是被《民法》第 349 条所禁止的。问题在于，上述问题是否已被一般民众所理解。在实践中，大多数人会认为：既然债务人所有的物放在债权人处，当债务人不履行债务时，债权人当然可以将其卖给第三人以收回债权。在此误解的驱使下，将标的物卖给第三人的事情是经常出现的吧。

当然了，上述情形会因为欠缺故意还是其他的什么而不构成犯罪。关于让与担保等非典型担保，因为法律并未明确规定债权人的权利，所以可以很容易地认为欠缺故意。但是，关于质权与留置权，因为法律明文规定了债权人的权利，因此以故意或违法性意识处理时是较为困难的。我首先感觉到的是,此时可能无法拯救债权人。

佐伯　我曾经看到过,让与担保的目的是防止质权以流质的方式潜脱的说法,这在专门的质店是如何处理的呢?

道垣内　专门的质店是禁止流质的。在质店为营业质店时,因为设定方受行政监督的保护,所以是允许流质的(《质屋营业法》第 1 条、第 19 条)。另一例外是商事质,商人之间设定质权时,因为设定人也是商人,不存在偿还力的差距,所以是允许流质的(《商法》第 515 条)。

佐伯　原来如此。虽然民事质权中是禁止流质的,但私人间设定附流质合同的质权时,不能解释为实质上是让与担保吗? 因为没有出现"让与"一词,所以是勉强的吧?

道垣内　私人间设定附流质合同的质权时,可以认定为让与担保。佐伯君关于民法上的问题不也谈得很好嘛。

佐伯　非也。但是,即使解释为让与担保,结果上还是会出现相同的问题。

道垣内　作为价值判断的问题,质权与留置权的问题并不当然如我所述,而在现实问题上也并未准备有如此严格的法律构成。只是在我刚才谈到的问题中,藤木先生之试图将大众消费者的日常生活中发生的问题纳入考虑之中的见解,对我有所触及。因为一般消费者会无意识地处于占有他人所有的担保标的物的状态中,如果此时对标的物进行处分的话,是否会构成侵占或背信呢?

如果要举出最极端的例子,应该是《民法》第311条第6款所规定的动产买卖先取特权。在签订有动产买卖合同而将标的物转移给买主但尚未支付价款时,卖主拥有该动产的先取特权这一法定担保物权。例如,我买一支铅笔,因为是在经常光临的文具店买的,一般都是在月末时一并支付价款,而在月末支付前,文具店对我占有的铅笔是拥有动产买卖先取特权的。如此一来,如果我使用该铅笔或让与给第三人的话,理论上就构成了背任罪,这太奇怪了吧。

这是因为刑法的规定奇怪呢,还是因为民法的规定奇怪呢,抑或是因为民法的规定引发了刑法上的怪异呢? 如果尝试如此思考,主张构成背任罪的思考方法就认为,占有人将担保标的物处分给第三人或故意毁损的行为是不被允许的,因为上述行为违反了担保保全义务的根本基础。所以,对上述行为的评价是负面的。但是,也不能说担保标的物都是如此。在蔬菜店赊账购买了胡萝卜,该胡萝卜附有动产买卖先取特权时,不能说吃胡萝卜是不可以的吧。如此一来,民法学中也必须认真地讨论究竟在怎样的场合才不能处分该担保标的物,否则,就无法为刑法划定分界线。我想这是民法学的责任。

我本人认为,不管是对于动产买卖先取特权还是特定动产的先取特权,都不应禁止债务人即标的物占有人的标的物处分。虽然《民法》第333条有"在债务人将其动产交付于第三人取得之后,不能对其动产行使先取特权"的规定,但一般认为该条文旨在保护交易的安全。即言之,因为动产先取特权并未经过公示,购入此物的第三人并不知其已成为先取特权的标的物,因此如果将其卖出的话,先取特权将不能再在该标的物上行使。但是,我认为这并非妥当的理解。如果是出于交易安全需要而设置的制度,虽然要求作为交易相对方的第三人出于善意的做法并不过分，但一般情况下，即使其出于恶意也是无所谓的。因此，这就不能被称为是交易安全的制度了。与之相比，关于动产，我想条文的宗旨应该理解为：如果使其成为先取特权的标的物，债务人并不丧失处分的权限。也就是说，这是限制先取特权的效力的规定。如果这样理解，至少在动产先取特权标的物方面，凭借信用从文具店购买铅笔并处分的行为不构成背信。这也就能为刑法学提供理论基础了吧。

此外，再就与《民法》第137条第2款的关系说一两句。作为规定期限利益丧失事由的条文，《民法》第137条第2款规定"债务人毁灭或减少担保物时"，债务人的期限利益丧失。但问题在于，此处所言之"担保"的意义是什么。当然了，小型的教科书中一般不写这个问题，但较大的注释中构成一致性见解的是该担保包含法定担保物权。这是很奇怪的。如果包含法定担保物权的话，以月末支付的方式购买胡萝卜时，在胡萝卜被吃掉的瞬间担保将归于消灭，价款的清偿期到来。所以，我认为《民法》第137条第2款的"担保"是不包含法定担保物权的。此种诘问，也是在问"究竟在何种场合下不能处分该担保标的物"，是与刑法学的议论相关联的。

| 佐伯 | 颇有说服力的议论。虽然压倒性的通说并非如此认为，但我非常赞成您的观点。 |

| 道垣内 | 现在我谈到的议论，本身的射程很窄，并且也没有什么直接的作用。但是，如有评价认为我是在一步步的努力，则甚感荣幸。 |

佐伯 最后我想请教的是,将担保标的物处分给第三人的场合中,买卖代金债权中的担保权人是物上代位吧？如果根据《民法》第304条第1项的但书,则在接受支付之前必须实行扣押,但在实施扣押之前,是可以全部接受的吧？如果这样进行接受的话,不就变成了自己的钱吗？

道垣内 如果想与刑法的议论相结合,我想就变成了如下的问题：卖却标的物的债务人从第三人处接受价款的行为,是否侵害了担保权人的物上代位权。或者,因为买卖价款债权的价值归属于担保权人,所以使用受领金钱的行为构成背任。但是,关于前者,虽然认可处分权限本身,但并不认可受领的价款,这是有些微妙的。特别是,因为担保债权人本身没有受领价款的权限,不知何时可从担保权人处获得扣押,所以只能命令债务人等待下去。关于后者,如此而言,结果上是可以回避拍卖程序的。如果让债务人实施卖却处分,担保权人就可以回收价款金额,否则,便可以追究债务人的背任罪。这是不合适的,也违反了以公正的程序在其他债权人与担保权人之间进行分配的原则。因此,刑法上不是可以说不能构成某种犯罪的吗？

佐伯 本回就到此为止吧。下回我们将讨论双重让与的问题。

道垣内 在佐伯君的追击下,我被将了好多次军啊。

第六回
双重让与*

1. 前言
2. 有关所有权转移时期的议论现状
3. 民法中为何重视交付？
4. 刑法是否对被害的实质做出评价？
5. 第二受让人的刑事责任
6. "自由竞争论"的现状

1. 前言

佐伯

本回，我们探讨一下不动产的双重让与与侵占罪的关系。作为双重让与的典型，刑法中主要议论的是以下双重买卖事例：A 将不动产卖给 B 后，在所有权移转登记于 B 的程序尚未结束时又将该不动产另外卖给 C，并且先行完成了 C 的移转登记程序而由 C 取得所有权的情形。

这种情况下，因为委托物侵占罪中的"物的占有"，不仅仅被解释为事实上的支配，同时也包含法律上的支配，所以，作为不动产登记名义人的 A 占有该不动产。但是，根据买卖合同，由于 A 对 B 负有协助其转移所有名义的义务，所以 A 对不动产的占有是基于其与 B 的委托信任关系而存在的，因此，不动产所有权从 A 转移至 B 后，如果登记名义人 A 又将该不动产随意出卖给 C 的话，则成立委托物侵占

---

* 书中原文为"二重譲渡"，中文的对应术语一般为双重转让、双重让渡、双重让与、一物二卖等。本书选择"双重让与"译法。——译者注

罪——判例对此持肯定态度,学说上几乎也没有什么异议。

问题在于,对于不动产的卖主而言,土地所有权转移后何时能构成侵占罪中的"他人之物"呢?从关于物权变动的民法的意思主义的立场出发,因为作出转移所有权的意思表示时所有权即发生转移,因此,如果刑法也作同样的理解,则买卖合同成立之时——即所有权转移的意思表示作出之时,该不动产对卖主而言即已成为"他人之物",针对第二受让人而实施的双重让与行为则通常成立侵占罪。但是,刑法通说认为,仅有转移所有权的意思表示即意味着该不动产成为"他人之物",并肯认这种处分行为成立侵占罪的做法是不适当的。判例的态度虽然未必明确,但是,即使从抽象的意思主义立场出发的判例,在针对具体事例中的第一次让与仅处于意思表示之阶段时,也不肯认其构成侵占罪(上嶌一高:《(批判)刑法判例百选Ⅱ》,第4版,54事件(1997年))。不过,类似事例中也没有被判无罪的先例,总之,检察官可能未起诉吧(关于检察实务家的评价,请参见本江威熹监修:《与民商事相交错的经济犯罪Ⅰ》,第219页以下(1995年))。

关于这一点,藤木先生早就指出:"在对方支付价款前,卖方根据同时履行抗辩权享有拒绝协助其进行所有权移转登记的地位,故而实质上B并未取得应受保护的所有权"(藤木英雄:《综合判例研究丛书刑法(11)》,第60页以下(1958年))。在最近的学说中,通说认为,在侵占罪中的所有权转移问题上,须以一方价款是否结算完毕或者至少是大部分价款的收受业已完成为必要。关于理由说明部分,通说中存在两种见解:其一,强调刑法上的应保护性的视角(例如,前田雅英的《刑法演习讲座》,第410页(1991年));其二,强调刑法应从属于民法,只有双方当事人的意思表示时还不能认定所有权已经发生了转移(例如,川端博:《不动产的双重买卖与侵占罪》,载《财产犯论的景点》，第 165 页以下（1996 年），首次发表于《明治大学法制研究所纪要》，第 16—17 号（1974 年））。

因此，还是请道垣内君首先就民法中有关物权变动的学说现状作一下说明吧。

道垣内 关于《民法》第 177 条的问题，出现在上回话题中的牧野英一先生曾展开了重要论述（牧野英一：《民法的基本问题第四》，第 203 页以下（1936 年））。最近，以《不动产的物权变动与刑事责任》为题，刑法学者与民法学者也展开了探讨（《Jurist 增刊·不动产物权变动的法理》，第 187 页以下（1983 年））。①

佐伯 是的。为准备这回对话我作了一下调查，关于双重让与与侵占罪的问题，由民法学者们所作的判例评析曾多次刊登在《民商法杂志》上（乾昭三：《民商》第 37 卷第 4 号，第 97 页以下（1958 年）；石田喜久夫：《民商》第 37 卷第 5 号（1958 年）；柚木馨：《民商》第 41 卷第 3 号，第 145 页（1959 年）；谷口知平：《民商》第 41 卷第 5 号，第 833 页以下（1960 年），等等）。虽然过去学习不好并不了解，但以前的《民商法杂志》曾经连载过众多刑事判例的评议，其中多数出自民法先生之手。这些策划相当绝妙，但遗憾的是，进入 1960 年代后连载便停止了，希望民法的学者们恢复这种古老而优良的传统，继续评析与民事有关的刑事判例。对这个初步构想，道垣内君觉得怎样呢？

---

① 另外，本回对话中仅讨论了不动产所有权的双重让与问题，而动产所有权的双重让与、不动产的二重抵押应是各自独立的话题。请参见中田裕康、西田典之、道垣内弘人、佐伯仁志：《座谈会·民法与刑法(2)》，载《法学教室》242 号，第 45 页以下（2000 年）。（道垣内弘人）

很有意思。不过,一个人做有点勉强,与刑法的先生共同进行比较好。由刑法学者进行民事判例评析也许很好呢。

道垣内

本次司法考试便将民法与民事诉讼法、刑法与刑事诉讼法合并在一起进行了口试,说真的,当拿出一个案例时,如果不能将行政法上的问题与刑事法上的问题、民商法上的问题、诉讼法上的问题等进行综合分析的话,作为实务家就是不合格的。但学者往往只学习了其中的一个领域,就摆出一副盛气凌人的架势。

2. 有关所有权转移时期的议论现状

道垣内

像刚才佐伯君关于刑法学的说明中所出现的那些情形,最高裁的民事判例认为,根据《民法》第176条的规定,不动产的物权变动仅因当事人的意思表示而发生效力;在特定物的买卖中,买卖合同缔结时意思表示即已存在,即言之,在缔结买卖合同的同时所有权便从卖主转移到了买主。

但是,佐伯君好像也说过另外一种情形。在学说上,末川先生曾最先提出,"即使是买卖特定物那样的合同,作为通常情形的解释是,虽然达成合意买卖合同即告成立,但物的所有权并不依此合同理所当然地转移至买方,而是要根据交付、登记、支付价款以及其他类似的伴有外部征表的行为开始转移,这种思考方式才是适当的"(参见末川博:《合同总论》,第165页(1932年))。川岛先生继承这种观点并主张:只有在支付价款时,或者即使没有支付价款但已交付动产或已转移不动产登记时,所有权才发生转移(参见川岛武宜:《民法Ⅰ总论·物权》,第153页(1960年))。

此后,从实际的判例来看,判决中虽然阐述了合同成立时发生转移的抽象论,但同时也指出了需要登记或至少支付一部分价款的事实。以上学说已经成为有力的见解。不过,由于两位先生的学说在理论构造上颇有不同,所以,仔细分析一下就会发现,两学说在"交付不动产时,就会产生所有权转移吗"这一点上也存在分歧。川岛先生认为,因为不动产的所有权转移以支付价款或者登记转移作为基准,因此,交付不动产并不意味着所有权的转移。但是,此后的学说中,赞成末川＝川岛系的学说大致都这么主张：不区别动产与不动产,只要实施了移转登记·交付·支付价款三项行为之一,则此时便是所有权发生转移的时刻。我认为以上学说也影响到了刑法学的思考方式。

在此之后,铃木禄弥先生于 1962 年发表了相当著名的论文《特定物买卖中所有权转移的时期》(《合同法大系Ⅱ》,第 85 页以下（1962年））。在这篇论文中,铃木禄弥先生认为,理论上是不能确定所有权何时从卖方转移至买方的,并且也没有确定的必要。实际状态是,从签订买卖合同到最终的登记、占有、支付价款、转移即买卖双方之间的法律关系完全结束为止的这段期间内,所有权是"渐渐地"由卖方转移给买方的。如果要对"没有确定的必要"这点补充一句的话,那么铃木先生认为,无论是危险负担还是果实收取权,因为民法中都有明文规定,所以适用这些条文即可(《民法》第 534 条、第 575 条)；无论是与扣押债权人的关系,还是对工作物负有责任的义务人,只要根据各条的解释来决定即可；因为事实已经确定,所以无论抽象的所有权在谁那里,这种纷争都没有解决的必要了。由于得到了奥田先生和星野先生等学者的支持,该学说已经变得相当有力(参见奥田昌道：《批判》,载《不动产交易判例百选》,第 98 页（1966 年）；星野英一：《民法概论Ⅱ》,第 37 页（1973 年）)。

以上,或许是佐伯君所言内容的意旨,同时恐怕也是很多刑法学者理解该问题的最前端。

佐伯　在民法课上初次听到铃木先生的学说时非常激动,对我来说,那可以说是我学生时代印象最深刻的学说之一。但是,仅从刑法的立场而言,对于所有权渐渐地从卖主转移至买主的理解是相当困难的。不过,若果真像"铃木说"所主张的那样,只要能够决定所有权的各个权能在何时转移即可,那么,买主受到基于侵占罪的保护也是所有权权能的表现之一,只要把受侵占罪保护的期间在刑法中确定下来,或许也是可以的。但是,在确定侵占罪所保护的期间时,从刑法立场进行思考的同时考虑一下民事上的权利关系也是必要的。

3. 民法中为何重视交付?

佐伯　首先想要请教的是,虽然民法的众多学说将支付价款与交付做同等处理,但一般来讲,刑法学说更重视支付价款而不太重视交付,这可能是侵占罪中重视登记名义的占有而导致的反映,但民法学说中重视交付的理由究竟是什么呢?

道垣内　关于交付,先前已经说过末川先生和川岛先生的观点存在某些差异,或许从这一点开始谈起比较好。

末川先生采用"物权行为独自性说",即买卖合同属于债权合同,不能直接发生所有权的转移。基于债权合同,只有实施了所有权转移这样的物权行为时,才开始引发所有权转移的效果。于是,末川先生提出了这样的疑问——何时可以认为或是应当认为当事人实施了转移所有权这样的物权行为呢?并且认为,伴有外部征表的行为便是物权行为。由于交付伴有外部征表，并且，此时视为实施了转移所有权的行为的思考方式也符合社会习惯。

与之不同，川岛先生否定"物权行为的独自性"，认为所有权因买卖合同发生效力而转移，因此，根据买卖合同的效力，就会产生"所有权何时转移"的疑问。而且，买卖合同等有偿合同的最本质的内容是"对价给付的相互规定性牵连关系"，在对方的给付（支付价款）没有实现时，自己也可以不实施给付（转移权利），这才是买卖合同的本质。因此，虽然支付价款被认为是最重要的，但如果交付了动产或转移了不动产登记的话，即使没有支付价款也认为发生了所有权转移，对转移所有权的宗旨作上述理解才符合交易当事人的通常意思。换言之，因为川岛先生的出发点是"买卖合同的本质是，只有在对方的给付（支付价款）没有实现时，自己才不进行给付（转移权利）"，所以，他认为即使登记上已经转移但所有权并没有转移的思考方式是可以得到贯彻的。关于这一点，川岛先生在其名著《所有权法的理论》一书于1949年出版时依然如此思考，但是，其于1960年出版的著作《民法Ⅰ总论·物权》一书却认为，如果不动产在登记上发生了转移，该不动产的所有权也就产生了转移。不过，川岛学说仍认为，在不支付价款的情况下，即使已经进行了不动产的交付，也应认为没有发生所有权的转移。

但是，此后的学说在遵从川岛先生的学说进行阐述时，一般情况下将交付·登记·支付价款三者相并列，并认为无论实施哪一行为都会导致所有权的转移。这种情形——此处恕我大胆推测——恐怕是因为此后的学说并未继承川岛先生的有偿合同理论，而只是继承了当事人意思、交易习惯等见解吧。当然，也有很多见解肯认物权行为的独自性，并在遵从末川先生的外部征表行为意义的基础上，将交付·

登记・支付价款三者相并列。

在此背景下,如果已经交付,可以根据占有的外观而进行某种程度的公示,接受交付并占有不动产的人在失去所有权时可能会遭受很大的损害。进言之,在对所有权转移时期这个一般性的问题进行思考时,如果仅以支付价款作为基准,就可能会出现无法圆满地说明赠与的问题。

佐伯 原来如此。关于赠与,不仅我未曾有过思考,很多刑法学者亦复如是。这大概是因为刑法中产生争议的只是双重让与吧。在赠与的场合,刑法学者可能也肯认所有权的转移因不动产的交付而转移吧。因为如果不这样思考的话,在双重让与中受赠人的权利就完全不受保护了。即使是买卖,对于只重视支付价款是否妥当的问题也尚存在进一步检讨的余地。

道垣内 接下来,我想就铃木先生以后的学说展开加以说明。

通过整理各种学说,我觉得与以往不同。正如最高裁判例的抽象命题所认为的,买卖合同缔结时所有权发生转移也没有问题的学说再次变得强劲起来。例如,如果我们思考一下铃木先生的学说,就会发现即使不规定抽象所有权的归属,也仍然可以依据民法各条文解决具体的问题,这也是一种反论。正如判例所认为的,因为各个具体问题都可以根据民法各条文得到妥善的解决,缔结合同时所有权发生转移也是没有问题的。

但是,即使赞同这些判例,还是存在其他一些重要的问题(参见七户克彦:《不动产物权变动中意思主义的本质——以买卖合同为中心》,载《庆应义塾大学大学院法学研究科论文集》第 24 号(1986

年);横山美夏:《不动产买卖合同的"成立"与所有权的转移——以法国的买卖双务予约为线索(一)、(二完)》,载《早稻田法学》第65卷第2、3号,(1989—1990年)),即合同究竟成立于哪一时点。如果仅从民法教科书来看,即"要约一经承诺,合同即告成立"。例如,佐伯君将其所有的公寓出卖给我,此时,因为买卖合同是诺成不要式合同,所以如果佐伯君在这里说"以6 000万日元卖出"而我回答说"好,我买了"时,当事人是否真的认为买卖合同已经确定性地成立了呢?在购买高额不动产时要制作严谨的合同书,合同书作成后买卖合同才宣告成立,这才是当事人的意思吧?如此一来,即使肯认合同成立时所有权即发生转移,那么关于合同"何时成立"这一问题的检讨依然还不够充分。因此,如果更自觉地思考这一问题便会出现各种流派,这便是目前的学说状况。

佐伯 刚才所言与何时成立"他人之物"、何时成立因双重让与而生的侵占罪等争议也存在很大关系吧。

4. 刑法是否对被害的实质做出评价?

道垣内 藤木先生因为同时履行抗辩权的存在列举了这些理由,这与"川岛说"是完全相对应的。不过,由于藤木先生与川岛先生都仅仅考虑了买卖的场合,所以如果仅就买卖而言是可以的。但是,因为赠与的场合中不会出现赠与人拥有同时履行抗辩权的状况,所以感觉上作为通说仍不够充分。

虽然我想就藤木先生以外的学说进行请教,但作如下理解也许更好——通常的刑法学说是站在"买主应受到何种程度的保护"而形成,并在考虑前述立场后而设定价款支付这一要件的。

佐伯 "重视刑法的要保护性"的见解便是如此。大多数人持此见解,恐怕藤木先生也作相同思考。我想,以同时履行抗辩权作为理由而进行思考,不正是藤木先生的真意吗?

道垣内 假如买主之外另有一个受让人,如果此人提前进行了所有权移转登记,则原来已经支付价款的买主就不能取得该买卖标的物的所有权,但却可以向卖主提出损害赔偿请求。但是,由于多数情况下进行双重让与的人大多没有资力,所以虽然买主享有损害赔偿请求权,实际上也得不到赔偿金。因此,第一买主将遭受损害。就是这么一回事。

不过,如此一来便产生了若干疑问——为什么只有第一受让人才能得到保护呢?例如,A就自己所有的土地与B缔结买卖合同,在B尚未获得所有权移转登记时A与C之间又缔结了一份买卖合同,C支付了价款。可是,此后B先于C获得了所有权移转登记,从而确定地取得了所有权。在此事例中,遭受损害的人是C,这在刑法上该如何处理呢?

佐伯 如最初所言,刑法领域中通常讨论的事例是C获得所有权登记的情形,对于B获得登记的情形则未作讨论。因为刑法通说认为支付价款时即转移所有权,所以在C支付价款时所有权就已经转移给C,在那之后,如果B进行所有权移转登记,就会构成对C的侵占。

道垣内 在刚才的事例中，B 和 C 都支付了价款吧。B 先行支付了价款，C 在 B 之后支付了价款，此后，所有权移转登记给了 B。

佐伯 那些已经越来越不作考虑了。如果 A 最初就打算使登记所有权转移至 B，则 A 在收取 C 的价款时对 C 构成诈骗罪。一般情况下是成立诈骗罪的。但是，如果 A 最初就打算将登记所有权转移至 C 并从 C 那里收取价款，在此之后想法发生了变化，又将登记上的所有权转移至 B 时，此时就不能成立 A 对 C 的诈骗价款，因为在 B 支付价款时不动产已成为 B 的所有物，而 C 也许就得不到侵占罪所施予的保护了。

道垣内 在刑法上，任何犯罪也不构成吗？

佐伯 也许只是单纯的债务不履行吧。

道垣内 不是。我是因为感觉不该得出这种结论所以才向您请教。如果这种场合仅构成单纯的债务不履行，则不论买主是否支付了价款，双重让与的结果都是买主不但不能取得买卖标的物的所有权，而且实际上也很难实现损害赔偿请求，因此才提出在刑法上应受到怎样保护的话题。同一不动产被让与 B 和 C 两个人，B 首先支付了价款，C 之后也支付了价款——在这样的例子中，尽管"因为 C 首先获得了所有权登记所以 B 受到了损害"与"因为 B 首先获得所有权登记所以 C 受到了损害"的结论是完全相同的，但理应保护前者。如此一来，损害就会发生，这看起来似乎是受实质理论的支配，但感觉上予以真正支配的却是非常形式的理论，可以这样分析吧？

佐伯 好严厉的指摘啊。如果用刑法保护C,以将履行登记协助义务或权利保全义务解释为"他人事务"的判例·通说作为前提,则A有可能成立背任罪。另外,如果认为在B支付价款时所有权即转移给B而C在支付价款时也取得了所有权的话,也可以肯定A对C构成侵占罪。像前回所阐述的那样,除了共有外,在刑法中所有权同属于两个人的情形是无法设想的,但是也许应该考虑将B和C都作为所有权人。昭和35年时,谷口先生曾就此情形进行检讨,认为A在对C的关系上成立侵占罪(谷口知平:前揭书,第165页)。但是在A和B的关系中,如果说A也负有登记协助义务的话,就会导致义务冲突的状态,因此在和C的关系中,如果再以刑法保护该任务和委托信任关系的话,确实有难以释然之感。肯认双重让与中的卖主构成侵占罪只是涉及买主自身的问题,而在卖主从双方那里都接受了价款,因而无论哪一个受让人都值得受到实质性保护的情形中,这种难以释然之感就越发强烈了。

道垣内 在已经登记并能够对抗第三人的状态出现之前所有权的归属,终究是一个相对的问题。如此一来,A、B之间B拥有所有权,A、C之间C拥有所有权。因此,A在与C的关系中成立侵占罪,这种见解的理由好像还是比较充分的吧?

佐伯 在与买主遭受实质性损害的关系中,就所有权转移时间有特别约定的场合该如何进行思考也是一个问题。由于关于所有权转移时间的各种民法学说所探讨的也是无特别约定的情形,因此如果对转移时间有特别约定的话,我们应当认为不管是否支付了价款,也不管是否进行了交付,所有权都在特别约定的时间发生转移。

道垣内 如果有特别约定的话,就要遵从特别约定,这是判例·学说的一致见解。

佐伯 例如,如果在合同中写明"价款支付前所有权发生转移",就可以说在缔结合同时所有权发生了转移吧?

道垣内 是的。

佐伯 如果以此为前提,那么刑法对于有特别约定的情形是如何规定的问题尚欠缺充分的讨论。我认为,在有特别约定的情形中,即使不支付价款,在特别约定的时点标的物也应成为刑法上的"他人之物",如果不支付价款就不值得刑法保护的话,那么即使有特别的约定,在支付价款以前也不会成为"他人之物"。

可是,为什么必须支付价款呢?像刚才道垣内君所言,原因在于已经支付价款的买主会由于实际上无法实现价款返还请求权而遭受损害。但是,因为买主所受的损害——例如,在缔结以基于特别约定的所有权转移为前提而转卖给第三人或者是在该土地上建造建筑物的合同时,如果不能获得土地所有权的话,损害就会产生,因此仅仅支付价款还不是财产上损害的全部。也不是不可以将这种情形作为债务不履行的问题来处理,就像道垣内君所讲的,将价款作为债务不履行问题来处置或许会更好。另外,把价款的损失与对不动产的侵占罪之成立与否直接联系起来的做法在理论上也是稍有问题的。通说将侵占罪的处罚范围限定在被害人遭受实质性财产损害上,虽然这种态度是完全正当的,但仅对支付价款予以特别对待的理由也许仍有检讨的必要吧。例如,如果接受土地交付并已建筑房屋的买主丧失了土地所有权,必然会遭受巨大损失。因此,有必要保护已支付价款的买主,这一点几乎没有变化。虽说如此,因为希望刑法上对"他人之物"的解释尽量明确,故而多方探讨的结果依然认为,将支付价款作为一元基准的做法是合适的。如果这样规定的话,也是可以的。

道垣内 反过来怎么样呢?即,特别约定了虽然支付价款但在所有权移转登记之前所有权并未转移的场合?

佐伯 对于这种情况,通说也认为应根据特别约定进行判断。对法务综合研究所教官的研究成果进行归总的书籍介绍中有判决认为,在大部分价款已经支付完毕而根据特别约定所有权仍未转移给第一受让人时,应否定侵占罪的成立(参见东京高判平成 2·9·27 公刊物未登载),该判决的结论得到大家的支持。不过,也有学者认为应认定为背任罪(参见本江威喜:前揭书,第 221 页以下)。

5. 第二受让人的刑事责任

佐伯 接着往下谈。我想暂且以让与人成立侵占罪为前提谈一下先准备登记而取得所有权的第二受让人应承担什么责任的问题。关于这个问题,有三例刑事判决。

第一个是最高裁昭和 31 年 6 月 26 日的判决(参见刑集 10 卷 6 号第 874 页,《不动产判例百选》,第 2 版,81 事件)。

案情如下:A 将其不动产的所有权转移给 B,但尚未登记时,A 的债权人 C 恶意地将该不动产作为债务代替清偿而取得了所有权并进行了登记。关于这一案件,最高裁撤销了"C 为侵占罪共犯的"的原判决,改判理由是"根据民法上债务代替清偿的规定,C 是合法地取得该不动产的所有权,与被告人 A 的侵占行为在法律上是彼此独立的关系,因此,即使 C 恶意地接受了该不动产的所有权移转登记,也不能因此而直接认定其构成侵占罪的共犯"。

该判例虽然是债务代替清偿的事例,但伊达秋雄先生提出的调查官解说却理解为,本判决真实的理论根基在于将《民法》第 177 条的法理——对于已经归属于第三人所有的不动产,没有移转登记而取得的,即使这种取得基于恶意,在目前的经济社会中也是可以允许的,买卖的场合也具有相同的旨趣——纳入刑法的违法性评价之中(参见《最高裁判例解说刑事篇昭和 31 年度》,第 174 页以下(1957 年))。

实际上,第二个判例即新泻地裁昭和 41 年 2 月 1 日判决(参见下刑集 8 卷 2 号,第 261 页)针对不动产之双重让与中的恶意第二买主指出:"在合法地进行所有权取得登记的情形中,因为第二受让人可以对第一受让人正当地主张自己所有权的取得,因此,即使其了解双重让与的情况或者积极地参与所有权移转登记申请,也不能构成侵占的共犯"。

上述两判例是对第二受让人构成侵占罪共犯的否定,与之相对,第三个判例即福冈高裁昭和 47 年 11 月 22 日判决(参见刑月 4 卷 11 号,第 1803 页,《刑法判例百选Ⅱ》,第 4 版,54 事件)却肯定了共犯的成立。该判例对双重让与事例作如下判示:"(作为买主的被告)不仅认识到了双重让与的问题,还在明知双重让与的情形下请求前述 S·K 出卖本件山林,尽管卖主(卖主是否是指 S·K,还是单指 S)以双重让与为理由拒绝了上述请求,但被告针对欠缺法律知识的卖主,使其产生双重让与的决意,并执拗且积极地劝说——因为借款已经

50年以上所以担保时效已至,即使打官司,卖主也可以收回担保债权,所以没必要担心等——其转让,最终卖主承诺将本件山林双重让与给被告并达成了买卖合同,被告所实施的行为属于超越了经济交易上之容许范围与手段的刑法上的违法行为,所以被告的唆使 S 并为了自己利益而与 S 共谋的行为构成侵占行为,不应免除作为侵占罪的共同正犯的刑事责任"。

关于上述三个判例,现在的刑法通说在将《民法》第 177 条所规定的"第三人"中不包含恶意背信人的民法判例·通说——是否可以这么表述,我想放后面请教——作为依据的同时,认为判例的立场是:在第二受让人为单纯恶意人的情形中,因为可以根据《民法》第 177 条合法地取得所有权,所以不构成侵占罪的共犯;而在第二受让人为恶意背信人的情形中,由于其不能合法地取得所有权,所以构成侵占罪的共犯,进而赞成之。但是,也有见解认为,不应将共犯成立的范围与《民法》第 177 条所规定的所有权的取得直接连接起来,而应限定在第二受让人有积极地侵害第一受让人之所有权的意图时,或者如福冈高判的事例那样,限定在第二受让人执拗且积极地劝诱卖主时。意味深长的是,在实务家中认为应对共犯的成立有所限定的观点较强(例如,土本武司:《与民事相交错的刑事事件》,第 40 页(1979 年);吉本彻也:《大注释刑法 10 卷》,第 359 页;本江威喜:前揭书,第 232 页;三井诚:《双重让与·二重抵押与侵占·背任》,载藤木英雄编:《判例与学说 8 刑法Ⅱ》,第 186 页(1977 年))。

以上是现在的刑法判例·学说的状况。所以,我想请您就《民法》第 177 条所规定的第三人的范围之判例与学说状况作一下说明。我也看过一些关于《民法》第 177 条之"第三人"范围的民法学说,感到有意思的是,单纯恶意人排除说对恶意背信人排除说的批判,认为恶意的第二受让人是侵占的共犯,如果将构成侵占共犯的人员以《民法》第177条进行保护的话是奇怪的。但如前所述,刑法中的有力说认为,根据民法的恶意背信人排除说,因为单纯恶意人受《民法》第177条的保护所以不构成侵占的共犯,因此,只要以该刑法学说为前提,单纯恶意人排除说的说明只有其结论被认定为允当时其理由才开始获得妥当性,这便陷入了一种循环论证的境地。单纯恶意人排除说本身的允当性暂且不言,但这不正是民法与刑法的议论需要整合的例子之一吗?

道垣内 最早将成立侵占的共犯作为理由的是冈村玄治先生。这是在1915年提出的。最近矶村君也进行了强调。只是目前尚未被作为中心性的根据。即使将只有恶意的背信人才是侵占的共犯作为前提,现在主张单纯恶意人排除说的民法学说也认为,虽然单纯恶意人在刑法上不具有应受处罚程度的严重性,但从民法的观点来看仍不应加以保护,所以依然不能取得所有权。

只是,如您所知,最高裁的判例将恶意背信人从《民法》第177条的第三人中排除了出去,并认为如果单纯恶意人可以预先进行登记便可以对第一受让人对抗自己的所有权取得,与之对应的学说议论大致分为两大类。一类认为,虽然判例法理是在抽象地论述"恶意背信人排除论",但实际上是在论述究竟哪些人不符合《民法》第177条的"第三人"。即言之,此并非判例法理的抽象论,而是意图阐明实相的议论。另一类是关于作为抽象论的"恶意背信人排除论"之成立与否的论述。后者的议论较为兴盛,恶意人排除论也被有力地倡导,但因为这点与自由竞争论的现状相联系,所以放在下文中论述,此处我想先介绍一下前者的议论。

一般见解认为,判例的恶意背信人排除论发挥着相应的机能,在首先取得登记的第二受让人不仅知道第一受让人的存在,还具有妨害第一受让人确定性取得所有权的意图并接受第二让与这样的情形时,该第二受让人不拥有主张第一受让人欠缺登记的正当利益,简而言之,由第一受让人确定性地取得所有权。

但是,京都大学的松冈君分析认为,判例中的恶意背信人排除论实际上是在排除恶意人的形式上运用(参见松冈久和:《判例中的恶意背信人排除论的实相》,载林良平花甲祝贺文集:《现代私法学的课题与展望·中》,第65页以下(1982年);《民法第177条的第三人·再论》,载奥田昌道花甲祝贺文集:《民事法理论的诸问题·下》,第185页以下(1995年))。松冈君将所谓的双重让与的事例分为"准当事人型"与"不当竞争型"两类。所谓"准当事人型",是指在让与人与第二受让人之间存在亲属关系的情形——这在判例中极为常见——中,第二受让人相当于让与人,即准当事人,这种人员无论是善意还是恶意皆无关紧要,都应让第一受让人处于优先地位。所谓"不当竞争型",是指第二受让人不被视为准当事人的情形,即言之,让与人与第二受让人之间不存在特殊关系的情形,关于前者是否欠缺处分权限的实质性标准便是第二受让人究竟是善意还是恶意的。松冈君就是如此分析判例的。

在考虑松冈君的见解时,须注意两点:

一点是,并非所有的民法学者都赞成松冈君的判例分析。在阅读判决事案时,因为判断该事案是怎样事案的各个判决评价中包含着微妙的要素,所以问题并不是那么简单。

另一点是,松冈君将恶意的对象变化为通说而使用。通说·判例中的恶意背信人的"恶意"是指"明知第一让与的存在",与之相对的松冈君则将"明知前主欠缺处分的权限"定义为"恶意"。因此,在该判断中,松冈君将第一受让人是否拥有占有以及第二让与是否无偿或对价显著低微等情形也作为要素之一纳入了其中。如此一来,松冈君的主张就可以被评价为"恶意背信人排除论"是理清认定审判过程中之"背信性"的基准。虽然认为不直接以第二受让人的不当意图而以客观事实的知与不知为问题的指摘是重要的,但若问到这与通说所谓的"恶意背信人排除论"是否排他性的问题时,我感觉并非如此。

不仅是判例分析,作为学者之解释论式的学说也需要在后文的论述中再作介绍,这些暂且不谈,我想就先前的三个判例咨询一下。将作为恶意背信人的第二受让人作为侵占罪的共犯进行处置,其原因究竟是由于第二受让人胡来呢?还是因为重视无法取得所有权的结果呢?换言之,是从刑法独立性的观点出发进行评价呢?还是以民法的评价为基础呢?

佐伯 通说的说明是,由于可以适法地取得民法上的所有权,所以不构成侵占罪的共犯。因此,一旦《民法》第177条之第三人排除范围的扩大,侵占罪的共犯范围也就随之扩大。与之相对,如果站在仅限于福冈高裁那样的恶质事例才认可侵占罪之共犯的立场,那么,即使民法判例之恶意背信人解释遭遇单纯恶意人排除性的运用,或者民法判例变为单纯恶意人排除说,侵占罪之共犯的成立范围也不会受到直接影响。虽然该见解是从刑法独立性的观点出发进行评价的,但其基础性思考方式存在两种立场。一种立场认为,刑法应完全独立于民法进行违法性判断,该观点——就像以往的对话中也曾多次出现的那样——堪称刑法学界极为强力的思考方式,但我本人并不认为妥当。另一种立场认为,虽然民法上适法刑法上也应适法,但民法上的违法并不必然意味着刑法上的违法,即认可刑法的片面独立性。双重让与中的第二受让人的责任是否妥当的问题暂且不谈,我认为第二种立场作为基本的思考方法还是妥当的。

并非所有人都赞同松冈君的判例分析,关于"准当事人型"中第一受让人总是处于优先地位的分析如何呢？说到这一点,刑法学者似乎仅仅设想了"不当竞争型",而对"准当事人型"则几乎未曾考虑。至少我是没有考虑过的。认为根据《民法》第177条不能合法取得所有权的人员成立共犯的论者,如果听到您的论断——因为"准当事人"一般不能取得所有权,所以只要其具有恶意便能成立共犯,一定很惊讶吧。在"准当事人型"的情形中,由于与正犯的一体性较强,所以即使得出构成共犯的结论也是没有办法的。

道垣内 对呀对呀,佐伯君最后提到的这一点正是松冈君主张的核心所在。松冈君所说的"准当事人型"正是指与卖主具有一体性的人员。只是,因为在认定与卖主一体性地实施操作的人员时必须依据周边事实而进行,所以卖主与第二买主的特殊关系的认定对于一体性的认定具有决定意义的重要性。在此限度上,松冈君的分析是正当的。分析·主张恶意背信人排除论在判例中正当性地发挥机能的学说,在认定判例中的恶意背信人时也举出了第二受让人是卖主的兄弟与亲属的情形,所以,刑法学没有必要阻止"准当事人型"的分析。

佐伯 新泻地判的事例是在民法中认定为恶意背信人的事例吧。如果民法中不将其认定为恶意背信人,就是对多数说之判例理解的整合,或者如果是民法中判断为恶意背信人的例子,如有力的少数说所言,刑法判例认定共犯的范围就要窄于民法之恶意背信人的范围。

判决的表面理由与背后理由未必相同，佐伯君所举的新潟地裁的事例在现在的民法中可能已将第二受让人视为恶意背信人了。

不过，恶意背信人排除论在判例中的确立并非那么久远的事情。说到双重让与中的典型事例，就恶意背信人事例最初予以具体示示的是最高裁昭和43年8月2日判决（参见民集22卷8号，第1571页；《民法判例百选Ⅰ》，第4版，57事件），在昭和41年2月1日的新潟地方裁判所的判决出台时，还尚未确立明快的基准。如此一来，就可以理解为什么新潟地方裁判所并未明言"违反交易信义的'恶意第三人'"了。最高裁昭和31年6月26日判决阶段之两个月前——即昭和31年4月24日——曾发生国税滞纳处分的事例，最高裁对此仅作了如下判示："在第三人主张欠缺登记而不拥有正当利益的场合，该第三人应限定为如下情形：存在不能允许其适用《不动产登记法》第4条、第5条的欠缺登记事由，或者与之类似的，存在主张欠缺登记而违反信义的事由"（参见最判昭和31·4·24民集10卷4号，第417页；《不动产交易判例百选》，第2版，24事件），与恶意背信人排除论相比，此时是善意·恶意不问说处于支配性地位的时期。

如此一来，即使肯认新潟地裁昭和43年判决以及福冈高裁昭和47年判决的法源性，刑法教科书不也应如此表述吗？即"虽然最高裁判决认为恶意人不构成共犯，但这或许是认为民法中的一般恶意人也符合《民法》第177条的'第三人'之规定。此后，在民法认为恶意背信人不符合同条的'第三人'时，认为恶意背信人也构成共犯的判决才得以出现"。在最高裁昭和31年判决出台之前，以恶意背信人排除论为前提的说明发生了历史性的逆转。当然，如果从刑法独立性的立场出发决定共犯性的话，那倒是可以的。

佐伯 反省一下。在历史的经纬上,战前牧野先生认为权利滥用的情形成立侵占罪的共犯(参见牧野英一:《重订日本刑法下卷》,第445页(1938年))。牧野先生的最初介绍对《民法》第177条的解释造成了重大影响。还有,作为最高裁昭和31年判决的评价,中野次雄先生在昭和33年指出,自由竞争也需要一定的限度,积极地唆使他人让与的情形脱逸了自由竞争的范围因而具有违法性(参见中野次雄:《从刑法看不动产的双重让与、双重抵押》,载《民事研修》20号,第25页(1958年))。另外,对刑法中关于该领域的议论施予重大影响的藤木英雄先生的著述《经济交易与犯罪》出版于昭和40年,藤木先生在介绍了昭和36年4月27日之最高裁判决(参见民集15卷4号,第901页)的基础上指出,行为人C积极地劝说所有权名义人A,让其积极地侵害B的所有权,因为C具有加害的意思并接受了所有权移转登记,所以C构成侵占罪的共同正犯(第119页以下)。该判决是关于山林的双重买卖,案情如下:第一受让人B早在20多年前便购买了山林并接受了让与,熟知上述事实的第三人C因与B有其他纷争而意图报复,所以乘B之所有权取得登记未了之际,向A的继承人D言明意图并恳请其以低价出卖给自己并完成了登记,因为该买卖交易是违反《民法》第90条的无效行为,所以C无法对抗B的所有权取得。此后,或许是受到藤木先生最初主张的第二次买卖违反公序良俗学说的影响,继承藤木说的刑法学说伴随着民法判例的展开而试图将恶意背信人排除说作为基准。如果说该类见解是在民法中善意·恶意不问说居于支配地位的时代中以民法的思考方法为前提而确保共犯的成立的话,在恶意背信人排除论居于支配地位时,是否也能提出同样的主张就不得而知了,所以学说的定位真是困难。土本武司教授也认为应将共犯成立的情形限定于第二次买卖违反公序良俗原则之时(土本武司:前揭书,第 40 页以下;《围绕不动产的双重让与的诸问题》,载《搜查研究》25 卷 11 号,第 25 页(1976 年))。认为违反公序良俗的昭和 36 年判决至今仍在发挥作用吗？还是仅仅是在恶意背信人排除论确立之前的过渡阶段上发挥过作用呢？

道垣内 在恶意背信人排除论确立之后,就不再适用《民法》第 90 条的规定,昭和 36 年判决正是在此意义上成为了过渡性的判决。只是,如果说到违反公序良俗的话,因为第二次让与的合同是无效的,所以第二受让人无法追究卖主的不履行债务责任。与之相对,如果第二次让与合同是有效的,卖主就应该负损害赔偿责任。正是在此意义上,即使是现在,论述是否违反公序良俗的实益也还是存在的。

佐伯 如果从刑法独立性的观点出发来考虑共犯的成立,在设定基准的问题上,首先是如现在所述的认为违反公序良俗的见解。这是从与恶意背信人不同的基准即民法基准出发进行判断的。与之相对,作为从刑法独立性立场出发的见解,在双重让与的情形中作与必要共犯相同的设想——虽然不动产的买主在限于通常的参与情形时不作为共犯进行处罚,但在超越通常的参与情形执拗且积极地劝诱卖主时则成立共犯——还是可以的。话虽如此,如果通常的参与情形之不可罚的理由是民法交易中认可自由竞争这一点,议论最终还是会返回到民法。

6."自由竞争论"的现状

佐伯 如果自由竞争论是限定第二受让人之刑事责任的根据,便会出现如下疑问:因为这与民法的恶意背信人排除说的根基相同,所以在民法中不被自由竞争所容许的行为能否在刑法上被容许呢？另外，即使是在民法中，最近对自由竞争这一理由的评判也不是那么好了。

道垣内　首先，对自由竞争论的理解便是个问题。虽然《民法》第177条的基础中存在自由竞争的思考方法已经被牧野先生等明快而批判性地论述过，但作为恶意背信人排除论的根据最早明确地论述自由竞争论的却是1960年舟桥谆一先生的著述（参见舟桥谆一：《物权法》，第183页（1960年））。然而，正如已经说明的，该阶段的判例中并未充分地确立恶意背信人排除论，并且学说中也是以善意·恶意不问说为通说的。在这种状况下，舟桥先生提出的自由竞争论，是在"超越了社会生活中认为正当的自由竞争的范围"时，将该人员从"拥有主张欠缺登记之正当利益的第三人"中排除出去的观点为基础的理论。虽然存在"因为是自由竞争所以允许单纯恶意"的理论侧面是确然的，但"因为有必要保持正当竞争所以不允许恶意背信人"的理论侧面也是可以存在的。如果强调后者层面，为了说明"原则上应构成侵占罪的共犯，但单纯恶意人不构成共犯"而举出自由竞争论的做法，能否与舟桥先生的宗旨保持一致就是个疑问了。

话虽如此，民法学说在此之后也开始强调"因为是自由竞争所以允许单纯恶意"的层面，其中的背景应当是恶意人排除说的强势化。在1960年时期，与恶意背信人排除说相对抗的是善意·恶意不问说，但此后恶意人排除说成为与之相对抗的理论，所以，自由竞争论这一相同武器的利用方法也在发生变化。因此，在刑法中，并无观点认为将自由竞争论援用为第二受让人不构成共犯的根基是错误的。只是，我想指出两种理论都在结论的提出上发挥着作用。

正如佐伯君刚才所言，我也希望大家意识到自由竞争论本身现在在民法中的评价也不甚好。较近的代表性论者除前述松冈君(参见松冈久和:《关于不动产所有权的双重让与纷争(一)、(二)》,载《龙谷法学》16卷4号、17卷1号(1984年)之外,还有矶村君(参见矶村保:《双重买卖与债权侵害——"自由竞争"论的神话(一)—(三)》,载《神户法学杂志》35卷2号,36卷1号、2号(1985—1986年))、吉田邦彦君(参见吉田邦彦:《债权侵害论再考》(1991年)),等等。虽然各位论者的主张构造中存在微妙的差别,但基本上都认为如果是故意或过失地侵害了第一让与人的权利的话将构成侵权行为,这是自由竞争所允许的,这种观点不是很奇妙吗?

只是,我想作两点概括:

第一点是,在不动产双重买卖以外的局面上能否否定自由竞争。扣押与抵押权设定不也是自由竞争吗?至少在有两位买主的局面上不是存在差别吗?

第二点是,如果不使用"自由竞争"的概念,也并非不能依据《民法》第177条或恶意背信人排除论进行说明吧。与自由竞争论相并列,《民法》第177条的论据以往使用的是"促进登记"、"为了促进取得符合实态的登记而予以刺激"的说明。因此,为了实现这种效果,反而会对取得所有权而未登记的人员积极地施加了不利益。由此可见,如果第二受让人登场并先行获得登记的话,对在此前取得所有权但未登记的人员课以不利益的做法并没有什么奇怪。只是我本人认为,对于怠于登记的人员课以罚款的话还说得过去,但如果是通过使恶意的第二受让人确定性地取得所有权的方式以制裁怠于登记的第一受让人的话,这种立法政策也太奇怪了吧?

佐伯 虽然刑法学说并不怀疑卖主构成侵占罪而只是否定买主构成共犯,但对于这种立场并非全然没有疑问。如果双重买卖是自由竞争的问题,那么对于卖主而言,不也应认为因为是自由的所以应该是得到允许的——当然是以赔偿第一受让人的损害为条件——行为吗?如果因为买主是依据《民法》第177条而取得合法所有权因而不构成违法的话,不也存在"合法地获得所有权移转登记的卖主的行为也是合法的"这样一个疑问吗?在最初列举的民法先生们所作的判例评析中,乾昭三先生对于刑事判例将民法上适法之双重让与的卖主认定为侵占的问题提出了质疑(参见乾昭三:前揭书,第98页以下)。此外,石田喜久夫先生也将以下见解——刑事判例·通说将民法上有效的双重买卖认定为卖主的侵占行为,刑法上的违法行为与民法上的违法行为并不必然一致,同一双重买卖中的恶意第二买主不成立侵占罪——批判为"撞着的理论"(参见石田喜久夫:前揭书,第767页)。关于处罚卖主但不处罚买主的实质性理由究竟在哪里呢?

道垣内 这是与谁对谁负有怎样的义务相关联的问题吧?因为卖主正是卖给第一受让人的当事人,所以必须站在维护第一受让人的利益之立场上。与此相对,第二受让人则无需处于该立场上。

佐伯 因为委托物侵占罪的成立须以委托信任关系为必要,因此,如果卖主不具有必须维护第一受让人之利益的地位,则不能构成该罪,但在共同犯罪的场合,依据《刑法》第65条第1项的规定,由于无义务的非身份人也成立共同正犯,所以在第一受让人与第二受让人的关系上本来就无必要负有某种义务。虽说如此,负有直接义务的卖主与不负义务的买主之间在违法性的判断上可能会出现差别。在判断这种违法性时，虽然刑法通说重视第二受让人依《民法》第 177 条而合法取得所有权的事实，但正如刚才道垣内君所述，如果根据第二受让人之行为构成侵害债权的侵权行为这一学说，第二受让人的行为也不能被评价为民法上的正当行为。

道垣内 星野先生曾指出，作为抽象论，因为第二受让人不能说是恶意背信人所以可以取得标的物的所有权，但由于其侵害了第一受让人的债权所以应负有侵权行为的损害赔偿义务（参见星野英一：《民法概论Ⅲ》，第 127 页（1978 年））。与之相对，现在主张第二受让人的行为相当于侵害债权的见解并未将该问题与《民法》第 177 条所规定的所有权归谁所有的问题割裂开来进行思考。矶村君认为，第二受让人的行为成立债权侵害，其思考方式的前提是——作为效果，应当肯定第二受让人负有恢复原状的义务，并应据此使第一受让人取得所有权。吉田君也持此种观点，认为对《民法》第 177 条进行宽容解释是必要的。到了松冈君那里，他认为这是在怒视侵权行为法要件的同时而解释《民法》第 177 条。

在上述背景中，如果从侵权行为的观点来看可以评价为违法，而在取得所有权的标准上却可以评价为合法——这种做法不是民法体系中的矛盾评价吗？正如佐伯君所述，认为在民法上也不应评价为正当的见解是强有力的。

佐伯 排除单纯恶意人的学说也变得有力了吧。如果这种学说成为民法的判例·通说，或许单纯恶意人都成为侵占罪的共犯了。

道垣内 确实如此,在最近的学说中,恶意人排除说的影响力增大了。

只是,如前所述,由于《民法》第 177 条并非仅适用于不动产之双重让与的条文,所以,在 A 将其所有的土地让与给 B 而 B 尚未取得所有权移转登记时,如果 C 扣押了该土地的话,是否真的可以适用恶意人排除说还是存在疑问的。设想一下,如果 A 处于破产程序中,意图通过接受不动产的让与而收回贷款的人员、意图扣押值钱财产的人员、急于取得抵押权的人员之间就会发生对系争财产的争斗,现在可完全是个先下手为强的世界啊。

如此考虑的话,前述对《民法》第 177 条之"第三人"进行解释的恶意人排除说处于强势地位的问题就不言而喻了,但是,这是作为本条的一般论而展开的解释呢?还是仅限于双重让与这种特定场合的理解呢?关于这一点,似乎不太清楚。

佐伯 可以理解为在双重让与与侵占罪的关系上,单纯恶意人排除说变得强势了吧。

道垣内 但是,如果采用单纯恶意人排除说,恶意的第二受让人也构成侵占罪之共犯的话,民法学者可能会感到恐慌。

如前所述,我想就与债权人之间的自由竞争相关联这点上请教一下。在为了提前缔结抵押权设定合同的抵押权人尚未进行登记时,如果为了此后取得抵押权的人员而实施登记的话,应追究抵押权设定人的背任罪吧。此时,实体法上是否将后来取得抵押权的人员(即先行取得登记的第一顺位抵押权人)作为共犯进行处理呢?

佐伯　因为判例·通说认为双重抵押构成背任罪,所以,关于恶意第二抵押权取得人是否构成背任罪之共犯的问题就与讨论双重让与之第二受让人的问题相同了。

道垣内　我认为完全是两回事。两名抵押权人是在竞争谁能从经济上已经出现失败的 A 处更早地获得附登记的抵押权以得到确实的担保。这应该是自由竞争。

佐伯　原来如此。听您这么一说,我也有这种感觉了。道垣内君是考虑针对恶意背信人、乃至持有积极加害意思的第三人,以《民法》第 177 条保护抵押权人吧?

道垣内　不是。虽然我没有充分地考虑该问题,但有见解认为登记并非抵押权的对抗要件而是成立要件(例如,米仓明:《抵押权与登记——登记究竟是对抗要件吗?》,载《担保法的研究》第 173 页以下(1997年),首次发表于《银行实务》7 卷 5 号(1977 年)),另有见解虽不如此认为,但也主张不能对抵押权的对抗要件主义与所有权的对抗要件主义单纯地一视同仁(参见今村与一:《"无登记的抵押权"的效力》,载《东京都立大学法学会杂志》35 卷 1 号(1994 年);吉井启子:《不动产担保物权的对抗——从法国抵押制度出发的考察——(一)、(二·完)》,载《同志社法学》49 卷 1 号、2 号(1998 年))。

佐伯　由于此前没能考虑到这些问题,所以还是放在今后的课题中吧。

道垣内 　观点可能会略有改变。在第二受让人构成侵占罪的共犯时,第二受让人支付给让与人的价款便构成不法原因给付。如此一来,第二受让人因不能接受价款的返还,所以会遭受损失。民法并未意识到这可能构成侵占罪的共犯,而只是将能否接受价款的返还作为议论的前提,如果第二受让人不能接受价款之返还,获得利益的就只有让与人了。

佐伯 　原来如此。这还是个从未考虑过的问题。如果将其纳入不法原因给付的问题中进行考虑,将第二受让人作为共犯处理的情形限定在违反公序良俗原则类型中的解释,其说服力可能会有所增强吧。或者,也有可能采用民法的认为成立共犯但不构成不法原因给付的解释方法吧。

道垣内 　只要共犯中的一方与针对共犯的他方实施的犯罪相关联而拥有债权,该债权就不能被认为有效,这或许是极其一般的话题。

佐伯 　另一点是,一直以来我感觉落脚于刑法通说的不足之处是:在第二受让人是单纯恶意人而第一受让人遭受所有权丧失之损害时,第二受让人不成立共犯;在第二受让人是恶意背信人而第一受让人并未丧失所有权,即不遭受损失时,第二受让人构成共犯。即言之,在被害人实际遭受损害时否定共犯的成立,而在未遭受损害时反而肯定共犯的成立。

道垣内 　虽然恶意背信人可以取得登记,但撤销时还是需要花费工夫的。也有判决认为,无效的登记本身便是侵权行为。

佐伯 　原来如此。虽然仍然残存有被害人受害较小时第二受让人成立共犯的不均衡性，这回就到此为止吧。通过本回对话，我切实地感觉到虽说是讨论双重让与与侵占，但我只是在极为有限的场合进行了思考。

第七回
建筑物的他人性

1. 前言
2. 根抵押权设定之意思表示的撤销
3. 抵押权设定无效的场合
4. 民事实体关系与民事诉讼的结果
5. 民事裁判与刑事裁判中的"证明程度"
6. "民法上也应该否定所有权存在的明确理由"与证明责任
7. 民法保护占有吗？

1. 前言

佐伯　围绕着民法上的所有权与刑法上的所有权的关系，我们先后讨论了金钱、不法原因给付、非典型担保、双重让与等话题，这回让我们对以往的讨论作一个总结，以有关损坏建筑物罪之成立与否的最高裁昭和 61 年 7 月 18 日的决定（参见刑集 40 卷 5 号，438 页；《刑法判例百选Ⅱ》，第 4 版，67 事件）为素材，就民法与刑法以及民事审判与刑事审判的关系进行讨论。

　　因为《刑法》第 260 条规定损坏他人建筑物的行为构成损坏建筑物罪，因此就产生了讨论在何种场合构成该条中的"他人之建筑物"的问题。决定判示，要构成《刑法》第 260 条所规定的"他人之建筑物"，应当解释为"不以他人之所有权在将来的民事诉讼中无被否定的可能性为必要"。关于"他人之建筑物"的解释，民法上以属于他人所有为必要，刑事裁判中是否也必须如此认定呢？或者仅立于刑法独立性的立场只要说是"他人之建筑物"即足？问题在于对该决定应如何理解。特别是决定曾指出"刑法上的所有权之归属判断并不总是遵循民法上的归属判断",并且因为附有明确支持后一立场的长岛法官的补足意见,所以法庭对此也持相同的见解。

我个人的见解还是一如既往,认为应当考虑民法的实体权利关系以判断刑法上的所有权,但是如果考虑民法中的实体权利,就又产生了如何考量民法中的撤销与无效的效果以及如何认定刑事裁判中民法上的权利这些疑难问题。从刑法独立性的立场出发考虑刑法上的所有权保护,又产生了实质上受保护的法益是什么的问题。由于这是考虑财产犯之保护法益的关键,所以本回我们便讨论该问题。

本案案情如下:被告人所有的建筑物上附有的根抵押权被实行后*,根抵押权人长崎县渔业协同组合联合会(简称县渔联)接受了拍卖许可决定,在根据拍卖进行了所有权移转登记后,执行官前去该建筑物执行裁判所发出的不动产移转命令时,被告人用斧头砍断了该建筑物的支柱,致使房屋毁坏。关于裁判,被告人一方主张:由于根抵押权的设定是基于县渔联职员的诈骗,被告人设定该抵押权的意思表示因诈骗这一理由而早已被撤销。因此,抵押权并不存在。因为不存在抵押权,作为竞买人的县渔联也就不可能通过基于该不存在之抵押权而进行的竞买程序取得该建筑物的所有权。因为建筑物系被告人之所有物,所以被告人的行为最多是毁坏自己的所有物,不构成损坏建筑物罪。

虽然裁判所围绕着县渔联职员的行为是否构成诈骗以及因诈骗

---

* 所谓根抵押权,根据《日本民法》第 398 条之 2 的规定,是指"依设定行为所定,将属于一定范围内的不特定债权以最高额为限度,为担保而设定的抵押权。"参见渠涛编译:《最新日本民法》,法律出版社 2006 年版,第 83 页。——译者注

而生的撤销是否有效进行了争论,但一审判决认为,由于不能否定县渔联职员成立诈骗的可能性,关于本建筑物是否属于他人所有的问题不能证明排除合理怀疑,所以作出了无罪的判决。与之相对,第二审判决在进一步审理了诈骗的有无之后,否定了诈骗的成立,认定县渔联在被告实施毁坏行为时拥有所有权,所以判决被告成立损坏建筑物罪。虽然被告对此进行了上诉,但最高裁驳回上诉并作出上述判示。

2. 根抵押权设定之意思表示的撤销

佐伯 本案件中,尽管通过拍卖程序进行了所有权移转登记,但仍然有否定县渔联之所有权的可能性。这个问题可能比较难理解,您能否就这一点先作一下说明?

道垣内 好。《民事执行法》第184条规定:"买受人因支付价款而取得的不动产,不受担保权之不存在或消灭的影响。"如果适用该条文,那么在最高裁判决的事案中即使抵押权的设定是基于受诈骗而为的意思表示,也不能否定作为买受人的县渔联取得所有权,但是,实际上并非如此。

首先必须注意的是,这一案件发生在民事执行法生效之前,应当适用当时的拍卖法。当时的拍卖法规定,在抵押权不存在或无效时,即使买受人已经启动基于该抵押权的拍卖并登场,买受人也不能取得该拍卖标的物的所有权。因此,如果根据本案的第一审判决,因为被告撤销根抵押权设定的意思表示是在昭和53年11月27日,而县渔联完纳费用却至少是在昭和54年11月29日以后,在县渔联成为买受人之前本案的根抵押权已不复存在,所以县渔联不能取得所有权。

但是，说到此项制度，由于意图购买某建筑的当事人必须自己判断已经进入拍卖程序中的该建筑之抵押权在实体法上有效与否，所以，一般人无法安心地参与不动产拍卖程序。为了克服这一问题，上述《民事执行法》第184条规定："买受人因价款的交纳而取得的不动产，不受担保权之不存在或消灭的影响。"

然而，认为根据民事执行法不会发生这种情况的观点也不正确。虽然学说上存在对立的观点，但多数说认为，在拍卖中的竞买人就是抵押权人自己时，不适用《民事执行法》第184条的规定。这是因为，在抵押权人本人为竞买人时，没有保护以有效抵押权为基础的拍卖程序这一信赖的必要。本案中，因为长崎县渔业协同组合联合会这一法人就是根抵押权人，并且县渔联参与了拍卖，所以，本案不适用民事执行法中保护竞买人的规定。因此，如果抵押权设定的意思表示被撤销，抵押权不复存在，那么竞买人就不能取得所有权。

不仅如此，即使被告之撤销的意思表示发生在县渔联完纳费用之后，也能得出同样的结论。原因在于，虽然《民法》第96条第3项规定保护因诈骗而为撤销时第三人的利益，但由于县渔联并非第三人，所以没有保护的必要。最近是否还有不同的解释论呢？

佐伯 本案中，虽然争论不限于因为诈骗是否能够撤销以及实际上是否存在撤销的意思表示，但如果根据当时最高裁调查官安广文夫判事的判例解说(参见《最高裁判例解说刑事篇昭和61年度》，第202页以下(1988年))，我们就会发现，被告在昭和53年11月27日就作出了撤销的意思表示，在引起争论并诉之于刑事判决时，被告又作出了撤销的意思表示。与之相对，检察官主张："作为犯罪构成要件之一的《刑法》第260条所言之建筑物的他人性，应当以行为时为标准进行判断；被告人之辩护人的主张——所谓因为被告实施毁坏行为后 3 年多作出的撤销行为能够使本建筑物的所有权回归被告，所以被告无罪——是将民法法理机械地应用于刑法部门，从而通过肯认犯罪后行为的溯及力而否定犯罪的成立，这种观点的不妥当性是不言而喻的。"

很多刑法学者认为，既然在损坏建筑物前就以欺诈为理由作出了民法上有效的撤销，所以损坏行为发生时的建筑物属于被告所有，因而不成立损坏建筑物罪，我本人也是这样认为的。但在损坏之后再行撤销时，是否多数刑法学者也像检察官一样认为溯及地否定罪名的成立是奇怪的呢？在无论哪种场合下法律行为都自始无效这点上，民法上是否有不同认识呢？

道垣内 　如果单纯从道理角度而言，因为《民法》第 121 条规定"被撤销的行为视为自始无效"，所以即使在损坏行为实施后才作出撤销的意思表示，但由于撤销导致该建筑物属于被告所有，所以不构成损坏建筑物罪。

但是，不管《民法》第 121 条如何规定，在此之前，即使从民事法的角度出发进行讨论，实质上也存在很多应当注意的问题。例如，虽然抵押权的实行程序开始后抵押权标的物的所有人也可以提起执行异议以阻止执行程序的进行，但是，不使用该种救济手段而是在执行程序结束后采用从根本上进行颠覆的方法可否得到肯认呢？或者，不做别的而仅仅迅速地主张物品为自己所有的做法能否获得肯认呢？

佐伯 　在因自力救济（刑法中一般称为自救行为）而阻却违法性时，也有许多问题值得推敲，例如刚才道垣内君提到的实质性的从正面考虑的问题。那么,《民法》第 121 条的解释以及"建筑物的他人性"的解释起到了什么样的作用呢?

道垣内 本来可以撤销但是一直不开口,在竞买人出现时又突然开始主张撤销的效果,这一做法是违背诚实信用原则的。而且,即使裁判外表示的撤销早已被确认,现在也不能主张撤销的效果。因为,与不能撤销不同,这种撤销虽然可以实施并且已经存在,但是不能主张撤销的效果。进言之,主张撤销的效果违反诚实信用原则的观点,因为只是从与作为竞买人之当事人的特定关系出发,所以与刑法上是否构成犯罪并无直接的关联。因此,本案不是一个可以将民事上撤销的效果,即溯及的消灭简单地加以肯认的案例。

佐伯 的确如此。如果不能主张撤销的效果,无论如何都是在讨论"他人之物"的问题了。

反过来,即使可以主张撤销的效果,所谓撤销导致的无效,也无非是为了恢复原状或者将当事人双方从合同的拘束力下解放出来的一种法律技术而已;所谓因损坏行为后的撤销而导致的溯及无效,也并非指损坏行为时建筑物属于他人所有,被告损坏他人之物的事实归于消灭。与之相对,如果有效的撤销发生在损坏行为之前,因为损坏行为发生时建筑物的所有权就属于本人,因此作为一个事实问题,两者之间依然存在着差别吧?

道垣内 例如,在将租赁的房屋卖掉时,买主因为登记而取得租赁合同之出租方的地位,可以请求承租方交付房租。但是,此处的买卖合同因为受胁迫而被撤销时,因为《民法》第 121 条规定买卖合同自始不存在,买主一直未能取得房屋的所有权,所以买主也就不是承租人的租金债权人。那么,承租人是否还得再一次向原来的赁贷人(本来的债权人)交纳租金呢?当然不用。因为买主具备赁贷人的外观,所以此种情形与《民法》第478条对承租人的保护不同,此时向租赁合同的债权人实施的支付当然是有效的债务偿还。当然,如果考虑一下买主与卖主的关系,因为买主属于不当得利,所以应该将租金返还给卖主——这是当事人之间的问题。

考虑到这一点,因为撤销具有溯及效力,所以租金支付行为时的法律地位后来遭到溯及地覆盖,而撤销前的法律行为的效力却并未遭到完全覆盖。我们在这里特意使用了一个胁迫的例子,是因为诈骗案件中的承租人可以根据《民法》第96条第3项以第三人的身份获得保护,而胁迫案件中的第三人则没有必要加以保护,所以租金的返还行为应该是有效的。

在保护第三人的问题上,因为存在类推适用《民法》第94条第2项或复归性物权变动等各种法律理论的展开,所以,对溯及效力进行一并处理,实际上并非不能说仅仅是当事人之间的问题。

|佐伯| 刑法学者意图回避这一事态——犯罪成立后被告人撤销法律行为时,犯罪的成立被事后地否定。极端地说,即使一审被判有罪,二审如果因撤销就判定无罪的做法也是奇怪的。所以,道垣内君特意强调,法律地位并不因具有溯及效力而被经常撤销。

|道垣内| 本案中,因为被主张为诈骗行为人的县渔联就是竞买人,并取得了所有权,所以不能说是当事人之间的问题。

佐伯 | 即使是当事人之间的问题，刑法上也认为并非过去的事实就不能溯及既往。

3. 抵押权设定无效的场合

佐伯 | 如果认为行为时所有权的归属决定犯罪的成立与否，在抵押权设定行为无效的场合，因为在行为之后主张无效即意味着该设定行为自始无效，所以建筑物的所有权并未转移。但是，如果问到法律行为无效与撤销情形中是否存在区别犯罪成立与否的实质理由时，说实在的我们缺乏自信。尤其是，因为民法中的"因错误而无效"与"因诈骗而撤销"存在重复。

所谓行政行为的无效与撤销，指的是存在明显且重大的瑕疵情形时无效而其他情况时撤销这两种情形。虽然两种效果有差别但还可以接受，民法却并未作此区分。虽然民法上也可能存在特别强调因违反公序良俗原则而无效的情形，但在存在错误与诈骗·胁迫时，民法认为与陷入错误的当事人相比遭受诈骗·胁迫的一方更应获得保护，至少不应像刑法那样将两者予以相同的处理。但是，如果不作区分，是要求在因错误而无效时主张行为前的无效呢，还是在撤销时肯认行为后之撤销的溯及力呢？如果上述两种方式都不采用的话，似乎就只能遵从民法上区分的无效与撤销了。

道垣内 | 因为学说力主"因错误而无效"与"因诈骗而撤销"具有相同的效果，所以民法学上也很容易接受无效与撤销没什么差别的观点。在此，我仅指出两点。

首先，我想谈论一下租金的支付。我注意到一点，在买卖合同无效时,如果不适用《民法》第478条的话,则租金的支付就不能说是有效。这一论断的意思,在"自始无效"的法理与"因溯及力而自始不存在"的法理之间存在差别。所谓可以撤销的行为是指,在撤销前一直有效地存在,即使被撤销后,其本来也曾经有效地存在;而所谓无效则是指,即使只有表意者自身才能主张的因错误而无效,也还是无效的,观念上不能理解为曾经有效地存在。在这一点上,我的思考可能还有不够周密之处。

其次,虽说是无效,但应考虑像买卖毒品合同那样因违反公序良俗而无效的情形,即不以保护特定当事人为目的的无效。但是,并不是将因违反公序良俗而无效与因错误而无效两种情形完全割裂,再如,因暴利行为违反公序良俗而导致的合同无效时,因为牵涉到特定当事人的利益保护,也有与因错误而无效相接近的一面。

以上问题在于如何激活刑法中的讨论,如果按照佐伯君的理解,本判决的理由能否适用于无效时呢?例如,在主张因错误而无效时,是否还能得出上述判决呢?

佐伯 因为二审判决是根据民事作出的,所以如果主张因错误而无效,裁判所认为被告并无重大过失的话,不就得出无罪的判决了吗?但是,长岛法官认为,即使是无效时也是有罪的。至于最高裁的法庭意见究竟如何,必须根据最高裁决定的方法去理解。

道垣内 所谓的无效与撤销,不是作为刑法的讨论而得出的妥当结论,在无效中也有许多与撤销接近的情况。因此,完全依赖民事的实体关系而决定犯罪的成立与否是不妥当的。但是,我还有一个疑问,当存在因极端恶劣的诈骗而设定的抵押权时,最高裁是否还能贯彻这一判决的理论呢？此时，被告人完全是以被害人的意识行动的。某些场合下，可能发怒，也可能用斧头砍房子——这样的行为是否可以认定为犯罪呢？好像挺可怜的吧。

佐伯君刚才提到："在因自力救济而阻却违法的场合，可以考虑到各种各样的情况"，如果肯认本案件中存在因诈骗而撤销的事实，这不就是自力救济的问题了吗？在考量自力救济时，应当将撤销、无效、无效原因等问题全部综合进去。当然，如上所述，这种考量之中也要考虑存在其他救济手段的问题。

佐伯 我不知道毁坏柱子的行为是否属于自力救济的问题，但正如您刚才所言，如果在一般论中肯认因诈骗而导致的撤销，就要讨论自力救济的问题。在此意义上，即使从构成要件阶段"建筑物的他人性"之判断中排除了民事实体权利关系的判断，在违法性阶段也不得不再次讨论这个问题。长岛法官似乎认为，即使是在违法性阶段，作为自力救济根据的权利也不是真实的权利而是外观上的权利。但是我本人认为，应当在违法性判断之前的构成要件判断阶段来考虑民事的实体权利。

另外，我还想再补充两点。首先长岛法官认为，当民事法上应该否定所有权存在的明确事由被肯认时，犯罪例外性地不能成立——道垣内君所举的极端恶性诈骗事例就相当于长岛法官所说的例外情形。但是，即使在此种场合，当事人也可能对诈骗的成立存在争议，因为争论到最后就可能根据民事裁判而决定，所以所谓"应当否定所有权存在的明确事由"，在刑事案件中是很少见到的。

另一点是，长岛的补足意见与支持该意见的安广判事的解说都显示了日本判例的一般倾向。因为日本的检察官拥有追诉裁量权，所以仅对真正值得处罚的案件提起追诉。如此一来，法官一般有这样一种倾向——信任检察官，只将超出具体事案解决之必要范围而在更广范围内可能受处罚的理论作为判例而推出。如果检察官根据判例的理论提起追诉会变得麻烦，但他们一般不这么做。被害人也没有因为极端恶劣的诈骗而提起诉讼的。本案件也明示了这一点，原审法官从民事权利关系出发否定了诈骗的成立，而安广判事的判例解说却一方面认为刑事无须遵从民事，另一方面又强调辩护一方的民事主张很"苦"。总之，本案中的调查官以及最高裁的法官都与高裁一样认为，被告人撤销诈骗的主张没有任何理由，但又不想从正面表达。于是，就得出了"即使被害人完全没有民事权利，但只要权利似乎存在就可以处罚"的判例，或者如此来理解案例。我想，这是因为检察官相信未起诉嫌疑人真的拥有权利。所以，道垣内君的推断是有道理的，但这恰恰不能实实在在地反映判例的理论。

道垣内 │ 这可能属于检察官的支配范围吧。

佐伯 │ 虽然无法否定信任检察官对所有问题都可以迎刃而解的想法，实际上在许多案件中都起到了作用，但这违背了刑法的应有理论。因为从罪刑法定主义的视点出发，刑法理论的存在是为了抑制国家的刑罚权。

在此意义上，虽然判例研究的基本作业是通过具体案件严密地规划判例的射程，但在刑法的判例研究中，多数学者将评论判例的一般论与学说的对应关系作为主题。即使在法学教育的一面，将刑法的一般理论与具体的事实关系割裂开来进行讲授——即在有限的时间内尽可能多地讲述理论的方法——虽然简单,但也存在很大的问题。在美国的法学院中,一般对新生开设侵权行为法与刑法的基本科目,通过使用案例和评论以掌握判例的阅读方式,我认为日本也有采取这种教育方式的必要。

4. 民事实体关系与民事诉讼的结果

佐伯 在撤销与无效的法律构成之外,是否还有值得注意的问题呢?

道垣内 是的。首先值得注意的是,佐伯君所说的最高裁昭和 61 年决定所列举的各类解说一般认为,如果不等待民事诉讼的结果就无法判定所有权的归属。确实,为了明确所有权的最终归属,民事诉讼的结果是必要的,但由于所有权的所在并不通过民事诉讼而形成,所以实体法上的所有权即使不通过民事诉讼也是存在的。

如果因诈骗导致的撤销之要件得到满足时,只要被告人作出撤销的意思表示,则所有权自撤销时归属于被告人,被告人的所有权不因此后民事诉讼的判决效果而发生变动。因此,感觉有将实体法上的权利与民事诉讼的结果同等看待的嫌疑。

另一个问题是,长岛法官最后作何结论暂且不知,但现在有一步尚不明确。长岛法官认为:"我们不能得出如下结论——将民事法上认为属于他人所有的解释·判断往往直接适用于刑法构成要件上的他人之物的解释,以及民事法如果作出不属于他人所有的判断,刑法上也必须解释为不属于他人所有"。并且,"《刑法》第 260 条之损坏建筑物罪的保护法益,应当解释为对该建筑物的所有权"。如此一来,虽然长岛法官似乎认为应当从刑法独立性的立场出发来决定刑法上所有权的归属，但另一方面他又指出："民事法的目的在于通过终局性地决定物之所有权的归属以寻求财产关系之法律秩序的稳定；与之相反，刑法的目的则在于通过对物的现实所有关系的保护，防止既存财产关系之法秩序的破坏"。在此，没有使用"所有权"而使用了"所有关系"的概念。这样一来，长岛法官的补足意见实际上既不是从刑法独立性的立场出发来决定所有权的所在，也不是在讨论损坏建筑物罪的保护法益时将"建筑物的所有权"视为保护法益，而是将保护法益变化为"建筑物当时的事实上的所有关系"。

佐伯 | 首先，我认为您的指摘——即认为长岛法官的补足意见，不是从刑法独立性的立场出发认定所有权而是将法益从"所有权"变为"事实上的所有关系"——是非常重要的。长岛补足意见背后的思考方式以及支持该意见的安广判事的思考方式，都是为了实效性地实现自力救济的禁止，而认为在本案件中不管民事的权利关系如何都有作为损坏建筑物罪而进行处罚的必要。这种禁止自力救济的思考方法，也是以盗窃罪中的占有说为基础而进行考量。如果考虑到刑法上财产犯的规定也有出于禁止自力救济的目的，那么，无论结局上是保护占有还是保护所有权，其结果财产犯的法益都变成了道垣内君所说的保护事实上的财产秩序。但是，盗窃罪中因为本来就侵害了他人的占有，并且也存在可以作为《刑法》第242条的占有说之基础的规定，所以该规定能否适用于不存在此规定的、明明白白地保护他人所有权的损坏建筑物罪，仍然是个疑问。

此外，还有一个问题。刑法讨论中，能否混同民事诉讼的结果与民法的实体权利关系？在刑法的所有权概念能否从属于民事的所有权概念这个问题上，虽然过去的讨论形式常常是刑事裁判能否从属于民事裁判，但我认为问题的实质在于能否肯认刑法对于民法上实体权利的从属。

安广判事将建筑物的他人性完全从属于民事法而解释的见解称为从属说，将认为应有一定程度之独立性的解释称为独立说，并指出从属说不当的理由在于与民事纷争的民事诉讼等的解决之间的关系问题。如果贯彻从属说，如果当事人在刑事审判过程中达成了毁损当时的所有权属于被告人这样的和解，被告应该被判无罪；而如果在有罪判决确定后再达成该和解的话，就会导致再审的问题，容易产生因民事诉讼的结果而左右刑事裁判的问题。但是安广判事所指出的，仅仅是刑事裁判从属于民事诉讼是不妥当的，而并非从属于民事之实态权利关系是不当的。

如此一来，我们也可以对最高裁的决定如此进行理解——为了确定《刑法》第260条的"他人之建筑物"，最高裁认为"应当解释为不要求他人之所有权在将来的民事诉讼中不存在被否定的可能性"，该意见仅仅指出刑事裁判不应从属于民事诉讼，而并非指不应从属于民事上的实体性权利义务关系。长岛与安广的理解并非唯一正确的理解。

民法的学者以及民诉的学者都认为民事诉讼的结果与民事的实体权利关系不是一回事吧？

民事诉讼中被确定的内容与民事的实体权利关系并不总是正确地对应，关于这一点，无论是民法学者、民诉法学者还是法官都是认同的。

但是，值得注意的几点是既判力的问题。即，虽然在某一案件中没有真正的诈骗原因，但由于主张诈骗成立方面的律师水平很高，终于成功地让法官肯认诈骗的存在，从而确定了判决。如此一来，由此而生的法律关系都以该判决为前提,即以诈骗为理由的意思表示被撤销,抵押权不复存在,情况也会发生变化。

客观真实与裁判上的事实并不相同。此即如前所述,实体性的权利关系与裁判能否完全抽象地观念性地分离?

佐伯　　当然,如果在民事裁判确定后又发生新的犯罪行为,以裁判确定的权利关系为前提,必须判断犯罪行为的成立与否。因为民事判决的确定导致了新的权利关系的产生。但是,在民事裁判与刑事裁判两者间的关系成为问题时,先行确定的民事判决的既判力并不能拘束刑事裁判。因为刑事裁判中成为问题的民事实体权利关系的判断,仅仅是该刑事裁判所的判决,而非民事裁判所的判决。

道垣内　　确实如此。

5. 民事裁判与刑事裁判中的"证明程度"

佐伯　　关于民事裁判与刑事裁判关系的讨论,林干人教授提出了非常有意义的见解。他在对最高裁决定的评释中认为,在判断刑事裁判中的他人之物时,如果是民事诉讼,那么因为应当认定被害人县渔联之所有权的事实是否存在,所以,刑事裁判中所要求的有关所有权归属的证明程度,并非刑事证明标准中的"排除合理怀疑"之程度,而是民事上所要求的较低的证明程度(参见林干人:《财产犯中的"他人的"要件——围绕最高裁昭和 61 年·7·18 决定》,载《现代的经济犯罪》,第 83 页以下(1988 年)(首次发表于《Jurist》第 879 号(1987 年))。

首先,讨论的前提在于刑事与民事的证明程度存在差异,这也是刑法学者的一般理解。即言之,刑事裁判要求的证明程度是"排除合理怀疑";与之相对,民事裁判要求的证明程度是"优势证据"。这是取自美国证据法的观点。但是,因为民事判例上并不使用"证据的优越程度"这一概念,所以有人认为两者间并不存在差别。关于这一点,您有什么看法?

道垣内　一般认为,刑事诉讼中的检察官的证明程度与民事诉讼中的证明程度存在差异,这已经得到了公认。但是,必须注意的是民事诉讼中的证明程度至少与举证责任的分配存在一定的关联。

通常的民事诉讼法学中并不使用"证据优越即足矣"这一语句[①],即使使用,例如在本回所使用的因诈骗而撤销的例子中,主张意思表示可以撤销的一方也必须就其主张——即因诈骗而撤销的要件以及撤销之意思表示的存在——进行举证。主张受诈骗的一方,在就其主张——撤销之要件的满足以及撤销之意思表示的存在——进行举证时,对方当事人仅提出"不知"或"否认"而不提出任何证据。如果说到"证据的优越"的话,主张撤销方似乎将要胜诉了,但实际不然。由于主张因诈骗而撤销的一方负有举证责任,所以只要法官不提出认作

---

① 认为民事上的证明度是"证据优越即足矣"的误解在刑事诉讼法学者、刑法学者中也广泛存在。判例关于因果关系的证明,认为:"并非是毫无疑义的自然科学的证明,而是参照经验法则对全部证据综合研讨,证明高度的盖然性——特定的事实可能导致特定结果的发生——的成立,这一判定以平常人毫无疑问的确信真实性的成立为必要,并且也以之为满足。"(最判昭和 50·10·24 民集 29 卷 9 号,第 1417 页;《民法判例百选Ⅱ》,第 4 版,80 事件),这不仅是因果关系,而是一般适用的准则。确实,虽然存在"证据优越即足矣"的观点,但该观点实际上是为救济公害诉讼证明的困难性而进行的讨论,其适用场合是有限制的。(道垣内弘人)

"确实存在诈骗、存在撤销"的证据,因诈骗而实施的撤销就不能被肯认。

并且,虽说是民事诉讼,负有举证责任的一方也必须使法官相信或许真的存在那些事实,如果做不到的话,裁判所会认为事实并不存在。如此考量,以"证据的优越"这一基准去比较民事诉讼与刑事诉讼的想法,现在看来也并非明确。

佐伯 林教授并没打算改变检察官负有举证责任这一点。但是,如此一来,就与林教授的出发点——通过刑法保护民事裁判肯认的权利——产生了分歧。也就正如道垣内君所指出的,即使只讨论证明的程度也没有任何办法。证明中既存在道垣内君所指出的证明责任的分配问题,也存在民事与刑事中的证据能力具有很大差别的问题。例如,刑事中存在着排除非法证据的问题。关于这些问题,是否在民事证据法中也应当判断权利关系?是否应该依据民事证据法来判断权利关系?林教授对此怀有疑问。由此可见,仅将证明标准作为民事证明标准是没有理由的,既然是刑事裁判,就应当遵循刑事证据法则以认定所有权。关于这一点,德国刑事诉讼法规定:"当行为的可罚性关联到民事法上的法律关系等的判断时,刑事裁判所应根据刑事事件的程序以及所适用的举证规定对该法律关系进行判断"(第262条第1项)。

顺便说,《德国民事诉讼法》第262条第2项是很有意思的一项规定,"裁判所可以不适用前项的规定延期审理,确定关系人提起民事诉讼的期间,或者等待民事裁判所的判决。"(条文的翻译取自《德国刑事诉讼法典(法务资料第460号)》(2001年))等都有规定。民事裁判可以先行,在民事判决作出之前,刑事裁判可以暂停以等待民事判决的作出。虽然这一规定的目的在于使民事裁判所的判断与刑事裁判所的判断尽可能不产生分歧,但德国的判例·学说认为刑事裁判所不必拘束于先行得出的民事裁判所的判决。即使尽可能地不产生分歧,最终判断刑事中的民事权利关系的做法也应当贯彻刑事裁判所所依据的刑事诉讼法原则。而在日本法中,当刑事与民事两方都进入裁判时,因为一般情况下总是刑事裁判先告终结,所以这一点与德国存在差别。

道垣内 或许如此。只要民事裁判不结束,刑事裁判就很难进行,这确实是个问题。

正如佐伯君所说的,民事问题的判断必须根据刑事的证明程度以及证据排除标准进行。这种观点也与佐伯君所说的——犯罪的成立与否不从属于民事裁判的结果,而从属于民法形成的实体关系——相得益彰。

但是,民事诉讼中所确定的实体关系与刑事裁判中作为前提的民事实体关系存在差别,这点从一个国家裁判制度的信赖性观点出发是否妥当呢?

佐伯 确实如此。但是如何整合民事裁判与刑事裁判确实是个难题。一种方法是,因为刑事的警察·检察官先搜集各种证据而后提起诉讼,所以不妨建立一种制度,从而使民事中的被害人可以简单地利用这些证据。① 另一种是战前采用的刑事程序中的被害人可以对被告

---

① 2000 年制定的《有关附随于保护犯罪被害人的刑事程序的措施的法律》(犯罪被害人保护法)中,赋予了被害人等为行使损害赔偿请求权而翻阅、抄写刑事被告事件的诉讼记录的权利。详情参见松尾浩也编著:《逐条解说 犯罪被害人保护二法》(2001年)。(佐伯仁志)

一并提起权利救济的私权诉讼,如果这一制度现在还实行的话,那么民事与刑事的证据就可以共通使用,大多数案件中的判断就可以实现证据的统一。

道垣内 提起附带诉讼的是被害人。但在本案件中,是被告人请求撤销县渔联的所有权移转登记。

佐伯 是的。如果设计融合刑事裁判与民事裁判两方之制度的话,似乎应当设立一种既可以让被害人提起附带民事诉讼,又可以让被告人请求确定民事关系的制度,而使被害人参与这种程序恐怕就不容易了吧。

6. "民法上也应该否定所有权存在的明确理由"与证明责任

道垣内 正如长岛法官的补足意见与调查官解说中所说的,"民事法上的应当否定所有权存在的明确理由不被肯认时",根据刑事法而成为保护的对象时,关于明确事由存在的证明责任是如何处理的呢?

佐伯 不明之处由检察官证明。

道垣内 但是,我有一个疑问——这与通常案件中的他人物性的证明责任有何关系?如果我毁坏自己单独所有的家时是否也构成损坏建筑物罪呢?

佐伯 是的。

道垣内 然而,检察官是怎么想的呢?以损坏建筑物罪起诉我并开始刑事裁判程序。此时,检察官是否必须证明被毁坏的家在与我的关系问题上属于他人之物?如果我主张"这是我自己的东西时",举证责任是转移给检察官呢?还是我必须举证使检察官确信我具有该房屋的所有权呢?

佐伯 不管是何人之物,检察官必须积极地证明该物非道垣内君所有。

道垣内 如果检察官的责任在于证明标的物在与行为人的关系上属于他人之物,并使法官达到排除合理怀疑的证明程度时,"民事法上应当否定所有权存在的明确理由"之存在场合,在理论上能否存在?

佐伯 怎么办呢?

道垣内 刚才有些跑题了,我本想说的是在证明活动的过程中,必须考虑刑事裁判中的检察官应当证明的程度。

首先,让我们考虑一下不动产登记中的登记名义人不是被告人的情形。此时,检察官可以出示登记簿,主张不属于被告人所有。与之相对,被告人一方可主张"事实上就是买了,虽然没有合同,但却有证人",并拿出自己的银行账户证明取出了5 000万日元,并说"看,这就是为支付价款而提出的钱"。只要不这样主张,诉讼就将认定为不属于被告之物,所以被告不得不主张"是自己的东西"。但是,如果被告这样主张的话,仅此一点,能不能说"民事法上也应当否定所有权存在的明确理由"是存在的呢？恐怕不行吧。因为证人可能是在说谎，取款可能是为了还钱。检察官应当怎么做呢？如果仅仅主张证明不存在明确的事由即可，检察官只要认为"不明确"就可以了。但是，这也不是事实，至少检察官应当证明5000万的取款是不是为了还钱，买卖合同是不是假的。如此一来，被告人再援用证词证明买卖合同的存在，从而否定检察官的证明活动，结果便将证据推向了混沌不清的状态。即使不说"民事法上也应当否定所有权存在的明确理由"是存在的，检察官的主张仅仅使法官不产生合理的疑问就足够了吗？

反过来，如果不动产的登记名义为被告人时，检察官就必须积极地证明登记与实体关系并不一致，如此也就不需要动用"明确的理由"了。

佐伯 但是，这一议论以检察官必须证明民事的实体权利关系为前提，而在多大程度上令人一目了然，却是有关证明程度的问题。如果长岛法官的补足意见正如道垣内君所言是为了保护事实上的财产关系，所谓"明确的理由"就不是一个证据存在与否的问题，而是一个事实上该建筑物由谁支配的问题。因此，即使是根据买卖合同已经交付了金钱，道垣内君已经取得了所有权，但如果对方当事人仍住在房里，并且也没有移转登记，如果此时道垣内君用斧头砍坏该房屋的柱子，就可能构成损坏建筑物罪。而所谓的一目了然，就是保护权利人的外观。这恐怕就是长岛法官的宗旨吧？

道垣内 如果这样理解长岛法官补足意见的宗旨，前后就可以贯彻起来。如此，只要说"保护外观上·事实上的所有关系"即足矣，而不需要说"明确的理由"。在进行本回讨论前，我读了几篇刑法的论文，正如刚才所说的，我感觉多数论文都认为长岛法官的补足意见是应从刑法独立性的视点出发决定所有权的存在。在进行这种理解时,在与证明过程的关系上就会无法查明"明确理由"所处的位置。

佐伯　如您所言,长岛法官的补足意见开始时曾说"对物的所有权归属暂且不谈,由民事实体法确定",确实有不明确的地方。

7. 民法保护占有吗?

佐伯　只是,刚才所说的长岛法官补足意见的理解,保护事实上的财产关系——内情在于自力救济的禁止——的想法在讨论财产犯的保护法益时是强有力的。盗窃罪之保护法益中的纯粹占有说就是这样的见解,将损坏建筑物罪中的"建筑物之他人性"与民法的实体权利关系独立开来进行理解的学说也大多持此观点。

认为刑法的财产犯是为了保护事实上的财产秩序这一观点的背后存在着两种考量。一种是,刑事司法制度不想介入民事纷争,或者说是为了避免刑事裁判与民事裁判的分歧,这是迄今为止谈论的话题;另一种是,因为刑法是为了防止社会秩序的破坏,所以应当保护事实上的财产权秩序。我想就后面一种进行讨论。

问题在于盗窃罪与损坏建筑物罪之间存在着差异,并且如前所述,因为盗窃罪本来是侵夺占有的犯罪,而且有《刑法》第242条的特别规定,所以占有本身是保护法益的见解至少从条文上来看是完全成立的。另外,所谓的所有权与保护独立的占有是与民法中的占有诉权制度相同的想法,因为民法学中肯认占有诉权是为了禁止自力救济,所以将盗窃罪的保护法益视为对现实物品的持有,将其宗旨视为禁止自力救济的想法,也是可以解释通的,只是我本人不太赞同。

但是，在既非占有侵夺罪也无《刑法》第 242 条特别规定的损坏建筑物罪中，是否可以认为，其目的与盗窃罪一样也是保护现实的财产秩序呢？如果认为是，所谓刑法上的财产犯，无论是占有还是所有权，无论是抵押权还是别的什么，目的都是保护事实上的财产秩序，非常的单纯，在处罚胡乱行为人的意义上也没什么差别，对于财产犯的解释也就没什么可以值得讨论。至于扰乱社会秩序的事件，牵扯到财产犯时应该进行个别的、独立的评价，从而虽然最高裁决定的事例实际上也不能被起诉，但在妨害执行这一点上可以成立妨害执行公务罪，无须以损坏建筑物罪进行处罚。

道垣内 对于佐伯君所说的前提说明我还有个疑问。如果像长岛法官所言，刑法上所有的财产犯就都具有禁止自力救济的含义，但并非如此。民事法上，只有在自己之物时的处罚才具有禁止自力救济的意义，而他人之物时的处罚则并不如此。

佐伯 说的可能有些过了。但是，在认为财产犯的法益是保护现实的财产秩序的见解中，即使在他人之物时，归根到底，刑法所应当保护的也是现实的财产秩序，民法的实体权利也是作为结果而受到保护的。

最后，我想就刚才所谈盗窃罪之保护法益中民法的占有诉权的意义请教一下。民法学中讨论的以占有诉权之本权为基础的反诉问题以及结局占有诉权是因何而存在的这些问题，因为在考虑刑法的占有说时也是值得参考的，您能谈一下吗？

道垣内 关于民法上占有权的思考方法，虽然我也没有充分地研讨过判例，但即使基于占有权而提出妨害排除请求或返还请求，仅拥有租赁权等权利但完全不受其保护的单纯占有的当事人一般也不会成为原告。因为争论租赁权的存在与否比较麻烦所以才以占有权为根据,这样的话,与其说在基于本权的物权请求权中个别的占有诉权存在并独自地发挥作用,不如说背后存在着控制本权的简易的物权请求权。

说到占有权,虽然也听说过保护单纯的占有,但并非如此。东京地判平成6年8月23日(参见判时1538号,第195页)作如下记载:"因为占有权对物的事实性支配状态的存在提供一应保护,意图维持社会秩序与和平,在已确立的事实支配状态即占有被妨害或者扰乱的场合,通过所谓的占有诉权排除他人的妨害或扰乱行为。因此,占有诉权是通过对客体之事实支配状态的一应保护来维持社会秩序的制度,所以,不应认为只要对物具有事实支配状态就可以直接受到占有诉权的保护,参照占有权以及占有诉权制度的宗旨·目的,自然应将保护的利益限于该利益的事实支配状态。"

佐伯 | 关于盗窃罪的保护法益,虽然现在比较有力的见解认为刑法没有保护单纯占有的必要,刑法对占有的保护也仅限于民法上认为值得保护的利益,但是,民法学中占有诉权的理解与刑法上有力说的思考方法也很接近吧?

道垣内 | 本回的话题好像有些抽象、费解。下回的话题比较轻松,请诸位不要错过。

佐伯 | 我也希望大家不要错过。

第八回
占有

1. 前言
2. 共同占有的观念化
3. 刑法"占有"中"意思"的要素
4. 围绕着占有脱离物侵占罪的客体
5. 哪一个"占有"的概念更广？
6. 依据与谁的关系确认占有？
7. 围绕着死者的占有
8. 侵入住宅罪中"住宅权"的思考方法

1. 前言

佐伯 本回，我们就占有在民法与刑法中的不同理解进行探讨。提到刑法上的占有，就像第二回对话所谈到的，盗窃罪的占有与委托物侵占罪（单纯侵占罪）的占有是不同的，本回准备探讨的是盗窃罪的占有。在刑法中，盗窃罪的占有概念意味着对财物的事实性支配管理，不同于民法中的占有概念。至于区别何在，其一，民法上的占有要求"为了自己的意思"，而盗窃罪的占有则无此必要，还包括为了他人的占有；其二，盗窃罪的占有不包括代理占有、间接占有、占有改定等观念性占有。以上是刑法对占有的理解，从民法来看有何感想呢？

道垣内 在准备本回对话之前，我先阅读了一下刑法各论的教科书，大体有两个感想：

第一，从刑法教科书来看，就像刚才佐伯君所言，民法的占有要求

"为了自己的意思",而不同于刑法的占有;然而,就像后面我要说的,在民法中尽管将"为了自己的意思"作为占有要件的学说也很有力,但即使作为一个要件,也是一个非常形式性的轻微的要件。因此,强调此点差异是否真的妥当值得思考。

第二,与以上相关的是,刑法学是否真的只把事实状态作为基准。换言之,与民法中的占有相比,刑法中的占有是否观念化程度更低。对此,我感到有些疑问。

虽然第一个感想也很有趣,但因为后者可以展开具体论述,所以我们就从占有的观念化开始本回的探讨。

2. 共同占有的观念化

道垣内 立刻进入具体事例有些惶恐,但感觉最欠协调的是共同占有。

例如,共同保管者中的一人未经其他保管人同意,出于不法领得的意思将该财物转至个人单独占有之时,成立盗窃罪。首先是此处所说的"共同保管"的含义,例如佐伯君与我共同购买了一台电脑,目前存放在我的研究室,这是共同保管吗?

佐伯 我与道垣内君一起购买了电脑,如果自始就一直存放在您的房间,从刑法的立场而言,恐怕是道垣内君单独占有吧。单独占有与共同占有的区分是相当困难的,但如果两人友好地提着皮包的两个提手行走,作为共同占有的事例不会有问题吧。

道垣内 或许就是那种事例吧。此时,"出于取得的意思转至个人单独占有"的含义,是指物理性地转移财物所在位置呢?还是无须物理性转移而只要一个出于取得的意思而单独占有的宣言就可以呢？对于这一点应如何看待呢？

佐伯 如果仅从理论上而言，共同占有的场合下只要排除对方对财物的占有而转至个人单独占有，就是盗窃。或者，虽然不移动财物自身，但以妨害对方存取的形式侵夺他人的占有时也是如此。例如，将他人遗忘在公共浴池的物品藏入浴池的墙壁中，判例认定这样的事例构成盗窃罪。这种事例只是稍微移动一下物品，而有些场合是将物品蒙住隐藏起来的，这时也被认定为剥夺了他人的占有。

道垣内 不动产侵夺罪*与侵入住宅罪的区别也可以由此寻求吧。例如，虽然我违反房屋所有人的意思进入他人住宅，但是房屋的所有人并非不能自由出入，此时成立侵入住宅罪。但是，如果我进入某人的住宅后不让其进入的话，因为此时转至单独占有的状态，所以成立不动产侵夺罪。这种理解妥当吧。

佐伯 是这么回事儿。

道垣内 此种情形下，事实状态的确是一个重要的基准。但是，这种情形并非积极地肯认占有，而是肯认占有的丧失。

所以，我们再换个事例说明。假如佐伯君与我共同购买了一幢别

---

* 不动产侵夺罪，是日本昭和35年（1960年）刑法部分修改时与境界损坏罪（第262条之2）一同新设的罪名，目的在于延伸盗窃罪中的"财物"之外延。因此，侵夺他人不动产的行为，构成该罪。——译者注

墅，但是我一直在单独使用，而佐伯君一直不能使用该别墅。此种情况下，构成刑法上的什么罪呢？

佐伯 首先，如果最初的利用状态就是共同利用的话，可能成立共同占有关系，因此，将其转至单独占有时就成立不动产侵夺罪。与此相对，虽然是共有但自始就是道垣内君个人单独使用的，不存在剥夺他人占有的问题。不过，如果有主张别墅单独所有权的行为，例如，为了居住方便而实施了单独所有权移转登记这样的行为，就变成了委托物侵占罪的问题。因此，依据最初的占有是共同占有还是单独占有，定罪上就有变化。

道垣内 说到最初的占有状态是共同占有还是单独占有的话，占有取得也就成为问题了——我们暂不考虑这点。例如，佐伯君与我共同购买了一幢别墅，确实要在那里进行共同研究，一起使用。但是，佐伯君在10月10日至15日期间因为别的工作返回东京，这期间是我一直单独使用此别墅。这种情况，从刑法学的观点来看，佐伯君并没有失去对该别墅的占有吧。

佐伯 当然。如果为了肯认事实上的管理支配，现实中就必须将财物拿在手中或直接放在身边，去公司上班不在家的这段时间，家里所有的东西岂不都成了脱离占有物，此时即使将这些物品拿走也不成立盗窃——这么愚蠢的做法不会有的，一时的离开并不丧失事实上的管理支配。

道垣内　这么说，事实上的管理支配并不是单纯的物理性概念。

佐伯　是的，在此意义上就具有某种程度的观念化了。

3. 刑法"占有"中"意思"的要素

道垣内　虽然民法通说认为占有根据"所持"与"意思"加以判定，但"所持"是指社会一般观念上某人对物事实上的支配。如此一来，民法上的"所持"与刑法上"占有"的定义可以说是相同的，从而就会产生这样的问题：民法上要求的"意思"是否与刑法具有决定性的区别？关于这点，有必要从两个方面进行检讨：其一，民法上真的要求"意思"要素吗？其二，刑法上真的不要求"意思"要素吗？

关于这两者的关联情况，我阅读刑法教材后还是不太明白，该事例是就店主与店员的关系进行叙述的。尽管店员事实上管理着店里的物品，但说起来不过是作为占有辅助者进行管理的，占有仍属于店主。因此，当店员把那些物品拿出带回家时，从刑法上来说，不成立侵占而是盗窃。但是，根据现在民法学上通说的见解，"为了自己的意思"已经极其形式化。因此，"为了自己的意思"就是根据所持使事实上的利益归自己所有的意思，这种意思同样适用于占有代理人。概言之，当 A 依据 B 的意思而占有某物时，A 作为事实上的利益享受者，也可以认为具有为自己的意思，因此，不仅 B 被认为是间接占有，A 也可以被认为是直接占有。据此，对于店主与店员来说，当店员对商品进行物理上的所持时，对店员来说是直接占有，而对店主来说则是间接占有,双方都是占有人。①

当然,即使是作了以上分析,因为店员拿走商品,排除了店主的占有,在刑法上结论也是不变的。在刑法上,只肯认店主的占有,而不肯认店员的占有,这样我就有两个疑问:第一,虽然刑法不肯认间接占有,但实际上不是肯认的吗?第二,否定作为直接占有人的店员的占有的做法,不是意味着刑法较之于民法似乎更强调"为了自己的意

---

① 该部分过于简单地得出了结论。以下想再补充一些,首先,让我们看一下石田喜久夫教授的说明。

如果拜读一下我妻荣先生的著述,虽然他说酒店的小伙计没有独立的占有,但这多少有些疑问。例如,一位母亲抱着一个两岁左右的孩子乘坐电车,在六甲车站下车走向出口时,母亲对孩子说"把车票给那位叔叔",孩子高兴地把车票交给了车站人员。此种情形下,母亲对车票的持有显而易见是通过两岁孩子的所持而确认的,这是从社会观念上所作的解释。此时,孩子只是一个占有辅助者,或者说是一个占有机关。

但是,如果对酒店的小伙计也如此解释,就不免有些疑惑。酒店的小伙计奉主人之命送酒时,即使在途中被坏蛋偷走了酒并被夺取了占有,但因为小伙计是占有辅助者而没有独立的占有,所以也不能基于占有诉权要求返还。这样来处理,不太妥当吧。换言之,小伙计不能说"把我送的货还给我",而只能打电话或者返回酒店对主人说"酒被偷了,请授予我占有诉权或者基于所有权的返还请求权要求返还"。但是,如果必须采取这样的措施,不是太可笑了吗?参见石田喜久夫:《口述物权法》,第239—240页(1982年)。

我想就此指出以下几个问题。

首先,作为占有辅助者的事例,一直以来所举的都是些"商店里的幼徒·小伙计"、"家里的奴婢"之类完全不能进行独立判断的人,是现在几乎看不见的那种类型。当然,虽然其中还有"法人机关"这样重要的一个类型,但即使这个类型,也有学说认为将其视为代理占有即足矣(参见舟桥谆一:《物权法》,第291页(1960年))。另外,至少我们应该将其划分为拥有占有诉权的原告适格问题与被告适格问题。

其次,关于夺取送货途中的酒,有学说认为应区分"年少的小伙计"与"成年店员"来考虑。前者常常作为占有辅助者;而后者只有在主人店中时才是占有辅助者,在送货时就是占有代理人(舟桥谆一:前揭书,第290页)。但是,不言而喻,这种区分也是基于"刚从小学校毕业就在酒店做小伙计"这种古老的社会观念而作出的。

如果是那样的话,现在社会中的店员未必都应被视为代理占有者,我想指出的就是这点。石田教授指出的"可笑",在关于典型的"小伙计"时可能未必妥当,因为依据现在的社会观念,店员不能行使占有诉权,与以前不同。我的发言与民法教科书上的叙述之所以存在某些差异,就是基于以上考虑。(道垣内弘人)

思"吧?

佐伯 这种提法很有意思。关于间接占有,刑法对店主的肯认不是间接占有,而是把店员作为道具的直接占有,这点与民法不同。而且,如果我们设想一下在小商店里店主监视·监督店员的场合,店员不就类似于昔日没有任何权限的学徒接受店主的差遣吗?但是,判例却有只肯认上位者的占有并进行宽泛解释的倾向,其中关于农会的保管米一案,判决就只肯认农会会长的占有而不肯认作为仓库管理员的书记的占有(参见大判昭和21·11·26刑集25卷,第50页)。但是,类似的事例中也有肯认上位者与下位者共同占有的判决,例如,听从仓库科长指挥以管理煤氮(石炭窒素)的主任与科长的共同占有(参见最判昭和25·6·6刑集4卷6号,第928页)。甚至,有不少判决肯认下位者的单独占有从而被定为业务侵占罪而不是盗窃。因此,如果下位者没有权限只是机械的辅助者时,就没有占有;有某种程度的权限时,为共同占有;有独立的权限时,则为单独占有。大致上具体情况具体分析。

总之,判例中的占有概念确实相当观念化了。

道垣内 是的。并且,一旦确认占有的观念化,就会产生这样的疑问——例如,前面提到的上下位关系与民事法上的法律关系是怎样的关系?我们知道,宝石店的店主在店里经常巡视员工,店主此时对商品具有事实上的支配并占有该商品;不是店主而是店长巡视时,此时则肯认店长占有该商品。民法上也持同样的说明(例如,舟桥谆一:《物权法》,第290页(1960年))。

但是,店员中却有一个难缠的店员,他觉得同为私法上的普通职员,但店长事实上却监督着大家的占有状态,即使是刑法也没有说那人就具有占有啊?如果那样,刑法在决定是否存在占有时,是否也要把私法上的指挥命令关系作为考虑的因素加以注意呢?

佐伯 这么说吧,一旦占有概念观念化,就不能仅凭事实问题加以决定,所以自然受民法上指挥命令关系的影响。

与民法上的占有不同,刑法上的占有不要求"为了自己的意思",并且不包括间接占有,原因在于与委托物侵占罪(单纯侵占罪)的关系。委托物侵占罪中,受托者具有占有而委托者没有占有,但是,就像刚才所谈到的,因为肯认占有代理人也具有"为了自己的意思",所以即使刑法也要求"为了自己的意思"可能也没有问题。与此相对,在间接占有上,如果肯认委托者具有刑法上的占有,以历来的判例·学说的思考为限,则委托者与受托者共同占有物品时,受托者的侵占行为成立盗窃罪。但是,这种思考方式并不是绝对的,最近,铃木左斗志教授就提出了以下见解。他认为,委托者的间接占有也存在于因盗窃罪所保护的占有中,接受委托而拥有占有的人侵害委托者的间接占有时,不成立盗窃罪而成立侵占罪(参见铃木左斗志:《刑法中"占有"概念的再构成》,载《学习院大学法学会杂志》34卷2号,第172、190页(1999年))。因为是一篇非常有挑战性的文章,对占有问题感兴趣的人请务必阅读一下,或许能成为将来的通说。

道垣内 表述稍有不同。因为侵占罪处5年以下惩役(《刑法》第252条第1款),而盗窃罪处10年以下惩役(《刑法》第235条),所以盗窃罪更重。如果那样的话,在刚才宝石的例子中,如果分店长占有商品并将商品带回家时以侵占罪论处,而普通店员将商品拿回家时却以盗窃罪论处,这样岂不是很不公平?

佐伯　这反映出分店长拥有较大的权限。按照道垣内君的意思,分店长成立业务侵占罪要与盗窃罪科处相同的法定刑,但一般而言,伴随占有侵害的盗窃比之侵占罪行更为严重。

道垣内　权限大的人做了坏事,不是应该承担更重的责任吗?

佐伯　侵占,不仅侵害了所有权而且也侵害了委托信任关系,似乎比盗窃罪更严重,但是,另一方面,侵占并没有侵害占有,而且一般观点也会认为被害人"信任那样一个家伙是不对的"。

道垣内　没有眼光。

佐伯　是的。与不论意思而被夺走财物相比,侵占的可罚性较小。委托信任关系就会因思考方式发挥或积极或消极的作用了。

道垣内　原来如此。

4. 围绕着占有脱离物侵占罪的客体

道垣内　现在我们换一个话题,谈谈占有的丧失。看了占有脱离物侵占罪的讨论,关于客体的定义是这样表述的:"非出于占有人的意思而脱离占有之物,并且不属于任何人的占有,以及非出于委托关系而归属于行为人占有之物"。为什么说"非出于占有人的意思"?为什么将其作为要件?感觉不是太好。如果据此推论,出于占有人的意思而脱离占有的物品,即使被第三人持有,也不成立占有脱离物侵占罪。另外,因为是出于被害人的意思而脱离占有的,故而也不成立盗窃罪。这种情况如何处理呢?

佐伯　　成立占有脱离物侵占罪。所谓"非出于占有人的意思而脱离占有之物,并且不属于任何人占有之物"其实就是条文中"遗失物"的定义。作为脱离占有物的一般性定义,这确实容易招致误解。关于非出于占有人的意思而脱离占有之物,如果第三人所持之物系出于行为人的意思而脱离占有的,则根据行为人的行为分别认定诈骗罪·恐吓罪等,而不再另外成立占有脱离物侵占罪。除此之外,如果第三人随意领得这些物品,就成立占有脱离物侵占罪。但是,出于占有人的意思而脱离本人占有,并且也不属于任何人占有的情况时,能否举例说明是怎样一种情况呢?

道垣内　　这真是个很厉害的反问啊。因为《民法》第203条规定"占有权因占有人放弃占有的意思或丧失对占有物的所持而消灭",所以如果放弃"为了自己的意思"就丧失占有,因为已经说过,此处的"意思"可以作相当宽泛的解释,所以基本上包含了"所持"之外几乎所有的状态。并且,我不止一次强调,"所持"也要根据社会观念进行评价,很难丧失。当然,积极扔掉时就丧失了"所持",因为此时可以认为是放弃了所有权,所以不会成为占有脱离物侵占罪的客体。

　　我在山中行走时,决定抄岔道去看湖泊。因为旅行包太沉,我将其放在一个地方。此时,旅行包的放置有三种情况:放在茂密的草丛中或者普通人都不会想到的地方;主观上打算隐藏,但"即使不藏也不会被人发现"的地方;不隐藏,直接放在路上。这时,如果第三人拿走这个旅行包,哪种情况下构成盗窃罪呢?

佐伯 首先,判例非常重视有意识的放置行为是否一看即让人明白。我们以放置自行车为例进行说明。我所居住的住宅区前的道路上并没有自行车存放处,但是,车主早晨都把自行车放在那里,然后从车站坐电车去公司或学校,夜里回来。这段时间,没有人看管那些自行车。但是,因为大家都把车放在这条路上,非常遗憾这条路实际上就成了自行车存放处。此种情形下,不论车主去了哪儿,裁判所都会认为自行车还是归车主占有。此时,给自行车上锁是肯定占有的关键之一,也是裁判所确认车主占有的一个必不可少的要素。

与此同理,我们再来看一下道垣内君的事例。假定其他人看见该旅行包,如果他想,这是谁忘记的或者是谁丢弃的,这种情况,就可能否定旅行包主人的占有;如果他想,这肯定是谁放在这里的而不会是忘记的,这种情况下,确认包主人占有的可能性就大些;如果他想,包的主人肯定还未离开,可能去了湖边,这种情况下,确认包的主人占有该包的可能性就更大了。

道垣内 也许是我考虑不足,刑法上对这一问题的探讨实在精细。在民事判例中,有关占有丧失的问题几乎都是关于不动产的例子。至于在何种场合丧失"所持",占有是否消失,尤其是关于动产这方面,民法学上的讨论都缺乏具体性。但是一般学说都认为,如果不失去社会通念上的支配,也不会丧失"所持",这个结论与刑法没有什么区别。

作为少数几个具体事例的讨论之一,好美清光先生曾举出"C拿走B所持有的遗忘在食堂的照相机"这样一个事例。他评价说:"场所是特定的食堂,如果C不拿,B当然是能找到相机的;并且,食堂主人在客人回来拿取之前也会予以保管,因此,照相机并没有完全地脱离B的所持与支配。C拿取照相机的行为不能认为是'拾得'遗失物,而是违反B的占有意思予以侵夺的行为"(参见好美清光:《占有权》,载谷口知平、加藤一郎编:《新民法演习2 物权》,第85页(1967年))。此段评论引人注目,这与刑法中的讨论相似吧。

　　但是,刚才佐伯君曾说"如果其他人认为那好像是丢失物时,否定物主的占有"。以此为前提,如果占有人出于自己的意思将某物放置在那里但他人从外观上来看却认为是丢失物的,就应否定物主的占有。但是,由于占有脱离物侵占罪的客体以"非出于占有人的意思而脱离占有之物"为必要,如果那样的话,二者岂不矛盾?

佐伯　物主不在附近就属于这种情况吧。虽然微妙,但现在的判例·学说一般从两个方面来考虑盗窃罪的占有。一方面,侵害了他人现实的支配时就值得处以重罚,故只要对物具有现实支配时,就肯认占有;另一方面,因为有无占有也是区别盗窃罪与占有脱离物侵占罪的标志,所以在占有脱离物侵占罪没有处以轻罚的必要时,就被认定为盗窃罪。至于为什么占有脱离物侵占罪的处罚较轻,是因为拿走他人遗忘的物品是任何人都会有的冲动,换言之,占有脱离物侵占罪中诱惑的因素较多。根据这种理解,没有诱惑的因素时就认定为盗窃。不管是谁,如果打眼一看就认为物品不是物主遗忘的而是有意识地放置的,在这种情况下,即使物品脱离了物主现实的支配,也认定物主具有占有。所以,学说·判例都从这两个方面来考虑盗窃罪的占有,至于这种倾向是否妥当,则是另外的问题。

5. 哪一个"占有"的概念更广?

佐伯 道垣内君对占有脱离物侵占罪客体定义存在疑问的背景中,我注意到即使民法上不存在"事实上的支配",但根据以上盗窃罪的两面性,刑法中还是"存在占有"的。我们可以通过一些具体事例探讨一下,刑法上有过这样一个判决:关东大地震时人们拿着被褥等逃命,但是因为东西很沉无法随身携带,物主就将其放在了路上,结果,拿取那些被褥的人构成了盗窃罪(参见大判大正 13·6·10 刑集 3 卷,第 473 页)。对此,学说上也不是没有批评,这种情况在民法上该如何处理呢?

道垣内 在直接探讨具体事例之前,我们必须思考一下"有无占有"这个一般性的问题在民法学上能否成立,以及即使能够成立是否妥当的问题。

有无占有,在民法上是与数个效果相联结的。例如,关于善意占有人的孳息取得权(《民法》第 189 条),是否认为"取得孳息进行消费是理所当然的"是确认善意占有人取得孳息权的关键;关于《民法》第 192 条的即时取得,以信赖对方占有并且自己也取得占有为要件,此时,判断对方是否存在占有的关键,就在于对方外观上是否呈现出处分权人的状态;关于自己的占有取得,以占有改定是否充足为条件。因为这些在学说上都有讨论,所以占有一般情况下需要具体进行考虑。

另外,在取得占有、继续占有、丧失占有三种情况下,有无占有的评价也是不同的。为了取得占有,必须在相当程度上确实确立新的支配,而一旦新的支配已经确立,即使支配减弱也不能认为丧失占有。

以此为前提我们来思考一下刚才的具体判例,"即使放在路上也具有占有"这样的表述似乎过于粗疏,而"即使放在路上也不丧失占有"应该更妥当吧。

另外,关于是否肯认占有诉权的判断,如果不能清楚无误地判断这点就不能进行具体的判断。例如,从即时取得来看,A虽然事实上并非被褥的所有人却对B说:"放置在四丁目十字路口那个地方的被褥是我的物品,现在将其卖给你",B于是把被褥搬回了自己家。此种情况下,就不能说B信赖A的占有,换言之,不能说A具有占有。

与此相对,如果仅从A有无占有诉权这个观点进行思考的话,就有可能得出另外的结论。与刚才佐伯君所说的盗窃罪中的占有必须从两个方面来考虑一样,民法上判断是否存在占有诉权的理由也有必要从两个方面予以考虑:其一,虽然某人现实性地支配某物,他人却非法地强制性排除此种支配的,是为"滥用占有",这是从维持社会和平与秩序方面而言的;其二,与本权相比,因为占有更容易立证,故确认占有诉权的结果与保护本权相关联,这是从保护本权方面来说的。

关于第二个方面,因为最近不怎么提及(原因多种多样,因为关于动产占有本身就包含着本权的推定效力(《民法》第188条),故基于本权的起诉只要主张占有、立证即足,而没有必要肯认基于占有权本身的起诉),所以现在的民法学在考虑占有的有无时,强制性排除现实支配的行为能否被评价为"非法"就成了关键。

谈了这么多,以此再来分析一下"B把放置在四丁目路口的被褥搬回家"的事例。在此事例中,即使关系到占有诉权,也很难说有肯认A占有的必要,因为强制性的排除不存在。当然,因为在民法上对这样的具体事例讨论的并不充分,所以我也不太自信。

佐伯 从取得占有和丧失占有两个方面来考虑,确实很具启发性,我们再来讨论一下放置自行车的情形。如果将自行车放在有管理人的自行车停车场,当然可以考虑将其归属于管理人占有,但是,如果将车放置在没有管理人的自行车停车场,这种情况下如何处理呢?

道垣内 如果有管理人或者上锁的情况下,作为事实上的支配很容易就能确认车主的占有。与此相对,不存在管理人也不上锁的情况下怎么办呢?为了能够确认占有,因为要"以处于能够排斥他人干涉的状态为必要",所以,如果将没有上锁的车停放在停车处时,感觉好像不能确认占有。但是,反复考虑一下,这还关系到占有诉权,当自行车的取得时效成为问题时,虽说在途中不上锁就放置在一边,也不能说就产生时效的中断吧。

佐伯 虽然从来都认为民法是观念法,刑法是事实性的,但如此说来刑法方面也有观念化的情形,这一点很有意思。就像刚才所说的那样,即使没有正式的自行车停放处,刑法也肯认其占有。例如,福冈高裁昭和58年2月2日的判决(判时1083号,第156页):醉酒的被害人,酒后没有上锁就把自行车放在了作为专用于人行道的天桥上,然后徒步回到了距600米远的家里,打算第二天再去取车。大约过了16个小时,也就是第二天早上,被害人来取车时,却发现自行车被人偷了。在这个案件中,判决确认了占有。判决认为,那时停放自行车的场所实际上已经成了人们来往于附近市场的自行车停放处,经常见到有人把自行车停放在这里过夜。被告人推走本辆自行车时,旁边也还有另一辆自行车放在那里。并且,本案中的这辆自行车由于买了还不到一年,很新,车主的名字也都鲜明地刻印着,在车筐里还有一把折叠伞和一条毛巾,并且为了不挡道,车主还特意把它放在一边。基于这样的事实,判决认定了车主的占有。

道垣内 刻印了名字,而且有折叠伞和毛巾,这些都从外部表明物主的支配。虽然民法也是通过设立标识表明排除他人侵入的意思而实现对土地的占有,但基于土地的性质,因为它不能具有物理意义上的持有携带,所以谈到"所持"时,一般是在那块土地上建造建筑物。但是,同样的状况下却不能肯认动产的占有诉权,对此我有些疑问。

不过,反复考虑一下,由于民法学关于占有的讨论不像刑法学那样基于具体的事例,所以我对具体事例的判断不太自信。至于为何没有基于具体的事例进行讨论,是因为即使不肯认占有权而只基于所有权的返还请求权即已足够,例如刚才自行车的例子。因此缘故,我觉得肯认占有的场合有越来越狭窄的倾向。与此相对,刑法上确定盗窃罪的成立与否,必须准确地判断有无占有吧。

6. 依据与谁的关系确认占有?

道垣内 根据刚才佐伯君的叙述,我注意到一个问题。在把自行车停放在有管理人的停放处这个例子中,刑法关于盗窃罪采取占有说,只要具有占有侵害就成立犯罪而不必考虑占有归属于谁。与此相对,民法不考虑占有这样的抽象状态,就像"谁具有占有呢?"那样,要根据与权利人的关系来考虑。这一点可能也是刑法与民法的差异吧。

佐伯

的确，在对犯罪的成立没有疑问的情况下，刑法学上有时无需确定是谁的占有。例如，"把自行车停放在有管理人的自行车停放处"这个例子中，是侵害了管理人的占有而成立盗窃罪呢？还是侵害了管理人与所有人双方的占有而成立盗窃罪呢？抑或是因管理人为占有辅助人而侵害了所有人的占有成立盗窃罪呢？未必很明确。但是，因为不论哪一种情况都能对所有人成立盗窃罪，考虑到这些就已经足够了。但是，刑法上也有一些现实占有物品的人未必就是权利人的场合，此时，因为与盗窃罪的保护法益相关联，因与谁的关系而成立盗窃罪的议论颇为盛行。例如，第三人拿了盗窃犯偷来的东西这个问题。从主张"占有本身就是保护法益"的纯粹占有说的立场来考虑，因为盗窃犯的占有也受到保护，所以第三人针对盗窃犯而实施的盗窃行为肯定成立盗窃罪。但是，从其他的学说来看，"盗窃犯的占有是因为其盗窃罪而受到保护"就成为问题。对于这种情形，其中一种肯认盗窃罪的观点解释为：第三人从盗窃犯处偷走被盗物品的，实际上是间接侵害了所有权，应认定为针对原所有权人的盗窃罪。但是，由于仅仅存在对所有权的侵害而没有对值得保护的占有进行侵害，很难说明为什么不成立占有脱离物侵占罪而成立盗窃罪，所以，从与第三人的关系来考虑，由于盗窃犯也有保持占有的正当利益，故针对盗窃犯人而实施的盗窃行为有必要肯认成立盗窃罪。总之，当所有权人请求返还所盗物品时盗窃犯必须予以返还，所以对所有权人而言，虽然没有持有保持占有的正当利益，但对第三人来说，为准备返还所有人而保持占有的正当利益还是存在的。

7. 围绕着死者的占有

与"谁拥有占有"这个问题相关联,我们换一个话题——关于"死者的占有"——来探讨一下民法与刑法的差异。以我对刑法学中议论内容的理解为限,因为人的死亡,死者本来对生前占有物品的占有状态归于消灭。但是,仅仅肯定消灭,例如,杀死人之后拿走死者财物的,很难认定为强盗罪*或盗窃罪。因此,稍微缓和一下占有概念,从刚刚死亡的尸体上夺走物品时,仍肯认死者的继续占有。

与此相对,民法上认为占有权因继承开始而被(继承人)继承。为何民法上将占有权解释为因继承开始而被继承人继承?这是因为民法不承认取得时效的中断。例如,某人误把他人的物品当成自己的物品而占有了8年。因为善意占有人完成取得时效的时间以10年为必要(《民法》第162条第2项),所以因死亡占有继续被切断而取得时效没有完成,继承人此后自己开始占有时,只有出于善意并且再经过10年的期间,才能完成取得时效。这是不妥当的。原因在于,占有权因被继承人死亡当然地由继承人继承,继承人能够主张包括被继承人占有的时间,因此,善意的继承人经过剩余的2年就完成了该物品的取得时效。

为何说不承认继承是不妥当的呢?虽然对该问题一时说不明白,但是我还是想做如下分析。即,作为时效制度存在的理由,大体有四点:第一,"在权利上睡眠的人不值得保护",这指向对权利人的制裁;第二,当交易对方是无权利人时,任何时候都有无法治愈的瑕疵,这从

---

* 日本刑法中的强盗罪,系我国刑法中所规定的抢劫罪。——译者注

交易安全的观点来看不妥当;第三,保护虽是所有人但时间过长后举证变得困难的人员;第四,事实状态的继续过程本身就值得保护。参照上述分析进行考虑,至少前三点在说明为什么肯认占有权的继承方面有所帮助。因此,我觉得应该承认继承。

如果要确认盗窃罪和强盗罪的成立,存在占有的夺取就是必要的。但是,根据刚才的分析,即使不观念化死者的占有,依据继承人拥有占有也可以确认盗窃罪和强盗罪。可是,为什么非要将死者的占有观念化呢?

佐伯 继承人在完全不知情的情况下就已经取得了占有,这样也未免太过于观念化。因此,恰如刚才道垣内君所言,判例(参见最判昭和41・4・8刑集20卷4号,第207页;《刑法判例百选Ⅱ》,第4版,27事件)依据与杀人者之间的关系采取了生前占有在刚刚死亡后继续保护的立场,大多数学说也支持这一见解。因此,杀人者从被害人身上拿取物品的行为就成立盗窃罪,而第三人从死者身上拿取物品的话仅成立占有脱离物侵占罪。

道垣内 不是笼统地肯定死者的占有,而是依据与被害人的关系予以保护。

佐伯 是的。我想反问一下,占有的继承仅在取得时效的场合才成问题吗?是否有其他的考虑呢?

道垣内 在继承人取得现实占有之前第三人夺取其物的,继承人虽然也可以行使占有诉权,但由于此时继承人行使基于所有权的物权请求权即可,所以我想这并不是一个很重要的问题,关键还在于取得时效。

另外,说到刑法上"死者的占有",我们暂且放下作为标的物的动产而先考虑一下不动产。独自生活的 A 死在自己家中,继承人不知其死亡,当然就不能行使现实的占有。此时,如果某人进入 A 的房子并开始在该不动产中居住,该如何处理呢?

佐伯　虽然之前对您所说的问题完全未曾思考,但是因为不动产也被认为是财物,所以,我想可以成立占有脱离物侵占罪吧。不动产之所以不能成为盗窃罪的财物,是因为不能被移动,虽然这在学说上存在争议,但由于昭和 35 年创制了侵夺不动产罪,由此确立了关于盗窃罪中不动产不包括在财物之内的解释。不过,由于侵占罪的客体解释为包含不动产,所以领得死者之不动产的行为可以成立占有脱离物侵占罪。但是,因为未曾听说过这种事例可以肯认占有脱离物侵占罪,也许关于不动产就默认了不同于一般的解释吧。很早以前就有人指出:这并非关于死者的占有,而是与动产的占有相比,不动产的占有更具观念化(参见团藤重光编:《注释刑法(4)》第 79 页,(田宫裕)(1996 年))。有关不动产的占有仍有重新讨论的必要。

另外,再就一个人独自生活时产生的占有继承问题补充一句。例如,我与父母一起居住,而父母却在我旅行中去世了。此种情况下,因为家中的一切物品均属于我的占有(包括父母的所有物在内),所以,父母的去世仅发生物品从共同占有转移为单独占有的状态,而不会产生占有的继承这样的问题。此外,父母在乡下生活不幸去世,我听到消息返回家中。此种情况下,如果我进入父母曾经居住的家,因为在那一刻我已经取得占有,所以,之后即使我暂时再离开家,占有亦继续存在。但是,问题在于,从知道亲人死亡到遗属赶回家中这段时间内,他人侵夺该占有的,如何处理？并且,如我刚才所言,根据与造成死亡原因的人的关系,判例与多数学说均支持生前占有受到某种程度的继续保护。

8. 侵入住宅罪中"住宅权"的思考方法

佐伯 与此相关的问题是,事实上的支配管理在侵入住宅罪中也会成为问题,并且,关于如何处理共同住宅权也有讨论的余地,我想就此说几句。

道垣内 我看刑法书时,教科书曾就盗窃罪的占有写为"此处的占有,是对财物事实上的支配、管理的意思",侵入住宅罪中的住宅权说也是使用"对于住宅事实上的支配、管理权"这样的语言。不知这是否同样的内容。

首先,为什么说"住宅权说",而不是说"占有说"呢？

佐伯 这是因为,侵入住宅罪的法益与其说是住宅权人支配管理住宅这个事实状态本身,不如说是住宅权人决定他人是否进入其住宅的自由。但是,"权"这个用语是否妥当,所有权或者战前有过的户主权,因为都是指与民法上的权利没有关系的事实上的利益,所以虽然可能未必合适,但也许是因为没有更好的用语吧。（林干人：《刑法各论》,第 104 页（1999 年）,其认为应称为领域说。）

与刚才所举的死亡事例相关,还有一个侵入住宅罪的判决。在松山杀死了被害人,25 个小时后又侵入被害人在东京的家中,裁判所确认其成立侵入住宅罪。在此案例中,被告人在杀死被害人之前就有杀死被害人后侵入其住宅的企图；由于航空路线的发达，从杀害现场到被害人家的距离与时间都不是大问题；被害人死亡的事实只有被告人知道；居住人死亡之后，住宅仍与其生前一样锁着。基于以上事实，法律应与被害人生前一样继续保护住宅的平稳，从而认定侵入住宅罪（参见东京高裁昭和57·1·21刑月14卷1—2号，第1页）。针对住宅的平稳说，虽然主张住宅权说的人提出了批评，认为该行为具有侵害社会法益之罪的性质，但在居住人死亡之后也构成侵入住宅罪这种说明，难道不是对住宅平稳说的极端化吗？

道垣内　与盗窃罪的情形相同，如果认为支配在杀害不久的一段时间内仍然存在，就没有必要仅就侵入住宅罪而分析存在侵害社会法益之罪的要素，因为盗窃罪不是那样分析的。不过，由于杀人行为确实不存在于使占有丧失的行为之外，所以根据与杀人者的关系，很容易说被害人死亡之后依然保护占有，但对于住宅权也许就很难说了。

佐伯　确实如此。如果不采用住宅平稳说的说明，就很难认定死后的侵入住宅罪。

道垣内　战前曾有讨论，我自己在刑法课上也曾听过，关于因通奸目的而侵入住宅的情形，现在是如何讨论的呢？

佐伯　首先，战前大审院曾有过这样的判例：即使经过妻子的同意，但是因为违反了作为住宅权人丈夫的意思，所以成立侵入住宅罪（参见大判大正7·12·6刑录24辑，第1506页；大判昭和14·12·22刑集18卷，第565页等）。战后下级审的判决中曾有这样的判决：根据住宅的平稳说，经妻子同意而进入其住宅的场合，因为不侵害住宅的平稳，所以不成立侵入住宅罪（参见尼崎简判昭和43·2·29下刑集10卷2号，第211页），从而住宅的平稳说在学说上成为了通说。在最高裁的判例中，也可见到是否采用住宅平稳说的决定（参见最决昭和49·5·31裁判集刑192号，第571页）。其后，虽然最高裁的判决明确采用住宅权说（参见最判昭和58·4·8刑集37卷3号，第215页；《刑法判例百选Ⅱ》，第3版，15事件），学说上住宅权说也再度变得有力，但采用住宅权说的现在的判例对关于因通奸目的而进入住宅的行为是如何考虑的，因为其后并未出现这样的案件，所以并不明白。可能是检察官没有起诉。现在的住宅权说论者，几乎都对战前的住宅权说只承认丈夫有住宅权的观点提出批判，解释说妻子也是住宅权人，因此否定侵入住宅罪的成立。

但是，因为即使肯认妻子有住宅权也不能说外出的丈夫就没有住宅权，所以仍然存在侵害丈夫住宅权的问题。住宅权说仅仅肯认妻子有住宅权，并不能解决问题。实际上也有学说认为，根据住宅权说，丈夫不在家时妻子的情人进入其住宅的，因为侵害了丈夫的住宅权，所以成立侵入住宅罪，妻子为共犯（参见内田文昭：《刑法各论》，第2版，第174页以下（1984年））。在下级审的裁判例中，有些战后不久的判决也以侵害丈夫共有的住宅权为理由，认定成立侵入住宅罪（参见名古屋高判昭和24·10·6判特1号，第172页），虽然最近的判决没有关于通奸的事例，但是，在存在复数住宅权人时，必须要经过全体成员的同意（参见东京高判昭和57·5·26判例1060号，第146页）。该判决认为，在共同使用的别墅中，仅经过共同住宅权人其中一人的同意而进入的，虽然不能确定是否存在真实的同意，但是因为没有其他共同住宅权人的同意，所以成立侵入住宅罪。如果把该判决的理由适用到通奸事例的话，那么现在的住宅权说也认为，妻子的情人不经丈夫同意而进入住宅时，成立侵入住宅罪。

住宅权说为了否定妻子的情人（丈夫的情人亦同）成立侵入住宅罪，在存在复数住宅权的场合提出了两种解决思路：一是只要有一人同意就不成立侵入住宅罪（参见町野朔：《被害者的承诺》，载西原春夫编：《判例刑法研究2卷》，第212页（1981年））；二是优先考虑现场者的意思（参见中森喜彦：《刑法各论》，第2版，第79页（1996年））。两者的区别在于，丈夫在家中时妻子不顾丈夫的反对把情人领回家的，前一种立场不成立侵入住宅罪，后一种立场成立侵入住宅罪。我认为前一种立场是更为妥当的（关于该问题，最近详细的研究请参见关哲夫：《关于侵入住宅罪中承诺意思的"显在的对立"》，载《国士馆法学》32号，第69页以下（2000年））。

存在复数住宅权人的场合，如果住宅权人的一方也必须得到他方住宅权人的许可才能进入，即使是夫妻，如果没有得到一方允许，他方也就不能进入。也许那时可以依据存在推定承诺来处理。但是，例如我拈花惹草，妻子大怒，"再也不要进这个家了"，边说边关上了门。我在外面悄悄观察，趁妻子外出时偷偷溜进了家门。此种事例，因为有明确拒绝的意思，就不能以推定的承诺来处理。所以存在复数住宅权人时，只要得到其中一人的允许应该就可以。

另外，即使按照中森先生所言优先考虑现场人的意思，当双方都在家时，征得双方的同意也许更为妥当。只有妻子在家时，即使他人征得妻子同意进入其住宅，但其后丈夫返回，并怒喊"滚出去"而妻子却说"不用出去"的，此时成立不退去罪就太可笑了。

佐伯 一般而言，我们按常识解决问题。如果丈夫回来后叫喊"滚出去"时，那就不能不出去了。

道垣内 这是因为考虑到通奸的目的吧。例如，妻子把朋友带回自己家一起喝茶聊天，正在这时，丈夫回来了，对妻子的朋友喊道"滚出去"。此时，即使妻子说"说什么呢，这可是我的朋友啊"，朋友也不成立不退去罪。不过，虽然中森先生本身也指出"在不侵害他人利益的范围内，有时仅得到现场一部分人的承诺即可"，但这里所说的"他人的利益"的具体内容，并不是很明确。

佐伯 确实如此。实际上，考虑到只要有一人同意即可，在课堂上我也经常说起与道垣内君刚才所言相同的那些理由。当我对妻子说"从家里给我滚出去"时，即使妻子不出去，也不成立不退去罪（可能也有相反的说法）。总之，由于住宅权人违反其他住宅权人的意思时并不成立侵入住宅罪和不退去罪，所以得到住宅权人其中一人的同意而进入住宅的人与此情形相同。不过这之前，由于总认为这是我一家之言，即使在理论上是正确的，也可能违反了一般常识，因而总感到一丝不安。但是，现在听了道垣内君的分析，我对自己的见解符合常识也充满了自信。之所以仅在通奸的场合会有这种异样感，是因为存在着所谓贞操权的防卫这种正当防卫的状况。

道垣内 因为存在着正当防卫状况，所以即使抓着衣领出去，也不能说成立不退去罪。

佐伯 确实如此。

作为复数住宅权人的情形,我们讨论了丈夫与妻子的关系,那么,父母与孩子的场合下又如何呢?例如,女儿带回男朋友,即使父亲反对说"不许那个家伙进来",但女儿仍然让其男朋友进入的,这种场合下怎么办呢?另外,因为每个房间都有一个住宅权能够观念化,所以,只是进入女儿的房间时又该如何处理呢?虽然不通过大门和走廊直接进入女儿的房间是非常困难的,但是,例如房子附近长着一棵大树,从树枝上跳到女儿房间时,因为只有女儿有住宅权,所以即使违背了父母的意思,可能也不成立侵入住宅罪吧。但是,从几岁开始才有独立的住宅权呢?这个标准是比较难划的。

道垣内 的确很难。例如,一个17岁的女孩被单独留在家中看家,父母让她适当地处理一些事情,此时,即使认为有父母的授权,也是能够作出充分说明的。但是,如果父母在家中时女儿偶然走到门口,因为说了"请进"而不成立侵入住宅罪的话,总感到有些别扭。

佐伯 在仅委托给孩子的场合,所谓孩子的意思起作用,因为能够以父母的概括性同意的形式进行说明,所以,在二者意思相反时父母可以超越孩子的意思,其结果好像只承认父母拥有住宅权。

道垣内 不明白原因何在,但感觉不是所有权的问题。如果以所有权的所在来决定住宅权的所在,那么我国多数家庭就只有丈夫才有住宅权。因此,如果民法上的所有权以个别的思考方法来确定,否定孩子住宅权的理论又算什么呢?对此我不太明白。监护权当然限制孩子的权利,但对孩子而言,即使说"你不要随便把朋友领到家来",我想那也不能左右第三人的犯罪成立与否吧。

佐伯 此处存在两个问题。其一,当未成年人的意思与父母的意思相反时,能否承认未成年人拥有独立的住宅权？其二,假如承认未成年人拥有独立的住宅权,从几岁左右开始肯认呢？在课堂上,我曾经举过"罗密欧与朱丽叶"的例子。虽然朱丽叶只有 14 岁(也许不能与现在的年龄进行简单的比较)①,但是,对于事先征得朱丽叶的同意而偷偷溜进她房间的罗密欧,能否认定侵入住宅罪呢？该质问一经提出,学生们即表现出强烈的兴趣,之后提出了各种各样的建议。日本裁判所是不承认 14 岁的孩子拥有独立的住宅权的。

虽然谈话尚未尽兴,但因时间拖得太长了,今天就到此为止,关于亲子问题我们抽其他时间再谈。

道垣内 关于民法学中的占有论,我感觉议论的并不清晰,如果我们想要予以更具体的展开,就必须参考刑法学中的议论。

---

① 谈话后我确认了一下,朱丽叶那时还未到 14 岁。在第一幕第三场中,朱丽叶的奶妈曾说两个星期后朱丽叶就 14 岁了。但是,那天晚上的宴会上,朱丽叶与罗密欧一见钟情,第二天夜里罗密欧就偷偷溜进了朱丽叶的房间,并且,3 天后两个人就死去了。在谈话时说得有些匆忙。关于朱丽叶的年龄,新潮文库·中野好夫译《罗密欧与朱丽叶》的解说(第 262 页)曾有意味深长的论述。(佐伯仁志)

第九回
信用卡(1)

1. 信用卡交易的构成
2. 自己名义的信用卡的不正当使用
3. 针对会员资力的加盟店的利害关系
4. 理论的循环
5. 加盟店的交易拒绝义务或拒绝权的存在与否
6. 第1款诈骗还是第2款诈骗?

1. 信用卡交易的构成

佐伯　　由于信用卡不必使用现金就可以简单地进行交易,因此获得了广泛的普及,大学生持有信用卡也不是什么稀奇的事情了。但是,伴随着这种普及,各种问题也应运而生。持卡人的多重债务问题便是其中之一,刑法领域中也存在围绕信用卡交易的犯罪问题。所以,这回我们一起来讨论一下信用卡交易与刑法的问题。

关于牵涉到信用卡交易的最近犯罪问题,全国防犯协会联合会设置的"信用卡安全研究委员会"的报告书中将之分为四种类型(参见食田润:《关于信用卡安全的研究报告书》(中),载《警察学论集》49卷6号,第151页以下(1996年))。第一种为使用盗窃的或他人遗失的信用卡购买商品。嫌疑人一般看准未设置信用咨询末端机(CAT)的加盟店,或者是末端机尚未与信用卡公司的计算机实现连线化的加盟店,在短时期内购买大量换金性(可以将商品再换成钱)极高的商品,然后再去换金商场换成钱。业界将这种行为称为"买回"。第二种为伪造信用卡并使用,多为组织性的或国际性行为。第三种为通过虚假的申请获得信用卡并使用。在入会申请时作虚假的记载,以虚构的人物名义获得信用卡,或是以他人的名义获得卡进而不正当使用。第四种为利用多重债务人的不正当使用。通过传单或广告单劝诱陷于多重债务的会员,让他们在未设置信用咨询末端机的加盟店买回换金性高的商品,而后在换金商场换成钱,从其中抽取相当部分的提成。

首先,让我来说一下信用卡交易的构成,如果有误解或不足时,再由道垣内君补充。

在信用卡交易中,有如下几种类型:其一,三方关系类型,即信用卡公司向会员发放信用卡,公司与加盟店之间签订协议,会员向加盟店出示卡,加盟店向会员提供商品或服务。其二,两方关系类型,即商店等的贩卖业者与会员之间的交易类型。其三,包含加油站在内的四方关系类型。刑法上主要讨论的是三者之间的关系类型,本回我们也就这一问题展开讨论。

这种信用卡大致分为银行本身或银行系统的公司发行的银行卡与信贩公司发行的信贩卡两种,但两者在刑法上没什么区别。使用信用卡交易的构造如下所示:首先,卡的持有人在购买商品或接受服务时向加盟店出示卡,并填写购买商品的价款、会员的号码以及姓名,加盟店将此凭证交给公司,由公司支付给加盟店价款以及一定的程序费。支付通常采用银行的账户转账方式。此后,公司向会员请求支付价款及费用。

会员的支付方式包括全额一次性支付,分比例支付,甚至可以采用不管买了多少东西,每月仅支付一定数额或剩余债务额的一部分的方式。也有用奖金一次性交付的方式,但那不过是全额一次性交付的一种而已。

道垣内　不管是哪一种，在金融规制法上都具有重要的意义。银行型信用卡公司在平成4年以前禁止2次以上的分额给付或定额给付，此时奖金一次性支付是可能的。奖金的一次性支付不过是确定总括的支付日期的支付，所以不过是全额一次性支付的一种。现在的银行卡也可以实行定额支付。

佐伯　有没有其他的从民法的立场出发补充的呢？

道垣内　民法上当然进行了各种各样的讨论，从与刑法的关系出发的话，法律构造包括公司向加盟店支付，公司请求会员支付。这里有两种考虑方法。

其一，公司替会员清偿加盟店的债务，公司作为受托人取得向作为委托人的会员请求偿还费用的债权(《民法》第650条)。如果将公司的替代偿还行为视为受委托的保证人所实施的行为，那么公司对会员的债权就是以保证委托为基础的求偿权(《民法》第459条)。至少公司向加盟店所为行为的根据之一是公司与会员间的合同。

其二，公司根据与加盟店之间的合同关系向加盟店支付，加盟店将对于会员的债权让与给公司。

2. 自己名义的信用卡的不正当使用

佐伯　在考察民法上的法律构成对诈骗罪的问题产生了多大的影响前，刑法上讨论较多的是，如果没有支付能力或支付意思而以自己的名义使用信用卡购买时,是否成立诈骗罪,我现在先介绍一下围绕这一问题的议论。

首先是没有支付能力或支付意思的人与公司签订合同取得信用卡的问题,一般认为这时由于诈骗取得卡的行为而构成第 1 款诈骗罪。因为在向公司提出申请时,当然应该拥有支付能力或支付意思,没有支付能力或支付意思而实施申请的行为相当于对公司的诈骗。虽然被起诉的例子很少见,但也并非完全没有。

接下来是虽然没有支付能力或支付意思却仍然向加盟店出示卡购买商品的问题,对于这一点,学说中的观点分为三种:无罪说;对加盟店的第 1 款诈骗罪说以及对公司的第 2 款诈骗罪说。* 由于诈骗罪以使人陷入错误为必要,所以问题当然在于使加盟店或公司的工作人员陷入错误。以下为论述方便起见,我们还是简称为公司或加盟店。

无罪说的理由如下。因为使用信用卡交易有如下特色——加盟店不需要关注会员的支付能力或支付意思就可以进行交易,通过与公司的合同,加盟店被课以与会员交易的义务,所以加盟店并不关心会员支付能力·支付意思的有无。因此即使会员没有告知自己不具备支付能力·支付意思也不构成诈骗,加盟也没有基于错误的交付行为。而公司是根据与加盟店的合同必须向加盟店支付货款,所以即使公司陷入错误,与价款支付间的错误也没有因果关系。

与之相对,第 1 款诈骗罪说主张如下。在公司不支付价款时,加

---

* 《日本刑法》第 246 条规定,"诈骗他人并使之交付财物的,处 10 年以下惩役。以前款方法,取得财产性不法利益,或者使他人取得该利益的,与前款同。"可见,日本刑法中的诈骗罪之客体是财物(第 1 款)以及财产性利益(第 2 款),相应的,也可以将其诈骗罪分为"财物诈骗罪"(第 1 款)与"财产性利益诈骗罪"(第 2 款)。——译者注

盟店关心会员的支付能力·支付意思。并且在加盟店知道会员没有支付能力·支付意思时，不仅可以拒绝交付货物，而且还有回避公司的不良债权，为维持信用交易的制度而拒绝交易的义务。所以会员的行为是对加盟店的诈骗，加盟店是由于对会员的支付能力·支付意思的错误理解而交付了货物。因而构成第 1 款诈骗罪。

第 2 款诈骗罪说在认定会员的行为构成诈骗行为时与第 1 款诈骗罪说的观点相同，但是该观点还重视这一点——因为加盟店可以从公司取得价款，所以遭受实际损害的是公司，因而构成第 2 款诈骗罪。在这一学说中，还有以公司为受骗人的交付行为者说，但公司是否存在着现实的错误仍是个疑问，即使存在着错误，也不能肯认与交付价款之间的因果关系，所以现在的第 2 款诈骗罪说中，一般将加盟店视为受骗者与交付行为者，将公司视为被害人，从而建立起了一种三角诈骗关系。根据与公司的合同，加盟店享有使公司承担对加盟店的偿还债务的权利。如果再做细致的分析，那么根据即遂时期的认定，第 2 款诈骗罪说可以区分为当公司向加盟店实际交付时构成即遂的观点，以及加盟店卖出商品时构成即遂的观点。

判例在一审时得出了无罪判决，而最高裁的判决采用了第 1 款诈骗罪说。因为没有最高裁的判例，所以一般认为判例坚持了第 1 款诈骗罪说。

我手头现在有三个案例，分别是和歌山地裁昭和 49 年 9 月 27 日判决（判时 775 号，第 178 页），福冈高裁昭和 56 年 9 月 21 日判决（刑月 13 卷 8、9 号，第 527 页），东京高裁昭和 59 年 11 月 19 日判决（参见判タ544 号，第 251 页；《刑法判例百选Ⅱ》，第 4 版，45 事件）。综合这三个案例，我们发现采用第 1 款诈骗罪之理由的核心在于，公司不支付价款给加盟店时,加盟店有必要确保对会员的价款债权的履行请求。在公司不支付价款的情况中,当然包含公司的倒闭,但最重要的是如下情况:加盟店不管是否知道会员没有支付能力或支付意思都与会员进行信用卡交易。在这一问题的背后,加盟店知道会员没有支付能力或支付意思时,加盟店对于公司负有诚实信用原则上的拒绝采用信用卡交易的义务,在加盟店违反这一义务时,公司可以拒绝给付。

以上是判例采用第1款诈骗罪的根据,下面我们把这个问题分成两部分来讨论,一是是否可以将"公司不支付价款给加盟店时,加盟店有必要确保对会员的价款债权的履行请求"作为一般论?二是是否应当认为"加盟店知道会员没有支付能力或支付意思时,加盟店对于公司负有诚实信用原则上的拒绝采用信用卡交易的义务,在加盟店违反这一义务时,公司可以拒绝给付"?无论哪一个问题,如果参照民法的思考方法,都会存在若干疑问。

3. 针对会员资力的加盟店的利害关系

首先,我们来讨论一下当加盟店不知道会员无支付能力或支付意思时,或者更概括地说,"公司不支付价款给加盟店时,加盟店是否有必要确保对会员的价款债权的履行请求?"这与刚才说到的法律构成存在着关系。如果考虑一下其中之一的替代给付方式就会发现,其中的加盟店(卖主)对会员(买主)拥有债权,而由公司负责替代给付,在公司倒闭无法替代给付时,似乎加盟店拥有对会员的支付请求权。但情况并非当然如此。

首先,关于信用卡,有公司与加盟店签订的"加盟店规约"以及公司与会员签订的"会员规约",这两项规约都没有将会员应当向加盟店实施给付的条款列入。例如，我去北海道旅行，在加盟店里吃了寿司，用信用卡结账，因为我没有告诉店主我的住址，所以店主想要找我要钱的话，还必须有公司帮忙。但是，规约中并没有这种规定，所以，有学说将公司的"替代给付"约定的核心法律性质称为免责性债务承受，因此加盟店无法请求会员支付价款。

其次，即使将"替代给付"视为概括的债务承受或保证，如果此时从保护消费者的观点出发，问题便成了能否简单地确认加盟店对会员拥有价款支付请求。就算是从一般的观点出发，消费者用信用卡买了商品，然而在支付的日期到来前公司破产了，恐怕也没有消费者认为这时应该由自己支付吧？当然，如果以公司不替代支付就不能从会员的银行账户中转移金钱为前提，会员此时即使向加盟店进行支付也不会遭受财产上的损失，但对于会员来说，毕竟还是存在着双重支付的危险。

即使作为法律论来看，如果答应加盟店的支付请求，也不见得说不对公司支付就行。即，如果会员向加盟店支付后，公司在不知情的情况下又向加盟店双重支付时，作为委托人的会员就是随意地行使委托给受托人的行为了，所以，即使受托人的公司的支付行为是无益的，受托人也失去了对委托人的费用偿还请求权。这样的话，就可以根据会员的危险判断出公司陷入支付不能的状态，或没有支付的意思。认为会员不承担对加盟店的支付义务也就是妥当的。

当然，如果考虑一下债权让与的构成情况，因为加盟店并不拥有对会员的债权，所以也就没有"公司不支付价款给加盟店时，加盟店有必要确保对会员的价款债权的履行请求"的可能。

佐伯 是的。公司不支付价款给加盟店时，加盟店有必要确保对会员的价款债权的履行请求的理由中，这种危险性非常小，所以刑法学者间的评价也不高，从民法的观点出发也存在着许多问题。究竟是与替代给付构成还是与债权让与构成，不是应根据约款决定吗？

道垣内 第一次根据约款决定，约款中还有其二所说的东西。但是，"替代给付"的法律构成并不明确，其中包含免责性债务承受，重叠性债务承受，保证、委任等多种分析。并且即使作为事业人的公司明确采用其中的一种，但是否能被其他当事人接受还是个问题。还有意见认为，不必考虑事业人在合同书上采用的法律构成，应将信用合同视为一个合同(参见半田吉信：《贷款协作贩卖与抗辩权的切断条款》，载《判夕》724、725号(1990年))；也有主张着眼于实质的合同之"更生"的观点(参见山田诚一：《关于复合合同交易的纪要》NBL 485、486(1991年))。

佐伯 作为债权让与构成的情况，在债权被让与时是否都存在公司对加盟店的给付？果真如此的话，我觉得不会发生债权虽然被让与，但加盟店不接受公司的支付的情况。

道垣内 自加盟店向公司出示票据时起，例如在5天后，在某一确定的时间债权被让与。不限于在这一时间点上，公司完成对加盟店的支付。

4. 理论的循环

道垣内 接下来，我们来讨论一下并非公司倒闭时，而是"加盟店知道会员没有支付能力或支付意思时，加盟店对于公司负有诚实信用原则上的拒绝采用信用卡交易的义务，在加盟店违反这一义务时，公司是否可以拒绝给付"的问题。

佐伯 　东京高裁判决中指出："在会员明显没有日后支付给公司价款以及利息的意思或能力时，加盟店应当拒绝给付货物，并对公司负有不使其陷入不良债权的诚信原则上的义务"。认定诈骗罪的成立，不以有拒绝贩卖的义务为必要，只要加盟店能够拒绝足矣，但高裁的判例似乎认为必须具备该义务。

道垣内 　说到是否承认加盟店的义务问题时，必须考虑的是该义务的存在与诈骗罪的成立与否有何关系的问题。后一个问题本不属于我研究的领域，但我还是打算从这个问题出发。

　　承认成立对于加盟店的第 1 款诈骗时，应以加盟店被欺骗作为前提。然而，所谓的加盟店被欺骗时，是指加盟店不知或没注意到会员没有支付能力或意思的情形，所以这时的加盟店没有拒绝交易的义务，也不能被剥夺请求公司支付价款的权利。因此，虽然被欺骗，但是加盟店与会员的支付能力间没有利害关系。并且，如果加盟店得知的话，加盟店就有拒绝交易的义务，如果违反义务，也就不能请求公司支付，因此加盟店与会员的支付能力间也就具有了利害关系。这样一说，似乎理论上陷入了一种循环。

佐伯 　加盟店受骗时当然没有违反义务的问题，但是问题是知道时应该怎样处理，这一点是不是很奇怪呢？例如，我去商店边拿出信用卡边说"我没钱，也没有支付的意思，但我想买个戒指"，这时商店是卖还是不卖呢？

道垣内 不是,我想说的是为什么知道时怎么处理会成为问题点?换一个角度来说,认定诈骗罪的成立,是不以财产上的损害为必要的吧?

佐伯 法律上不要求,通说也认为不必要。换言之,第1款诈骗罪说认为丧失物的持有本身就是损害。但是,最近的有力说认为,既然诈骗罪也属于财产罪的一种,自然应当以某种形式的财产上的损害为必要。从这一观点出发,正如上面所提到的,有见解认为,加盟店可以从公司获得价款的支付,所以并非被害人,被害人应当是公司。判例在一般的判示中不以财产上的损害为必要,在信用卡的不正当使用上采用第1款诈骗罪说;而在别的情况中,例如使用证明书的诈骗中否认诈骗罪的成立。如果这种情况也将物的持有的丧失视为损害,就必须肯定第1款诈骗罪的成立,所以判例也并非完全地不考虑财产损害的有无。

道垣内 如此一来,下面的理解就是正确的吧?东京高裁昭和59年的判决仅列举这一点——交付了本来不用卖出即不用交付的货物,就认定了第1款诈骗罪的成立。

佐伯 对。

道垣内 如此一来,所谓的诈骗罪就是对意思自由的犯罪,咱们先暂且不谈这一点,与上述东京高裁的判决相对,和歌山地裁昭和49年特意指出:"公司不支付价款给加盟店时,加盟店有必要确保对会员的价款债权的履行请求"。这不是打算以加盟店遭受财产上的损害为基础吗?和歌山地裁判决认为第1款诈骗罪的成立须以财产上的损害为必要,而东京高裁的判决却认为财产上的损害并非要件,必要的是,如果没有欺骗行为不交付亦可但却交付了的行为。这种理解对吧？

佐伯 和歌山地裁的案件或许是因为加盟店接受了公司的价款支付,并不一样吧？刚才有一点没有讲明白所以可能引起了误解,东京高裁也认为加盟店负有诚信原则上的义务,并指出:"在加盟店知道会员日后没有支付价款及利息的能力或意思而仍向会员出售商品时,公司可以以加盟店违反诚信原则为理由,拒绝支付上述货款",所以在加盟店可能被公司拒绝支付金钱这一点上是相同的。

道垣内 讨论的越来越细了,尽管可以拒绝向会员交付货物,但如果因受骗而交付的情形成立诈骗罪,问题并不在于公司是否可以拒绝向加盟店的替代支付,而在于"加盟店在知道会员没有支付的能力或意思时,是否可以拒绝交易"。说到公司能否拒绝向加盟店的替代支付,似乎又是在讨论财产上的损害是否必要,这样一来,就又陷入了上述理论的循环。

佐伯 我认为,为了说明加盟店知道而不卖的问题,仅仅举出被拒绝替代支付的可能性就够了,不需要直接讨论财产上的损害问题。

5. 加盟店的交易拒绝义务或拒绝权的存在与否

道垣内 接下来,讨论一下能否承认这种义务的问题。作为对判例的批判或判例的理解问题,只要讨论义务的存在与否即可,但如刚才佐伯君所说的,还必须考虑债务不存在时拒绝权是否存在的问题。

在此我注意到犯罪的成立与否是根据公司与加盟店间的合同的规定而发生决定性的变化。如果公司对加盟店课以知道会员没有支付能力·支付意思就拒绝交易的义务的话，加盟店就必须承担此负担。果真如此，信用卡势必难以普及。如果某一公司制定了一项规约·规定——只要会员出示信用卡，加盟店不必理会是否有支付能力或支付意思就可以进行交易，或者直接规定只要会员出示信用卡就应该交易，这种做法必然会因为便利而吸引大量的会员。

问题在于是否可以这样认为：有上述规定时不成立诈骗罪，没有上述规定时成立诈骗罪呢？

佐伯 很多学者认为是可以这样设想的。公司对加盟店说"不用担心别的尽管卖出"时，意思就是"即使没有支付能力或支付意思，也由我们承担损害"，所以，也就没有承认诈骗罪通过刑法保护公司的必要了。无罪说实际上就是这么考虑的吧？

接下来，说到与商谈的宗旨的关系，如果想要整合性地考虑刑法的解释与民法的解释，那么有罪说的说明就是通过解释约款而拒绝交易所得出的。判例上指出从诚信原则的义务出发有拒绝交易的义务，但即使没有判例上所说的这种拒绝义务，也有学说认为：作为现实问题，如果加盟店知道会员没有支付能力或支付意思就可以拒绝交易，仅有这一点就可以主张诈骗罪的成立（参见林美月子：《信用卡的不正当使用与诈骗罪》，载《平野龙一先生古稀祝贺论文集（上）》，第469页（1990年））。我也认为这一解释是可能的，如果可以说该解释与约款的解释相同，就没有超越该解释的解释了。当然，因为刚才的约款中写的是"无正当理由不得拒绝"，所以在明显没有支付能力或支付意思时，不是可以解释为有正当的拒绝交易的理由吗？

道垣内 迄今为止，我们一直在谈论的是合同中的规定是重要的，但如果我们再问一个"为什么依赖于合同"这样一个问题，答案之一便在于这里谈到的合同并非以往谈到的犯罪行为人与对方当事人间的合同。作为犯罪行为人的会员不知道公司与加盟店之间订立了什么约定。根据合同条款的不同而决定自己犯罪成立与否对于会员来说是否可以接受？另一个答案是，加盟店的约款因为身份的不同——JCB、VISA、MASTER——而存在差别。这时容易导致使用JCB卡不构成犯罪，而使用VISA卡就构成犯罪的差别。这与刚才谈论的例子可能稍有不同。

佐伯 我明白你说的意思。如果将公司与加盟店的合同作为被害人的情况来考虑，在认定诈骗罪的成立时将其放在考虑之外的做法就多少有些疑问。另外，在约款的解释上虽然文言有些差异，但如果采用民法上合理统一的解释，结果也就不会出现这种问题。

道垣内 是的，正如刚才所说的，在信用卡合同的法律性质的决定问题上，也有完全无视约款的文言的思考方法，根据公司的不同而个别性地解释合同的想法是有些怪异的。

我们终于讨论完了前提问题，下面进入拒绝交易义务或权利的话题。虽说是拒绝交易但是包含两个话题，一是拒绝贩卖本身；二是拒绝使用信用卡的交易。

无论在哪一本教科书上，合同都是经过要约与承诺而告成立。商店将物品摆放在柜台上视为要约，顾客只要说"买"，买卖合同即告成立。但是如果商场此时具有"不，不卖给你"的拒绝权，摆放的商品就仅仅是要约引诱了，顾客提出的"想买"才是要约，商场打算"卖"时合同才成立。要约与要约引诱的区分标准并不明确，究竟是不卖给外国人呢？还是不卖给染过头发的人呢？除去条约在宪法上的问题，商店拥有广泛的拒绝权，而摆设商品也不过是邀约引诱罢了。

即使只考虑这一点，加盟店也拥有拒绝交易的权利。即如果对顾客的要约不予承诺，合同就不成立。但是，这也不能说在本来拒绝交易的例子中，因诈骗而使交易被拒绝就成立诈骗罪。如此推断的话，如果某个顽固的老大爷店主看到不顺眼的客人就说"这里没有给你吃的寿司"时，恐怕也构成诈骗罪了。而在标有"除阪神猛虎队（球队名）球迷外禁止入内"的店里，如果东京巨人队的球迷唱着阪神猛虎之歌进入买东西的话，同样构成诈骗罪。

所以，问题在于是否可以拒绝第二阶段即利用信用卡的交易。刚才提到，有学说认为加盟店对于明显的没有支付能力的会员应该作为一个事实问题而拒绝交易。说到是否可以拒绝使用信用卡的问题，拒绝贩卖物品的问题是非常混乱的。

刚才，佐伯君指出加盟店的规约中有如下条款："加盟店针对出示有效的信用卡的贵社的会员，无正当理由不可以拒绝利用信用卡的交易，也不可以要求支付现金或采取其他的妨害信用卡的方便的使用的方式"。这是有关是否可以拒绝使用信用卡的规定。在考虑加盟店的义务时，如何考虑条款中的"无正当理由"就是个问题。在这点上，所谓正当理由，至少在与从业人员的数等的关系上，在买卖不足1 000万元的商品上使用信用卡，如此可以规定"限定于1 000万元以上的商品"。我也曾经见过某些商店贴出告示："午餐时间请不要使用信用卡"。

佐伯　是的。首先，关于顽固的老大爷的例子，按照传统通说可能构成诈骗罪，所以，正如刚才所说的，现在的有力说试图将诈骗罪的成立范围限定在某种意义上的财产损害可能发生在被害人身上时。关于使用卡与贩卖物品的区别,我也没有认真地考虑过,还请不吝赐教。在构成诈骗罪时,因为会员当然没有支付能力或支付意思,所以如果拒绝卡的使用就不能购买商品,这实际上与拒绝贩卖已经就没有区别。最后,关于"正当理由"的问题,虽然有些不够干脆,但根据解释是不能包含没有支付能力或支付意思时的。

道垣内 根据解释,虽然在基于诚信原则可能设定一定情况下的拒绝利用信用卡的义务,但如果不限定在明确没有支付意思或支付能力时,对加盟店而言是残酷的。加盟店认为没有支付能力而拒绝时,客人可能会发火,公司也可能因加盟店违反禁止拒绝条款而给予惩罚,真让人受不了。

佐伯 关于拒绝义务正如您所说。但是,在最低限度上,如果加盟店即使有拒绝的权利而拒绝交易时也不会被公司课以债务不履行责任,就有可能肯定会员的欺骗行为。即使以支付能力·意思为问题而拒绝也不违反义务的结论,民法上是怎么承认的呢?

道垣内 这是可能的。首先,只要不涉及种族歧视及其他宪法上的问题,一般的贩卖拒绝都是可以的。这与围绕信用卡的法律问题没有关系。如果进行限定的话,也可以承认。所以,如果我们尝试考虑一下,就会发现实际问题只发生在这一点。所谓信用卡的拒绝使用,因为可以理解为不使用该公司的信用卡而使用现金或其他公司的信用卡,所以这意味着该信用卡公司失去了会员的信用。因为这样做不行,并且并不是没有支付能力·意思时使用别的信用卡就可以解决的问题,所以这应当是一个拒绝一般性贩卖的问题。因此，我们认为这种权利属于加盟店，法律上没有规定公司可以追究加盟店违反加盟店规约的责任。

即使加盟店拒绝了一般性的贩卖，被拒绝的会员也可能向公司提出疑义。"你们那里的加盟店，说是要做生意，却拒绝卖商品给我，不是胡来吗？"这时，信用卡公司可能根据事实对加盟店进行制裁，或者将其除名，因此事实上加盟店是无法拒绝贩卖的。上述情况应该是存在的吧？此时产生的问题是，虽然请求贩卖的人没有支付能力与支付意思，但是否可以产生回避上述事实上制裁的效果呢？为了以无罪说为根据，应该主张没有回避事实上制裁的效果，但恐怕并非如此吧？我们也很难认为，因为没有支付能力·意思的人使用信用卡购买商品的话公司当然遭受损害，所以应对回避了损害发生事态的加盟店进行制裁。

因此，我也赞同这一理由——虽然加盟店可以拒绝贩卖但因受骗而未拒绝并向会员交付了货物时，会员构成诈骗罪。

但是，话说回来，一部分判决在认定拒绝义务的存在时颇为犹豫，我也认为可能会有许多加盟店虽然明知会员没有支付能力·意思仍然进行交易。因为知道自己不会遭受损失。

6. 第1款诈骗还是第2款诈骗？

【佐伯】接下来的问题是一个刑法上的固有问题，即是将加盟店作为被害人的第1款诈骗妥当呢？还是将信用卡公司作为被害人的第2款诈骗妥当？该问题的研究，与讨论诈骗罪成立时究竟在多大程度上重视财产损害的问题具有一定的关联。

再详细阐述一点的话，就是在采用第2款诈骗罪时，究竟何时为即遂时期的问题。第1款诈骗罪说认为,买卖商品时会员得到该物品的时刻成立即遂。与之相对,第2款诈骗罪说的问题在于:如果公司因为向加盟店为替代支付而请求弥补损害,即遂时期就变得相当晚了。而且,如果加盟店不出示购买凭证,案件就会一直处于未遂的状态中。当然,很多观点认为这样解决也不错,但在现实中,由于事件的发生通常出现在会员确实没有向公司支付价款之后,所以即遂时期从替代支付时开始已经过晚,从而给实务带来麻烦的情况并不多见。

但是,也有观点认为,第2款诈骗罪说与第1款诈骗罪说相同也在加盟店卖出商品时即遂,例如,西田教授认为:"如果将信用卡合同的实态理解为债务承受,那么在A购买商品之时,因为C承受了该债务而使得A获得了免除债务的利益,因此,应当认为在A购入商品时构成第2款诈骗罪的既遂"(参见西田典之:《刑法各论》,第191页(1999年))。最近,山口厚教授也认为:因为在商品买卖时和销售票作成时加盟店就取得了请求信用卡公司事实支付垫付款的地位,所以应当认为此时构成即遂(参见山口厚:《问题探究刑法各论》,第175页(1999年))。

只是,说到信用卡交易的法律构成,如果将其视为债权让与,那么因为在加盟店向公司送达销售票前让与并未完成,所以在此之前很难确认信用卡公司遭受损害。而且,即使将其构造视为债务替代交付的委任,如果将出示票据的时点作为委托合同成立之时,那么仅因合同的成立仍有盖然性这一点,也有是否应当肯认损害的疑问。如何处理这一点呢?

债权让与时,通常的加盟店规约都将加盟店制作的销售票到达公司时作为让与完成时。与之相对,所谓的"替代支付"时,如刚才所言,存在着各种分析,大致可以分为履行领受构成、债务领受构成、保证构成几种,而在债务领受构成中,又分为免责的债务领受构成与概括的债务领受构成两种。

所谓履行领受,是指根据会员与公司的合同,会员请求公司代为支付。这样的话,并不是不能将会员利用信用卡时作为合同成立之时。但是,履行领受构成本身未必不受批评(因为履行领受人对债权人不负有偿还义务,所以导致加盟店无法向公司提起请求。不过,只要有支付,第三人返还就会产生)。与之相对,债务领受构成与保证构成都将之视为公司与加盟店间的合同,如此,将销售票的到达时间作为合同的成立时间也就无可厚非。

并且,西田教授还指出:"如果将信用卡合同的实态理解为债务领受,在 A 购入商品的时点,因为 C 承受了该债务,所以 A 获得了免除债务的利益",如果将这段文字单纯地从文意上来把握,至少从民法的观点来看是不合适的。在这一点上,山口教授也认为,既然加盟店"因制作了销售票而取得了请求公司为事实支付的地位,也就可以肯定在商品买卖时(对于加盟店,因为公司取得了应当支付相当于价款金额的地位,所以成立第 2 款诈骗罪)即成立诈骗罪的既遂"。如果我们考虑一下信用卡合同的整体框架,就会发现:会员使用信用卡的行为就是扳机(诱因),之后弹丸射出,损害发生。西田教授所说的结果也是这样吧。可以将信用卡的使用与公司的支付作一体化的考虑,并且从刑法的观点出发,也可以将信用卡使用与债务领受做一体化的考虑。如果这样解释西田说,也就没什么值得批评的了。

再者,能否从别的观点出发来证明使用信用卡时即构成即遂的观点呢?在我们刚才所作的论述中,至债权让与或债务领受之时,加盟店可以请求会员支付价款。例如,作为债权让与来看的话,在将销售票送到公司债权让与完成前,加盟店是会员的债权人。但是,如果此时加盟店请求本来打算使用信用卡结账的会员以现金支付,该会员就必须使用现金——这是违背常识的,从消费者保护的观点出发也不妥当。这样一来,债权让与的时期不过是公司与加盟店间的关系问题,而在使用信用卡时,会员对于加盟店的债务并不存在。

但是,如果如前所述强调一体化的见解,西田教授之"因为 C 承受了债务,从而 A 获得了免除债务的利益"的说法就值得注意。如果考虑一下信用卡交易的一体性,就可以得出如下结论:因为 A 使用信用卡,所以 C 负有代为支付价款的债务,从而 A 对 C 负有债务。虽然用一体性很容易说明即遂时期,但这次却不容易说明利得问题。

佐伯 不能将加盟店看作公司的代理人吗?

道垣内 这种看法也行。省略详细的说明,从所谓的"抗辩的切断·对抗"的论点来看,原因在于可以将公司与加盟店之间的密切关系作为保护消费者的理由。

佐伯 这也是刑法上的一个重要问题。如果可以将加盟店视为公司的代理人,那就可以认为欺骗加盟店就是欺骗公司。

从公司遭受事实上的损害出发,能否直接得出构成第 2 款诈骗呢?因为从这点出发也有构成第 1 款诈骗的可能性。林美月子教授就是这样认为的(参见林美月子:前揭书,第 474 页),读完后我也有同感。一是条文文言上的问题,诈骗罪的条文根据所得是财物还是财产性利益而分为第 1 款和第 2 款。并且,在行为人凭借买卖合同不支付价款而骗得财产时,因为不支付价款的问题通常不是一眼就可以看出的,所以损害由于替代支付而从加盟店转移给了公司,从而据此也可以得出成立第 1 款诈骗罪的结论。二是一个平常的不太谈到的问题,在不正当使用信用卡的类型中,有一种是在短时期内购买大量换金性高的商品,然后再去将该商品换成现金,如果根据第 2 款诈骗罪,因为被害人交付的是财产性利益,所以不当购买的物品并非"因财产犯罪而得到的物品",从而知道内情而购买该商品的换金屋也不构成赃物参与罪。虽然该问题可以通过广泛解释赃物参与罪中的"因财产犯罪而得到的物品"得以解决,但这个问题毕竟还是存在的。

道垣内　是否可以认为由于加盟店交付了货物,所以该损害已经转移给了公司呢?

佐伯　可以。

道垣内　如此一来,还是不构成对加盟店的诈骗吧?

佐伯　是的。例如,由于即使以加入保险为由也不能否定诈骗罪的成立,所以没必要说损害已经最终发生。在这一点上,可以说保险与信用卡交易存在差别。如前所述,更为重要的是将第 1 款诈骗与第 2 款诈骗的性质综合考虑的问题。

道垣内　佐伯君一方面说对加盟店的诈骗,另一方面又着眼于受害的转移,是因为打算将财产损害的要件纳入诈骗罪的构成要件之中吧?

佐伯 是的。只是，财产犯中要求造成财产上损害的仅仅是背任罪，诈骗罪无法如同背任罪那样要求财产上的损害。虽然林干人教授主张所有的财产犯罪都应与背任罪一样要求财产上的损害的发生（参见林干人：《刑法各论》，第149页以下（1999年）），但我觉得这是不合理的。然而，如同以往的通说，如果认为因受骗而丢失财物就构成诈骗罪的话，那么顽固老大爷也构成诈骗罪。所以，虽然构成诈骗罪不需要全体财产的损害，但是，如果没有一定的财产损害就不能成立诈骗罪。在这一点上，最近的学说已经取得了一致。至于如何解释这一问题，有一则案例认为：在被欺骗者完全没有遭受财产上的损害时，诈骗罪中的欺骗行为是不成立的。作为本次讨论的结论，我认为从基本的想法出发，第2款诈骗罪是更为妥当的，因为无论是从理解的方便——即既遂期的说明，还是与赃物参与罪的关系出发，都不宜采用第1款诈骗的见解。

道垣内 我认为即使不采用代理说，佐伯君的观点也是成立的。如果完全采用代理说，那么甚至可以向公司请求商品的让与、交换、修理了，所以完全采用代理说的想法是有疑问的。

佐伯 是的。没有特别采用代理说的必要。虽然还有若干问题没有讨论，但有关使用自己名义的信用卡的问题就到此为止吧，下回我们来讨论一下使用他人的信用卡以及CASHING问题。

道垣内 与刑法的联系越来越密切了。

第十回
信用卡(2)

1. 前言
2. 他人名义的信用卡的不正当使用与承担损害者
3. 是否与使用自己名义的信用卡之间存在差别？
4. 卡会员承担损害的情况
5. 信用卡的 CASHING
6. 可否返还无法预见的借款
7. 围绕着现金结算卡

1. 前言

佐伯　接着上回继续讨论信用卡的问题。上回讨论的是既无支付能力也无支付意思时使用自己名义的信用卡的问题，这回我们想就使用他人名义信用卡的情形作进一步的探讨。

在使用他人名义的信用卡的场合中也包含两种情形：(1) 使用偷来的或捡来的信用卡的情况；(2) 一同居住的家人使用自己的卡，或将卡借给朋友被其使用的情况。

在后一种情况中，虽然多数情况下使用人都获得了信用卡的名义人的同意，但根据约款本来应当禁止将卡转借给别人使用的。不过，因为现实中经常出现妻子使用丈夫的卡的情况，所以刑法上也可能与使用自己名义的卡作相同处理。因此，如果考虑到卡的使用人也没有向同意的本人支付价款的能力或意思这一情况，那么，从判例的立场出发大多认为实际使用者构成第 1 款诈骗罪，而同意的名义人为共犯。实际上，最近也出现了将同意的名义人作为诈骗罪之共同正犯的判决(参见东京地判平成 10·8·19 判时 1653 号,第 154 页)。

因此,这回我们只讨论没有名义人的同意的情况。特别是关于使用盗窃的信用卡的问题,判例·学说在使用者构成诈骗罪的问题本身上也没有疑义,但是,在理论以及与民法的关系问题上,有几点值得讨论。

2. 他人名义的信用卡的不正当使用与承担损害者

佐伯 首先我们来讨论一下,在随意地使用他人的卡时,民法上究竟谁负有支付义务的问题。

道垣内 将不正当使用人称为 A,将会员称为 B,如果 A 想要通过缔结合同使其效果归属于 B 的话,A 当然必须拥有代理权。当然还有表见代理的问题,但除去这一点的话,B 并不承担替代支付义务。但是,信用卡约款却规定,B 必须负担因为 A 的使用而产生的对公司的债务。

此时,A 的不正当使用有必要分为两种情况:(1) 因 B 的义务违反行为而产生的不正当使用;(2) 非因 B 的义务违反行为而产生的不正当使用。根据约款的规定,B 对公司负有以善良管理人的注意保管卡以及不借出、让与给他人的义务,在 B 违反这一义务将卡借给 A 时,A 的不正当使用行为是因为 B 的义务违反行为才发生的。与之相对,在 B 的信用卡被偷走而由 A 不正当使用时,一般认为 B 并没有违反义务。

关于前一种情况,即 B 违反义务的情形可以作如下考虑:因为卡会员规约禁止将信用卡转借名义人以外者使用,所以 A 的行为系不正当使用 B 名义下的信用卡。然而,由于 A 没有代理 B 的权限,所以

A之不正当使用卡的法律效果不能归属于B。作为结果,即使信用卡公司向加盟店替代支付商品价款,也不能取得请求B支付现金的权利,所以遭受损害。因为该损害是由于B违反管理卡的义务而产生的,所以公司可以请求B赔偿损失。作为参考,可以举出的例子是某银行的卡会员规约,其中第2条第4款就是这么规定的。

与之相对,对后一种情况作出规定的是该规约中的第15条第1款,"在卡或票因丢失·盗窃·诈骗·侵占等(以下统称'丢失·盗难')而被他人不正当使用时,因卡或票的使用而产生的价款支付责任全部由会员承担"。此时虽然不能说是B的债务不履行责任,但可以考虑将其作为卡会员对于卡公司的委托内容问题进行处理。即言之,这种情形可以视为卡会员对公司说:"虽然不知是否我使用的,但只要我的卡被使用,并且有我签名的销售票被送达贵公司,就麻烦贵公司代为支付商品价款。因为我会将该垫付款支付给贵公司"。正因为如此,虽然自己并未使用卡,但仍然承担替代支付义务。这种构成应该是妥当的吧?

佐伯 在道垣内君列举的会员规约中,第16条第1款还附有"补偿会员因此遭受的损害"这样一些条件,这是什么意思呢?

道垣内 因为公司加入了保险。

佐伯 不,我想问的是,如果通过保险填补损失,应当规定会员不负责任而由保险公司支付给会员公司。但是,为什么非要采取先由会员承担价款支付义务而后会员再接受保险公司的损害补偿这一啰嗦的形式呢？

虽然没有十足的确信，但我觉得这两个问题是有联系的。

首先，信用卡被盗保险合同是将卡公司作为保险人而将卡会员作为被保险人的合同。这样的话，作为被保险人的卡会员遭受损害的做法不就合适了吗？

道垣内

卡会员规约

（上略）

第2条（卡的出借与处理）

1. 本公司根据印有姓名·会员号·有效期限的会员申请向本会员以及家族会员（以下统称为会员）发放信用卡（以下简称卡）。会员在取得会员卡时应立即在该卡的署名栏中署上自己的姓名。

2. 卡的所有权属于公司。除卡上印有名字的会员以外，其他人不得使用该卡。

3. 会员应以善良管理人的注意使用·保管·管理本卡。会员不得将卡借给·让与·抵押·寄托给别人，并且，不论理由为何，会员不得将卡让与他人使用或以使用为目的转移占有给他人。

4. 在卡的使用、管理中，会员违反上述三项，并因上述违反而导致卡被不正当使用时，会员对于不正当使用卡而产生的价款承担一切责任。

（中略）

第15条（丢失·被盗）

1. 卡或票因丢失·被盗·诈骗·侵占等（以下统称丢失·盗难）而被他人不正当使用时，会员对由于不正当使用而产生的一切价款承担支付责任。

> 2. 会员在卡或票丢失·盗难时,应尽快地通知本公司,并告知警察署。对本公司的通知有时须以书面形式为之。
>
> 第16条(卡会员保障制度)
>
> 1. 不管前条第1款如何规定,在会员的卡或票因丢失·盗难而被他人不正当使用时,如果会员已经告知了前条第2款的警察署以及通知了本公司,那么本公司将承担会员因为卡被不正当使用而遭受的损害。
>
> 2. 保障期间为自入会日起一年并每年自动继续。
>
> 3. 在下述情况下,本公司不负责赔偿:
>
> (1) 起因于会员的故意或重大过失的损害;
>
> (2) 损害发生于保障期间之外时;
>
> (3) 损害起因于会员的家族·共同居住者·受领卡或票的代理人的不正当使用时;
>
> (4) 会员怠于履行本条第4款的义务时;
>
> (5) 丢失·被盗或受害情况的申报虚假时;
>
> (6) 在利用卡之际,登录的暗号已被使用时;
>
> (7) 损害发生于公司收到丢失·被盗的通知之日61日之前时;
>
> (8) 因战争·地震等显著的秩序混乱而发生的丢失·被盗所产生的损害;
>
> (9) 因其他违反本规约的不正当而产生的损害。
>
> 4. 会员请求损害补偿时,应在知道损害发生之日起30日内向本公司提出要求确认有必要补偿损害的文书,并协助调查受害状况。

其次,原则上卡会员负有支付义务,仅在满足一定的条件时例外地由公司承担损害填补义务。例如,将第16条第1款所规定的"向前条第2款中的警察以及本公司提出申请"这一举证责任施加于会员。因为一般由主张符合例外情形的一方负担举证责任。

至于为什么这样来问,那么如果不让会员负责支付义务,就会因为公司遭受损害所以成立对于公司的第 2 款诈骗罪。虽然这种思考方法比较容易得出,但因为会员承担全部责任,其损失可以通过保险公司得到补偿,所以公司不会遭受损害。如果像最近的有力说那样将遭受实质损害的人作为被害人,在不正当使用他人信用卡的情形中,自己的卡被别人使用的会员就会成为被害人。但是,如果这样考虑的话,由于会员并非被欺骗者,因而将会员作为交付行为人从而认定为诈骗罪的想法是勉强的,是否构成三角诈骗呢?由于在公司与加盟店之间有加盟店合同,所以,可以说加盟店拥有使公司负担债务的处分权限,但是,加盟店能否缔结使会员负担债务的合同,在这一问题上不免存在疑问。这也是因为约款而存在的。

道垣内 的确如此。我明白问题的所在了。这样一来,刚才我提到的会员在一种什么样的构造中负有责任的问题就是重要的了。所以,我认为,"卡会员是对公司说:'虽然不知是否我使用的,但只要我的卡被使用,并且有我签名的销售票被送达贵公司,就麻烦贵公司代为支付商品价款。因为我会将该垫付款支付给贵公司。'正因为如此,虽然自己并未使用卡但仍然承担替代支付义务",因此,受欺骗的加盟店可以行使处分行为。

但是,多数学说仅单纯地解释了"使利用者承担损害的特约",这恐怕就是所谓的损害担保合同。如果说到从哪一层面来理解,我想是从会员担保公司所受的损害这一构成上来理解的。

另外,关于根据规约第 2 条第 4 款会员负有支付责任的情形,性质上被认为是以债务不履行为基础的损害赔偿。

这种构造分析与刑法问题也是相关的。

佐伯 是的。因为使用他人名义的信用卡当然地被认为成立诈骗罪,所以与使用自己名义的卡的情况相比,理论上并没有进行充分的研究。如果我们读一下约款就会发现,虽然使用他人名义的卡时可以将损害当然地归属于该会员,但如果能像道垣内君所说的将其解释为公司受损害或者会员赔偿或者担保该损害,可能就与本人名义的情况差不多了。

3. 是否与使用自己名义的信用卡之间存在差别?

道垣内 佐伯君,上回我们得出了结论——诈骗罪的成立不以财产损害的发生为必要,只要交付了不受诈骗就不用交付的物品,诈骗罪就告成立(本书第218—219页)。如此一来,加盟店只要知道使用人并非真正的持有人就应该拒绝使用卡进行买卖;如果受欺骗而认为是卡的真正持有人时就可以买卖。仅此,诈骗罪不是就可以成立了吗?

上回谈到的一个问题是,在卡的使用人没有支付能力·意思时,加盟店是否有拒绝贩卖的义务?但在本回中,如果知道卡的使用人并非卡的真正持有人,加盟店当然拥有拒绝交易的义务。所以,在这一点上不成问题。

佐伯 当然,如果站在这种牢固的第1款诈骗罪说的想法上,使用他人名义的卡当然成立第1款诈骗罪。并且,即使立于本人名义时构成第2款诈骗罪说的立场,也有观点认为,在他人名义的场合中,由于卡的使用形态并非原来的形态,所以成立对于加盟店的第1款诈骗罪。与之相对,如果在他人名义的场合中也将实质损害的发生作为问题,如果采用会员遭受损害而由公司或保险公司进行补偿的方法,就很难像在本人名义的场合中那样承认将公司作为被害人的第2款诈骗罪了。但是，如果像刚才道垣内君所说的，好像也可以肯认以公司作为被害人的第2款诈骗罪。不管怎样，在使用自己名义的卡的场合中，无罪说的观点比较有力，但在使用他人名义的卡的情况中，很少有人主张无罪说。

道垣内 没有支付意思·能力的人使用自己名义的信用卡时，因为加盟店并不遭受损害，所以无罪。与之相对，如果不正当使用他人名义的卡，就构成了诈骗。关于这个问题，我们需要与民法稍作联系并讨论一下。

乍一看，这个话题与民法的处理可以说是一致的。在金钱消费借贷合同中，即使对于借款人的支付能力·支付意思有错误的认识，也不构成《民法》第95条所说的"对法律行为的要素有错误时"。也有判例认为，虽然保证人相信主债务人有资力，但主债务人实际没有时，不构成要素的错误（参见大判昭和14·5·9新闻4437号，第12页），在存在保证人以及债权的回收没有障碍时，并不成立错误。与之相对，有判决认为，在关于提供信用的当事人究竟是谁的问题上，构成要素的错误（参见大判昭和12·4·17判决全集第4卷8号，第3页）。

由此可见，即使在支付能力·支付意思的问题上被欺骗，也不构成民法上的错误；而如果在名义上被欺骗，则构成了民法上的错误。可以认为，这与刑法上的结论也具有亲和性。

但是，至于为什么后者的例子中构成要素错误的问题，还是因为在提供信用时对方当事人的资力是极为重要的。所以，关于合同之对方当事人的同一性的错误并非总是要素的错误。例如，有判例认为，即使是消费借贷合同，关于出借人之同一性的错误也不是要素的错误

（参见大判大正 7·7·3 民录 24 辑，第 1338 页）。这样一来，在使用信用卡的买卖合同中，即使是对于对方当事人的同一性具有错误认识，但在由公司向自己（卖方）进行支付这一事实很明确时，这一错误也并非要素的错误。

不，问题不是错误而是诈骗——如果是诈骗的话，可能会在更广泛的范围内得到承认吧。在错误中，因为即使对方当事人没有诈骗行为也会产生法律行为无效的效果，所以与将对象限定于"法律行为的要素"的无效相比，因为诈骗与对方当事人的诈骗行为相关联，所以仅有单纯的错误即足矣。但是，虽说对方当事人有诈骗行为，如果有错误，也并非总是构成诈骗，因该错误而作出的意思决定·意思表示也是必要的。就是说错误与意思表示之间须有因果关系。如此一来，在通常的买卖合同中，对于卖主而言能否实际得到价款才是最重要的；而在明显的是由信用卡公司支付时，不应当说卖主关于买主的同一性的错误与卖主的意思表示之间没有因果关系吧？

佐伯 如果从正面来说，那就是无罪说吧。

道垣内 不，当然了，如果能够采用"不是卡的真正持有人就不交付财物，而在被欺骗时交付了财物"这一论点，虽然可以承认诈骗罪的成立，但我所考虑的仅仅是，是否可以将卡的真正持有人没有支付能力·支付意思而购买商品的情形与诈骗罪的成立与否上作出区别？

稍微转变一下话题，为什么一方面肯定诈骗罪的成立，另一方面又要讨论是第 1 款诈骗还是第 2 款诈骗的问题呢？这个疑问与上回的讨论是相通的。

佐伯 既然《刑法》要区分第 1 款诈骗与第 2 款诈骗，不就有分属于哪一款的必要了吗？实际上，正如上回所谈到的，两款解释的不同可能会对既遂时期与赃物参与罪的成立与否产生影响。但是，与实际上的结论的差异相比，刑法学上更热衷于讨论理论上的意义。

4. 卡会员承担损害的情况

佐伯 妻子任意使用丈夫的卡的情况与使用被盗卡的情况并不相同，为什么却要让丈夫承担责任，在民法上有什么样的差异呢？所列举的《会员卡规约》第 16 条第 3 款第 3 项规定，"起因于会员的家族·共同居住者·受领卡或票的代理人的不正当使用时"，卡公司不能得到损害赔偿。

道垣内 首先，《会员卡规约》上的规定似乎是对受害人一方过失的阐述，卡的真正持有人不正当使用卡时，与会员存在过失时作同样的处理。这样做可能有实际的理由，并且会员与其近亲属也极有可能串通。因此，如果会员与其近亲属之间真的存在串通，此时让公司承担因卡的不正当使用所导致的损害赔偿就是不合理的。当然，如果公司能证明确实存在串通，则因为该行为属于规约第 16 条第 3 款第 1 项的"起因于会员之故意或重大过失的损害"，所以不产生损害赔偿义务，但是，这种举证毕竟是困难的。因此，应当将家族等的不正当使用的情况排除在外。

所以，在丈夫是会员而妻子任意地使用卡时，由此产生的债务能够依照《民法》第 761 条的日常家庭债务进行处理吗？这个问题也是必须考虑的。

首先,《民法》第 761 条对于配偶之间在日常家庭事务范围内是否互相拥有代理权的问题存在争论。我赞成作为少数说的代理权否定说,判例则肯认互相代理权(参见最判昭和 44·12·18 民集 23 卷 12 号,第 2476 页;《民法判例百选 I》,第 4 版,33 事件),这也是通说。因此,上述例子中的妻子就是丈夫的代理人了。然而,从所举的会员卡规约的第 3 条也可以看出,因为禁止代理人使用卡,所以可以推断出不按照合同正当使用卡的结果与上个例子是相同的。是这样吧?

佐伯　在会员负担债务这一点上,虽然约款将使用被盗卡的情况与妻子任意使用的情况做同等处理,但在实际上是否有必要支付这一点上,因为妻子使用的情况中,会员实际上必须支付价款而没有通过保险填补损失的可能性,所以在这点上出现了差异。

道垣内　是的。《会员卡规约》第 16 条第 3 款列举了会员承担损害的例外情形,虽然所列情形符合各项规定,但因为只要加盟店遵守了规约,就可以从公司得到支付的价款,所以加盟店不受损害而由会员首次性地承担损害的事态不会发生任何变化。

如果这样考虑一下,我们就会发现有许多这样的例子。例如,加盟店由于不遵守对照署名等规约中规定的义务而漏过了许多不正当使用的情况。此时,公司可以采取的态度首先就是拒绝支付,这时遭受损害的就是加盟店。但是,公司通常并不采用这种方法,可能会认为署名一致而实施替代支付。此时,首次性的被害人就是会员。这样,犯罪的成立与否以及成立结构的变化都取决于公司采取的态度。因为这种处理方法似乎不太合理,所以通常情况下都是将加盟店作为被欺骗者或财物的交付人。

佐伯 　　如上回所述，因为本人名义的场合虽然从第 2 款诈骗罪说的立场出发但结论上仍然采用了第 1 款诈骗罪说，所以我认为他人名义的场合也应采用第 1 款诈骗罪说。如果道垣内君能赞同的话就更好了。

5. 信用卡的 CASHING

佐伯 　　虽然信用卡附有 CASHING 功能，但近来该功能趋向一般化，并且现在还出现了一种卡——该卡虽然也被称为信用卡，但与以往所言之信用卡全然不同，而是以借钱为目的。例如，有一种卡就是这样的——如果签订了薪水合同，在限度额内可以任意取出现金。关于这种附有 CASHING 功能的卡，使用人可能没有支付能力或支付意思，甚至使用的是他人的名义，此时用卡取出现金的行为是否构成诈骗罪或盗窃罪呢？即言之，关于卡的取得行为是否成立诈骗罪呢？利用卡从支付机中取走现金的行为是构成诈骗罪还是盗窃罪呢？（关于这些问题，西田典之教授在《论信用卡等的诈骗与不正当使用》，载《研修》621 号第 3 页中有详细的论述。）实务中有人诈取了限定额为 50 万的卡后随即取走 50 万的事例，判例将其认定为一连续行为而构成诈骗现金（参见本江威喜监修:《与民商事交错的经济犯罪Ⅱ》，第 279 页(1995 年)）。但是，在别的场所或利用别的机会取走现金的情况却一般不被认定为卡的诈骗而认定为盗窃现金。这样处理的话，如果被控诉的犯人分次提取并且每次均取出少量数额的金钱，则该犯人每次都构成盗窃罪——这使其处于一种较之一次性全部提出更为不利的局面。作为现实中的问题，在骗取了限定额为 50 万元的卡并最终取走

50万元的案例中,既可以认为成立诈骗50万元的一罪,也可以认为成立诈骗卡与盗窃50万元的合并罪,如果是分5次取走的话,还可以认为成立诈骗卡与5个盗窃罪的合并罪,但无论哪一种,因为在量刑上并无不同,所以无论怎么认定都是没问题的。

这一点与民法有什么关系呢?

道垣内　您的论述让我想起关于特定融资合同的议论。因为与信用卡并不相同,所以我先做一下简单的说明。虽然一眼看去似乎没什么关系,但我认为二者实际上有着深刻的联系。

所谓的特定融资合同,是指"在一定的时间或融资的限度额内,根据当事人一方的意思表示而在当事人之间成立的一种消费借贷合同,当事人一方为借款人,并从另一方处获得可以使该合同成立的权利,但必须交纳程序费"(《关于特定融资合同的法律》第2条)。例如,某一企业想要开展新的项目,虽然暂时还不需要大额资金,却希望今后在事业发展需要时随时进行融资。如果在需要融资时再与金融机构进行交涉会很浪费时间,所以,为了及时方便地使用资金,可以与金融机构事先签订一个类似的合同,规定借款方可以在5亿元的限度内随时出借,或者规定只要借款方需要钱,金融机构就必须在5亿元的限度内随时供给。

此时的问题就是与利息限制法的关系。为了缔结特定融资合同,即作为借款方的企业为了确保随时可以借到钱的地位,必须向金融机构支付程序费。然而,《利息限制法》第3条规定"在以金钱为目的的消费借贷中,债权人所接受的除本金以外的金钱,不管在名义上是酬谢金、折扣、程序费、调查费还是其他什么,都视为利息",如果为确保特定融资合同而支付的程序费在这里相当于"以金钱为目的的消费借贷中,债权人所接受的除本金以外的金钱"的话,就应当适用该法作为利息处置。如此一来,也就产生了违反本法的情形,例如,在为了1亿元的融资而每年支付30万元手续费的场合中,如果现实的借入仅为100万元,则根据4%的年利率,利率就是年34%。这就违反了利息限制法。虽然特定融资合同有利于借用人企业确保资金,但上述结果是令人很难处理的。所以,平成11年3月制定了《关于特定融资合同的法律》,规定了利息限制法等的除外适用。

此处的关键在于将该特别条款进行正当化的理由,认为该情形中企业通过缔结特定融资合同确保了特殊的利益———一种不同于金钱消费租赁合同所得之利益的个别·独立的利益。在讨论过程中,产生的另外一个疑问是该合同与活期透支合同有何差别?例如,如果在银行中有活期账户,一定数额的透支就是允许的。即可以取出多余账户中的钱,而自动地融资不足的部分。但是,活期透支约定中实际上包含有如下规定,"在金融形势发生变化、债权的保全以及其他相当事由时,贵行可以随时削减限度额,中止透支或解除合同",金融机关并不负有确定不变的贷款义务。因而,根据活期透支约定并不能产生独立·个别的利益。与之相对,因为特定融资合同中金融机关负有特定的贷款义务,所以借款方通过合同获得了不同于金融消费借贷合同的个别·独立的利益。

让我们再回到信用卡的话题。在窃取信用卡时,能否认为受到了至贷出限定额为止的损害?这一问题的判断应当归结于卡的真正持有人是否拥有确定的借入权限。让我们看一下手头的会员卡规约,规约规定"在本公司认为必要时,可以将限定额予以增加或减少"。如此一来,该事例就接近于活期透支合同而与特定融资合同存在差异。因而,窃取卡本身也就不能被说成是窃取了一定的权利。

由此又产生的疑问是，信用卡本身不过是个塑料卡，单纯骗取卡的行为能构成诈骗或盗窃罪的吗？这不是与一厘事件差不多了吗？*

佐伯　确实，在骗取卡成立第1款诈骗罪的问题上并非没有批评。甚至还有人认为，如同一厘事件那样，一张塑料卡的价值不值得通过刑法进行保护。但是，如果说我的卡被人偷了应该成立诈骗罪的话，谁都可能构成盗窃罪。因此，还是不能否定卡的财物性吧？如果仅仅在公司将卡交给会员时才否定诈骗罪的成立，应当解决的就不是卡的财物性而是诈骗罪的固有要件问题，这种解释也并非是不可能的。但是，关于应否采用这种解释，我认为，因为持有卡也就被赋予了事实上的取出现金的权利，所以应像判例·通说那样肯认诈骗罪。

道垣内　是的。我也不否定事实上的权限。因为实际上接受了贷款。但是，如果问到是否是法律上确定的权限·利益，我觉得不是。

佐伯　如果考虑到通过骗来的卡可以取出50万元的利益，骗卡的行为将成立第1款诈骗罪（骗取卡本身）与第2款诈骗罪（骗取50万元财产性利益）的包括的一罪，之后取出现金的行为就是不可罚的事后行为（共罚的事后行为），这种看法是与实态符合的吧？但是，如果从道垣内君的说明出发，就难以得出这种结论。

---

* 所谓一厘事件，是指将农民吸食自家种植的烟叶的行为，认定为违反烟草专卖法的事件。因该事件中实害极其微小（金额仅为一厘），日本最高裁判所终审判决被告无罪。一厘事件是日本刑法中有关可罚的违法性的典型案例。——译者注

道垣内 考虑到不可罚的事后行为的关联,还有许多有趣的问题。第五回对话中曾经提到,合同规定使用信用卡购入的商品的所有权属于卡公司(本书第115页)。因此,不正当使用他人名义的卡或者没有支付能力·意思却使用自己名义的卡而购入商品时,就构成诈骗罪。如果将购入的物品出卖给他人,则构成转卖所有权保留标的物的侵占罪。这也是不可罚的事后行为吗?

佐伯 这本来就不构成侵占罪,即使构成侵占罪,我想该行为也属于不可罚的事后行为(共罚的事后行为)。刚才我想到了一个问题,上回谈到的不正当使用本人名义的卡的情况中,采用第2款诈骗罪说有一个缺点,即犯人取得的物品恐怕不能称为"因财产犯而得到的赃物"(本书第229页),关于因卡的不正当使用而取得的物品的处分,如果认定该处分行为具有构成侵占罪的可能性,即使从第2款诈骗罪说出发,似乎也可以肯认该物品的买受行为构成赃物参与罪。即言之,侵占罪之所以不能被个别处罚,其原因并不在于犯罪自始并未成立,而是出于即使不独立处罚也可以通过诈骗罪一罪一并处罚即相当充分的考虑(在此意义上,不可罚的事后行为这一用语似乎并不准确,而应该称为共罚的事后行为),并且隐藏在诈骗背后的因不能被独立处罚之侵占而得到的物品是赃物参与罪的客体。问题在于侵占罪的成立与否,采用第1款诈骗罪说的我认为第2款诈骗说的担心是没有必要的。

然而,说到约款上的规定,即使是关于信用卡,其所有权也属于卡公司。虽然知道约款的人也可能知道这一点,但普通的会员不都是认为只要别人送给了自己就应该是自己的吗?严密而言,如果将写着自己名字的卡借给别人使用,就可能成立侵占罪。或者,因为有卡而胡乱地使用，不小心将卡弄断时，就有可能成立损坏器物罪。这些问题都是有可能产生的吧。关于卡的盗窃，例如在儿子偷了父亲的卡时，说到是否适用亲属间盗窃的特例，如果将信贩公司作为卡的所有人，与公司间就谈不上什么亲属关系了。因为判例・通说以所有人・占有人双方与犯人间存在亲属关系为必要，所以，只要以之为前提，通常情况下就不能适用亲属间盗窃的特例。虽然从理论上来看这似乎没有办法，但却让人有种如此即可的感觉。①

道垣内　很有意思。顺便说一句，我母亲就弄坏了一张卡，说是在应酬时入会的。

6. 可否返还无法预见的借款

道垣内　我也有一个问题想请教一下。这个问题恐怕与信用卡没什么关系，A 公司与信用金库缔结了持续性交易合同，并由 B 作为债务的连带保证人。A 公司的经营已经出现了问题，即使再从信用金库融资也无法返还。但是，A 公司却依旧继续贷款，此时是否成立诈骗罪呢？

佐伯　在公司明明无法返还而仍旧借款时，有可能成立对于信用金库的诈骗罪。不过，因为银行应该根据自己的判断即判断有无返还能力，根据自己的审查决定可否进行融资，所以，除银行认识到公司不可能扭亏为盈返还债务以及公司就自己的支付能力对金融机关积极地进

---

① 岛田聪一郎（立教大学）认为，有准用因错误而发生的亲属间盗窃特例的可能性。（佐伯仁志）

行欺骗这两种情形之外，公司单纯地隐瞒经营不利状况而继续融资的情形是否构成诈骗罪，还是不无疑问的。

道垣内 信用金库实际上是信任连带保证人 B 的资力，而不是信任 A 的资力。这时应当怎样呢？

佐伯 因为信用金库没有受到欺骗，所以可能不成立诈骗。即使在与连带保证人的关系上，如果最初是通过欺骗而获得的连带保证，也仅在这一阶段成立诈骗，而在得到连带保证人之后从信用金库获得了融资时，由于该融资并非通过对连带保证人的欺骗行为而获得，所以不成立诈骗罪。如果说到是否构成背任罪，因为很难说债务人是连带保证人的事务处理人，所以背任罪也是无法成立的。

道垣内 如果说该事例难以成立诈骗，为什么偏偏在信用卡问题上构成诈骗呢？实际上这个疑问上回就没有得到解决。从利益状况上来说也是相同的。将金库换成加盟店，将连带保证人换成卡公司就是了。上回我们也谈到，并非不能采取将卡公司视为会员之保证人的构成。

佐伯 确实如此。又回到那个问题了吧。如果说两者之间存在差别，在信用卡交易的场合，如果像判例所认为的加盟店负有不使公司遭受损害的诚信原则上的义务，自然无需多言，即使不谈义务而只考虑到实际上的支配，也可以肯定诈骗罪的成立；与之相对，连带保证的场合中却存在这样一个问题：提供资金的一方是否有替连带保证人考虑并控制向没有资力的被保证人提供融资的义务？现实中没法说是应该考虑的吧？只要连带保证人有资力就完全不必考虑被保证人的资力——如果实态果真如此,就无法认定对于金融机关的诈骗了。并且,在信用卡交易中,通常加盟店并不知道会员是否具有支付能力与支付意思,所以是很容易受骗;与之相对,在融资的场合,金融机关大多知道融资方是否有资力,也有不能承认错误的失误。虽说如此,但也像道垣内君所说的那样,信用卡交易情况中加盟店能否拒绝交易仍有疑问。

道垣内　承认有控制融资义务的观点更为有力。因为是出借人义务的一环。

7. 围绕着现金结算卡

佐伯　最后是关于最近正在不断报道的现金结算卡的问题。该卡具有这样的功能:使用 CASHING 卡在商店买东西,将卡插入机器中并输入密码,钱就从我的账户直接转入了加盟店的账户,交易完成。此时,如果瞬间完成结算,支付能力或支付意思都不会成为问题,但如果存在时间滞差,就产生与使用信用卡时相同的问题。

如果这种卡普及的话,以后就会产生拣拾、盗窃或使用他人的卡购买物品的问题。首先,在拣到别人的 CASHING 卡将钱取出时,实际遭受损害的人就是根据约款作为卡的持有人的存款人,此时将视为对银行的盗窃。与之相对,在使用现金结算卡购物时,由于不是盗窃银行的现金,所以有可能成立使用电子计算机诈骗罪。如果在 ATM 中使用他人的卡并将他人账户中的金钱转入自己的账户,因为可以解释为使用电子计算机诈骗罪,所以可以与现金结算卡的不正当使用做同等的考虑。因此,从关于信用卡的判例出发,如果加盟店知道卡是别人的而拒绝交易则可能被认为是第 1 款诈骗罪。但是，如果加盟店即时地得到了付款而没有遭受比通常的信用卡交易更多的损害，就应以加盟店以外的当事人作为受害者。同时承认对于银行的使用计算机诈骗罪与对于加盟店的第 1 款诈骗罪是很不适合的。

道恒内　　我从 1991 年 9 月起在澳大利亚的堪培拉住了一年，我住宅附近的一家超市使用了这样一种系统。该超市的现金出纳机上附有 ATM，在购物时，只需将 CASHING 卡插入出纳机，然后在旁边的数字键盘上输入密码，我购物所需要的钱就直接从我的账户转入了超市的账户。其结果，由于超市也存在 ATM，在超市也可以进行转账，所以，这就可以与不正当使用他人的 CASHING 卡进行转账予以同样的考虑。我想私法上也是这么认为的。

　　这回的时间不够充裕，今后，还必须讨论电子货币的问题。关于电子货币的法律构造，实际上在私法上还缺少确定的见解，也有意见认为因为合同上会作出约定所以讨论也没什么意思。但是，如果不讨论究竟应采用什么法律构成，如何把握电子货币的转移等问题，那么刑法上也会出现无法处理的情况。

　　通过上回与这回的对话，让我对许多问题进行了反思，获益匪浅。

佐伯　　我也是。

第十一回
自救行为（1）

1. 前言
2. 占有的自力救济论与盗窃罪的保护法益论的关系
3. 民事判例与刑事判例的比较
4. 紧急性的要件
5. 手段的相当性
6. （以工薪阶层为对象的）高利贷的催收

1. 前言

佐伯 本回，我想谈谈"自救行为"或者"权利的自力救济"问题。虽然刑法中一般称之为"自救行为"而民法中则使用"自力救济"一词，但无论在刑法上还是在民法中都是颇有意思的话题。再者，关于该问题，有民法的明石三郎先生的《自力救济的研究》（有斐阁，1961年初版，1978年增补版）与刑法的木村光江君的《财产犯论的研究》（日本评论社，1988年）两部大作，各位如有兴趣请务必一读。

刑法中权利的自力救济，除了作为违法阻却事由的自救行为问题被争论外，也作为盗窃罪的保护法益论中的本权说与占有说之争，以及债权人的债权回收行为能否构成恐吓罪这种与权利行使及恐吓罪有关的问题而被争论。在课堂上的不同场合中学到的问题实际上是具有共通性的，注意到这一点也是很重要的。

还是先由我简单地谈一下刑法与民法上的学说状况，然后再请道垣内君给我们进行详细的解释。

首先,现在的民法学说和刑法学说都承认自力救济导致的违法阻却。判例一般也肯认自力救济产生的违法阻却,作为结论肯认违法阻却的判决也不少。

话虽如此,民法学说与刑法学说还是有差别的。关于自力救济的要件,刑法学说并不特别区分场合,而把紧急性与必要性·相当性都作为违法阻却的一般要件;与之相对,民法学说则把自力救济区分为一般救济与占有救济,在被剥夺占有的被害人夺回占有物的占有救济的场合中,一般认为不要求紧急性。另外,在涉及与非典型担保相关的自力救济时,民法领域中存在一种有力的主张:应宽泛地肯认自力救济,具体而言,是指在担保权人平稳地取得非典型担保标的物的场合中,自力救济应该得到宽泛的承认。总之,我认为民法学说较之刑法学说展开了更为详细的探讨,所以,希望道垣内君能就民法学说谈谈这个问题。

2. 占有的自力救济论与盗窃罪的保护法益论的关系

针对佐伯君所作的说明,我想从民法角度补充两点。

首先第一点,民法学说对占有的自力救济与一般的自力救济是区别而论的。至于占有的自力救济为何要与其他情形区分而论,我认为是因为考虑到它现在尚不能被称作"自力救济"。

试考虑一下此种情形:现在我占有一个钱包,某人强行从我手里夺取了该钱包。此时,恐怕还不能肯认盗窃犯或抢劫犯的占有,而应视为我还没有失去对钱包的占有。而且,因为占有权是占有的权利,因此,作为权利的行使当然能够回复对某物的持有。这并非是指当平稳的占有归属于现在的持有人时应广泛地承认曾经占有人的自力救济，而是指在顾及已经安定的占有归属时进行控制的结果似乎是广泛地承认占有的自力救济，是需要与为实现自己权利而可以侵害他人权利的情形做区别考量的。

如此，"占有能够持续到哪一阶段"就成为问题。因为已经在第8回的对话中有过探讨（本书第190—193页），此处恕不赘述。虽然具体的讨论尚不够充分，但是，在"乙刚刚夺取甲的占有而甲又从乙手中夺回"的案例中，关于乙能否对甲提起占有回收之诉（相互侵夺）的问题，通说认为，如果甲的夺回发生在1年以内，因为甲具有向乙提起占有回收之诉的地位（《民法》第201条第3款），所以不能肯认乙对甲的占有回收之诉。理由在于甲的占有现今仍在继续。针对通说的观点，虽然认为对自力救济的肯认过于宽泛的批判说也日益强盛，但这也是一个标准吧。

佐伯 开始时我所说的自力救济问题在盗窃罪的保护法益论中引起的争论，实际上与道垣内君现在所说的问题有所关联。本权说、平稳的占有说等将盗窃犯人的持有解释为刑法上不值得保护的占有——作为条文上的解释不构成《刑法》第242条所说的占有，被害人夺回其物的行为不符合盗窃罪的构成要件。在此意义上，虽然刑法议论在自救行为的标准上不区分一般的自力救济与占有的自力救济，但实质上也可以与民法具有共通的思考。

但是在民法上，虽然盗窃犯人的占有在与被害人的关系上不被认为是稳定的占有，但是在与第三人的关系上却被认为是稳定的占有。如果那样，占有概念就会被相对考虑。

道垣内 我想，没有学说会主张应该将占有与自力救济相关联并相对地掌握占有概念。但是，可能只是因为没有深入思考才认为是相对的吧？

在刚才所举之相互侵夺的例子中，在丙侵夺乙的占有时，即使是通说也不会认为"因为甲的占有仍在继续，所以乙不能对丙提起占有回收之诉"。那样一来，乙的占有虽然在与甲的关系上不被肯认，但在与丙的关系上却得到了肯认。

佐伯 如果相对地把握占有的所在，恰与刑法的平稳的占有说相同，相当有趣。

将民法与刑法进行比较时，还有一点必须加以注意。刚才道垣内君所说的关于占有的自力救济，其中一部分其实在刑法中不是自力救济，而是属于正当防卫。在刑法中，针对急迫侵害的权利防卫行为是正当防卫，侵害的急迫性终了之后的权利恢复行为才是自救行为的问题。两者的区别在于侵害之急迫性的有无。所以，如果要考虑盗窃中侵害的急迫性继续到何时，因为盗窃罪的既遂时间与侵害之急迫性的终了时间不同，所以在物品被盗后急迫性的侵害仍在继续的场合，例如盗窃人还在现场或是被害人为取回被盗物而从盗窃现场一直追踪盗窃人的情形下，解释为正当防卫仍是可能的。因为与自救行为相比正当防卫的认定更为宽泛，所以民法中占有的自力救济之认定较之于一般的自力救济之认定更广也是合乎逻辑的。但是，如果对同样的情况使用不同的用语，不论学生还是学者，都应注意避免混乱。

不过，话虽如此，较之于刑法中正当防卫之认定，民法中占有的自力救济之认定是否真的更广泛呢？换言之，民法中占有侵夺人获得安定占有的时间不是相当晚吗？刚才道垣内君说通说认为是一年，要是如此的话，那是相当宽泛的。

> 这也是最近批判说所提出的反对理由。即使不认为过于宽泛，形式上也可以说是僵化的。

道垣内

下面是我要补充的第二点。学说史上的那些说明，实际上是非典型担保实行时如何理解自力救济的问题。

如佐伯君所言，民法中关于自力救济的代表作是明石三郎先生的《自力救济的研究》一书，但是，该书把相当的笔墨放在了历史的研究上。虽然该书对古埃及的话题表现出极大兴致，但明石先生的问题意识在于：探究作为权利行使之样态的历史上已被肯认的自力救济在现代依然延续的原因。与此相对，受近年来美国法展开讨论的影响，关于非典型担保实行情况下自力救济的讨论在日本也盛行起来。《美国统一商法典》第9编第503条规定："除非另有约定，债务不履行时担保权人有权取得担保标的物的占有。只要不损害公平稳定的社会秩序，担保权人无需依赖司法程序即可取得担保物的占有，当然也不妨碍其依靠司法程序。"这些条文，是参考美国各州的判例以及相关判例的展开而制定的。

另外，与刚才所论述的"占有的自力救济"相同，这里的自力救济也是针对非典型担保中担保权人所具有的权利内容如何确定这一问题进行探讨的。这与违法阻却情形中从"何时"这个方向入手不同，而是从"担保权人具有从设定人那里随意取走担保标的物并予以变卖的权利"这个方向入手进行探讨的。这与一般的自力救济稍有不同。

为此，一定情形下拥有一定的权利，从未曾利用司法程序来看类似于自救，如《商法》第524条规定的自助变卖制度即是如此。在商人之间的买卖中，买主拒绝领受买卖标的物时，卖主可以拍卖该标的物。卖主虽然运用了拍卖这一裁判上的程序，但是一般来说，由于根据买卖合同所有权已由卖主转移到买主,所以标的物已是买主的所有物。然而,这种任意拍卖却能够被肯认。虽然这种情形也可以作为自力救济的一种情形来考虑,但这种权利流动却来源于别处。即言之,在买主不受领时,买卖合同中的卖主没有一直为买主保管标的物的义务。虽然债权人迟延受领时理应可以免除(债务人的)义务,但是,由于停止保管买卖标的物而任凭雨打风吹去对买主过于残忍,所以以适当的价格转卖于他人而转换为金钱的保管是可以的。而且,为了保证价格的适当性,日本法规定了必须采用裁判所的拍卖程序。

佐伯 因为非典型担保中有这种权利,所以自力的占有取得权得到广泛的肯认。但是,因为与自力救济的一般理论个别之处并不相同,所以,这种议论只是关于自力救济议论的细致化而已。是否可以这样看呢?

道垣内 当然也可以那样认为。不过,我认为重要的还是从哪个方向看。例如,一般认为《德国民法》第229条是关于自力救济的明文规定,明石先生曾言:"德国民法中有明文规定而日本民法中没有,是很遗憾的"。但是,作为该条文的内容——"以自力救济为目的对他人之物进行扣押、破坏或者损毁者,或对有逃跑嫌疑的义务人进行扣留者,或对义务人抵抗其容忍义务的行为予以解除者,如果不能适时地获得官宪的救济,并且,如不及时处理则无法实现其请求权或实现具有明显困难时,其行为不违法。"——明显是作为违法阻却事由来规定的。原则上,只有不可为的行为才在一定的场合将其视为例外予以肯认。

与此相对,刚才提到的自助变卖权不是违法阻却事由。即使存在非典型担保标的物的自力占有取得权,我想那也不是违法阻却事由。

关于占有的恢复，即使《德国民法》第859条第2款和3款规定"以不法之私力侵夺他人占有之动产的，占有人可以强力在加害人所在现场或者在追踪加害人时夺回其物。以不法之私力侵夺他人占有的不动产的，占有人可以于侵夺后立即排除加害人而恢复占有。"但是，其规定方式并不是作为违法阻却事由而存在的。

佐伯 的确如此。权利的自力救济之承认也包括原则与例外两种情况，我想道垣内君的理解无疑是有趣的。在民法中，这两种情形的区别在举证责任上可能会对原告和被告中的哪一方产生影响吧。虽然道垣内君仅把前者称作违法阻却事由，但其与刑法中违法阻却事由所使用的术语可能稍有不同。首先，自助变卖权的场合，卖主虽然拍卖了自己占有的他人之物，但是既然法律赋予其拍卖的权限，其行为当然就不符合超越权限的侵占行为，如此考虑的话，就是刚才道垣内君所言之不是违法阻却的问题。虽然我觉得这么考虑是妥当的，但刑法学者中也许有人采取这样的解释：虽然构成侵占行为，但作为法令正当行为根据《刑法》第35条阻却违法性。如果成立非典型担保标的物的自力占有之取得，我想多数刑法学者会在肯认符合盗窃罪之构成要件的基础上将其作为违法阻却事由的问题来看待。从占有说与平稳的占有说来看理应如此，从本权说与修正的本权说来看，除去占有非典型担保物的"所有人"完全没有占有利益这种例外情形，也是可以得出相同结论的。

道垣内 无论如何，举证责任最初都是基于侵权行为而要求进行损害赔偿的。如果请求人一方能够就有关权利受到侵害进行举证，被请求人一方也可以主张并举证其行为存在正当理由。当行为作为权利被原则性地肯认时,就要主张权利的存在;当行为作为狭义的自力救济而被例外地认定时,则要主张作为违法阻却事由的要件。虽然举证对象不同,但程序是相同的。

关于非典型担保实行时标的物的自力占有之取得,因为被请求人一方的主张·举证是其自力执行权限,所以怎么也没有违法性阻却之感。

3. 民事判例与刑事判例的比较

佐伯　我对民法中的自力救济理论颇感兴趣,是因为觉得民法中的违法阻却事由在刑法中也应作为违法阻却事由来对待。其理由前面已稍微讲了一点,就是觉得民法上的适法行为在刑法上受到处罚是不合适的。

如果民法中的违法阻却事由在刑法中也应该妥当的话,就像自力救济一样,无论民法还是刑法关于违法阻却事由应予认定的范围就成为了重要问题。明石先生的著作虽然对此进行了详细研究,但是作为结论,他认为判例呈现出刑事上对自力救济的容忍较为严格而民事上则比较宽容的倾向。如果我们阅读一下明石先生所列举的判决,确实能看出这点。于是,民法的先生中有人认为,过度地强调自力救济的禁止反而产生了抑压权利意识成长的弊端,主张对民事领域的自力救济比先前进行更为宽泛的肯认;与此同时,刑事领域中也有见解认为,从抑制行为的反社会性以及一般预防的见地出发,可以考虑对自力救济进行严格的限制,并认为虽然明石先生所分析的判例倾向也许并不积极,但应予以肯认(参见米仓明:《自力救济》,载《法学教室》17号,第25页以下(1982年))。

但是，在民法中作为自力救济不是违法的行为却在刑法中作为违法而被处罚，我对此持有强烈的疑问。例如，民事损害赔偿诉讼中的被告因同一事件也被提起刑事诉讼的，即使同一裁判所对有关两方的事件作出判决，不论根据哪一裁判都因自力救济而致阻却违法性时，判断刑事与民事各异的违法性似乎不被考虑。至少，不会存在民事上不违法却在刑事上违法的情形吧。当然，行为即便违法，如果没有造成损害，因为损害赔偿请求不被肯认，所以在民事上损害赔偿被否定，但在刑事上却成立犯罪，这样的情形也是可能的。但是，这并非违法性的判断不一致。即使作为政策论，因为如果不构成侵权行为的行为也可以遭受刑法上的处罚，所以可能没有人考虑以私力实行非典型担保，因此如果我们积极地肯认自力救济，就不仅有必要将自力救济从损害赔偿中解放出来，也有必要将其从刑罚中解放出来。

以上虽然是从理论方面进行的论证，但在实际案件的处理中，刑法果真比民法对自力救济的肯认更严格吗？似乎还留有疑问。因为在判例理解中，将民法判例与刑法判例单纯并列在一起进行比较存在一定的问题。如前所述（本书第167—168页），刑法判例是经过检察官的筛选单就恶质事件进行起诉的结果而形成的。因此，实际肯认违法阻却的情况很少，而且，判决中有把违法阻却要件进行严格判示的倾向。因为即使作为一般理论宽泛设定犯罪的成立范围，检察官仍要从中筛选。与此相反，由于在民事中无论谁都可以作为原告起诉，所以自然而然地判例中认定为自力救济的案件更多，并且，为了使结论正当化，违法阻却的要件也可能变得宽松。因此，表面上刑事与民事对自力救济的肯认范围或一般理论即使有差别，作为现实案件的处理是否也会产生差别呢？我依然存在疑问。

对于佐伯君的主张我没有什么异议,但有两点值得注意。

第一点,作为结论,因为民法上否认侵权行为的成立,所以是否肯认不具违法性就成为另外的问题。作为侵权行为的成立要件,《民法》第709条列举了损害的发生,因此,即使认定存在违法行为,如果没有发生损害,实际上也不能成立侵权行为。并且,当自力救济的成否成为问题时,作为民事案件中法官的态度,因为其不愿卷入有无违法性的争论之中,所以一般不言及违法性的存否,而是在判决书中写上"因为没有损害,总之不成立侵权行为"。但是,在刑事裁判中,法官对类似的案件一般会作出"具有违法性,应受处罚"的判决。由此可见,刑事法律在自力救济的认定范围上理解过于狭窄。但是我想,这并非宽窄的问题,也非民事法律秩序把那种行为作为自力救济予以积极地肯认的问题。

另外,在侵权行为的成立要件中,即使存在欠缺哪一要件的指摘,为了避免与"侵权行为不成立"之相违的结论出现,违法性的判断也受损害是否发生的影响。如果不发生损害,违法性也是很难认定的。理论上虽非如此,实际中是有可能的。

第二点,判决中呈现的案件很多时候会产生另外的损害事实。换言之,当A占有B的所有物而B以强力夺回其物时,A的占有被侵害首先成为问题,而这种侵害是否被允许的确是自力救济是否被许可的问题。但是,在B夺回其占有时,如果B殴打A,则B的殴打行为当然成立侵权行为或者成立犯罪。在明石先生的综合判例研究中,我觉得这一点没有明确区分。这样一来,关于刑事中自救行为的容忍范围与民事中自力救济的容忍范围的比较,也必须予以再稍微细致的分析。

佐伯 的确如您所言。关于第一点,因为确实不能因不肯认侵权行为就不肯认自力救济,所以,即使不能认定为侵权行为的判决有很多,也不能说民事上认定自力救济的范围比刑事上更为宽泛。在这点上,我认为在理解判例时,否认损害的案例或肯认自力救济的案例应予区别讨论。

关于第二点,例如随便闯入他人住宅取走担保物的场合。我想,即使丧失物的占有本身被判断为没有受到损害,侵入他人住宅的行为不也因为侵害居住权而成为另一个损害赔偿的对象吗?同时也产生了与刑法中盗窃罪相区别的侵入住宅罪的问题。

4. 紧急性的要件

佐伯 我们试考虑一下关于自力救济的要件的争论,首先就是紧急性。紧急性要件,以来不及依民事程序实现权利或依民事程序不能保全权利为必要条件。

民法典中也存在从正面肯认自力救济的条文,即《民法》第233条。即使邻地竹木的枝条越过境界线,他人也不能擅自砍断枝条,而只有竹木的所有人才有这项权利;但是,当邻地竹木的根越过境界线时,则可以随意将其切断。

最高裁初次肯认因自救行为而产生的违法阻却事由(结论是,对否认阻却违法的原审判决予以肯认)的判决(参见最判昭和30·11·11刑集9卷12号,第2438页;《刑法判例百选Ⅰ》,第4版,第20案件)事案是,邻地建筑物的房檐因飞出造成妨碍而被切掉的事情。关于该案,明石先生引用《民法》第233条认为:因为根可以随意切除,而枝条则不能随意砍去,所以如果是建筑物的一部分,就必须请求他人除去。对此问题,刑法学者要么认为"该种场合存在紧急性",要么只凭直感予以批判,还是民法学者给人留下了议论精致的印象。在民法上,根与枝的区别有什么理由吗?紧急性上也有差异吧?

道垣内 民法典的起草人曾说:当 A 的树木枝条从 A 的土地上伸展到 B 的土地上时,虽然 A 可以在自己的土地上切除枝的根茎部,但是如果要切除树根的话就必须进入 B 的土地,而 B 即使自身没有过错也必须使 A 进入自己的土地。因为这种情况比较难办,所以还是 B 自己切断・除去的好(参见梅谦次郎:《民法要义第 2 卷》,订正增补版,第 149—150 页(1908 年))。如果是根就具有高度的紧急性从而肯认自力救济,并不符合法条的宗旨,所以不能认为在房檐上对此进行扩大解释有什么合理性。

佐伯 原来如此。附带说,在之后下级审的判决中,因建筑物的一部分造成工程妨碍而切断的事案,也肯认因自救行为而产生的违法阻却(岐阜地判昭和 44・11・26 刑月 1 卷 11 号,第 1075 页)。

值得注意的一点是,刚才例举的包括下级审判决在内的肯认自力救济的判决中,紧急性的认定不仅考虑时间上来不及还包括费用与工夫——不能要求费用与工夫的花费——等意义层面。这在某种意义上似乎是常识性判断,但如推而广之,因为零细企业中断工程而有可能破产,所以判断是否肯认自力救济也应考虑这些。但是,那样一来,是否存在大企业不可为而零细企业可为的疑问呢?我们在考虑如何妥善解决利益冲突的情况时,是否适当地考虑一下这个问题?我对此存有疑问。

道垣内 所谓紧急性,例如,虽然基于民事保全法的临时处分程序被视为必要,但此时因现状的继续仍会产生不可能恢复的损害。此种"恢复不可能性"包含两个方面:一方面,申请临时处分的债权人因现状的继续遭受重大损失,且不可挽回;另一方面,债务人以后对债权人的损害不能填补。如此一来,在前者,债权人是零细企业时,容易认定为如不尽早改变现状就会破产;于后者,债务人是零细企业时,也容易认定为不能填补债权人所产生的损害。如果将其原封不动地纳入刑法的自力救济的要件中,根据债权人属性的不同,相同的行为就会或有违法性或无违法性这样的判断。

而且,将其放在刑法中进行思考实在有点奇怪吧。《刑法》第37条规定的紧急避险,正是基于此种考虑而决定犯罪的成立与否。

佐伯 或许如此。因为规定本身有些不明白的地方,紧急避险也不怎么使用。在被侵害利益与侵害利益的衡量中,应该考虑到什么程度也未必清楚。例如,中止工程要花费1 000万元的场合,1 000万元以内的可以放在利益衡量中考虑,这应该确实可靠吧。但是,如果考虑到1 000万元对不同企业的意义,零细企业的1 000万元与大企业的1 000万元是完全不同的,而是否考虑这些也不清楚。此种情形作为责任问题,例如期待可能性问题来考虑很容易理解。例如,盗窃身无分文食不果腹之人的面包与盗窃身带重金游山玩水之人的面包,其责任非难的程度不同是很容易理解的。可是,作为违法性问题,究竟应在什么程度将个人情况纳入考虑之中还有不明不白之处。刑法区分违法与责任,拘泥于此本身很是奇怪,被如此评价亦颇有无奈之感。

道垣内｜所谓体系论的问题是也。

5. 手段的相当性

佐伯｜现在转移到手段相当性这个话题上来吧。我不认为应该对使用暴行、威胁来实现权利的行为予以宽泛认定。但是我想，在考虑财产犯的成立时，在是否使用了违法手段这个问题之前，首先应该把作为财产犯值得保护的财产利益是否受到侵害作为问题。然而，从被视为判例的纯粹占有说的方法来考量，在构成要件阶段中，如果单纯的占有被侵害时，姑且不论可以肯认构成要件该当性，之后还完全可以用违法性来判断。在支持判例的学说背后，或许存在这样一种政策判断：因为判例在占有说上并不动摇，所以为了限定判例的处罚范围，与其在构成要件上决出胜负，还不如在违法性上决出胜负为好。但是，判例在纯粹占有说上稳固吗？这本身还有讨论的余地。如果全部以违法性进行判断，限于以现有判例的违法性判断为前提，则只要手段违法就能认定为财产犯。

例如，即使是取回自己的所有物或者取回放置在道路上的物品因无违法性而不可罚的场合，如果系闯入他人住宅而取回的，也成立盗窃罪。虽然仅添加了侵入住居的违法性，却在侵入住宅罪之外又构成盗窃罪，有这个必要吗？我觉得没有。所以，财产犯的成立与否，首先还是应该考虑构成要件阶段被害人的占有是否具备民法上值得保护的利益，不赞成全部用违法性来进行判断。

道垣内 如果那样,就没有必要独立提出"手段相当性"这个要件,采取那种手段的行为而构成其他犯罪的场合,只要把有关犯罪的成立和自救行为分别考虑就可以了吧?

如果那样的话,我完全同意。只是我想,以"手段相当性"作为要件的学说,在紧急性强的场合,通常认为即使具有侵入住宅罪的行为,作为自救行为的一环也不构成犯罪。

佐伯 虽然我的说明方式不太好,但根据最初的讲述,自力救济的问题在刑法中除了作为违法阻却事由的自救行为外,也作为盗窃罪、恐吓罪的构成要件该当性问题而被争论。现在所讲的,就是盗窃罪的构成要件该当性问题。在把盗窃罪的违法性阻却与作为其要件的手段相当性作为问题探讨之前,首先应关注值得保护的财产性利益是否受到侵害这个盗窃罪的构成要件该当性问题,此时,不应混同作为手段的违法性与作为财产犯的违法性。闯入他人住宅取走担保物的场合,在构成要件该当性的标准上,虽然盗窃罪与侵入住宅罪成为问题,但是,如果肯定这两罪的构成要件该当性,在此后的阻却违法性上,只要肯定道垣内君所说的作为阻却违法之三要件的紧急性、必要性、相当性的话,不仅仅是盗窃罪,就连侵入住宅罪也被阻却违法性。所以,在构成要件的标准上将手段的违法性另行考虑,以及将手段的违法性作为自救行为而被阻却的情形,都是妥当的。要说明这一点,权利实行与恐吓罪的问题最为合适,我想就此稍微谈一下。

6．(以工薪阶层为对象的)高利贷的催收

佐伯　　在刑法中,作为权利实行与恐吓问题而被议论的是以下问题:例如,在债务人超过借款的清偿期限而仍不还钱时,债权人并不采用诉至裁判所以债务名义强制执行的方式而是采取胁迫债务人收回借款的情形,这是否成立恐吓罪呢？该种场合,债权人的行为符合胁迫罪的构成要件是无疑的。所以,如果肯认恐吓罪的成立(胁迫罪被恐吓罪吸收),则产生恐吓罪的违法性阻却问题;如果否认恐吓罪的成立,则产生胁迫罪的违法性阻却问题。

　　学习过刑法各论的人都知道,以往的判例采取的是只要在债权范围内就不成立恐吓罪而只成立胁迫罪的立场。但是,虽然也有即使在权利范围内滥用权利也成立恐吓罪的判例,但原则上还是在权利范围内实行权利不成立恐吓罪的立场。不过,最高裁昭和30年10月14日判决(参见刑集9卷11号,第2173页;《刑法判例百选Ⅱ》,第4版,50号案件)中关于持有3万元债权的被告人胁迫债务人而索取6万元的案件曾表述,"对他人享有权利的人,只要权利的实行在权利范围内并且其实行方法并未超越社会通念上一般的容忍程度,就不产生什么违法性问题;但是,如果脱逸以上范围程度的则构成违法,也可能成立恐吓罪",从而判示"认定索取6万元金额成立恐吓罪的原判决是公正的"。

　　因为该判决是关于持有3万元债权而索取了6万元的案件,持有3万元要求归还3万元的场合就另当别论吗？虽然也有对判例作出限定解释的见解,但一般将该判例理解为:即使拥有3万元的债权而催还3万元的,如果权利实行的方法超出了社会通念上应该容许的限

度,则仍认定成立恐吓罪。

该问题以前曾与盗窃罪的保护法益问题并行理解,从本权说生出胁迫罪说,从占有说而出恐吓罪说。从这种理解开始,判例转变为恐吓罪说——与盗窃罪有关的判例从本权说转变为占有说也能说明这点。但是最近,从占有说与本权说(或者修正的本权说)两个角度使恐吓罪说正当化的见解正日趋有力(参见町野朔:《批判》,载《刑法判例百选Ⅱ》,第4版,第103页(1997年))。其实,我也认为这种观点是妥当的。即言之,即使是债务人也对自己的金钱拥有当然的所有权,其对金钱的持有乃基于正当的占有权限。因此,从本权说的立场出发,如果使用胁迫的方式侵害那种正当占有的,当然也成立恐吓罪。胁迫罪说也许是考虑到,债务人即使是被恐吓催还,那也只是使债务相应减少而其本身并未受到损害;而恐吓罪则是针对个别财产的犯罪,不像背任罪那样是针对全体财产的犯罪。另外,如果考虑到多重债务人的场合,关于向哪个债权人还债,因为持有的利益不同,被取走的金钱使其债务相应消灭,所以也不能说没有问题。

如果肯认恐吓罪的构成要件该当性,接下来的违法阻却就成了问题。即使否定恐吓罪的成立,胁迫罪的违法阻却也成为问题。在该判决中,关于恐吓行为的违法阻却,虽然没有使用自救行为这个术语,但成为问题点的是,私人不利用裁判程序而自己实行自己权利的自救行为应限定在什么范围内?我们也许可以思考一下这个问题。在民法上,因债权催取而导致的侵权行为也存在问题吧?

道垣内 作为典型的案例,有新泻地裁昭和57年7月29日的判决,以及福冈地裁小仓支部昭和57年7月16日的判决(参见判时1057号,第117页)。但是,在这些判决中,只有精神损害赔偿请求成为了问题。

确切说,前者是清偿不能,后者是债务不存在。在违法催还中,一般也只有精神损害赔偿好像经常出现问题。即言之,借了100万元,清偿期过后因被胁迫支付了100万元时,虽然可以认定精神损害赔偿,但由于已经被取走100万元,故不能再提出100万元的损害赔偿请求。

<u>佐伯</u>　的确如此。由此也能看出胁迫罪说的柔和性,并且民事上对全体财产的损害问题也能够理解了。那么,持有金钱却破产的情形如何呢？正确的是,即使陷入迟延履行也必须支付。但是,如果票据明天到期,而只要遗失这票据就能免于破产,债务也就能够清偿了。虽然要证明这点没有任何困难,但无论如何,持有金钱而破产的情形也与刚才的话题相关联,产生债务以上的损害。

<u>道垣内</u>　"如不实现权利即遭受重大损失的场合实现自身权利"之言与"如不履行义务理应免受损失却硬履行义务而遭受损失"之语,是不能相提并论的。因为,后例中"理应可以避免的损失"这一地位不能评价为正当的利益。

<u>佐伯</u>　必须支付债务这件事情与持有金钱的正当性直接关联。

<u>道垣内</u>　擅自进入债务人家中取走10万元时,作为基于侵权行为的损害赔偿,我想可以要求支付10万元。但是,考虑到被胁迫而支付依然是有效的清偿,把支付的钱款视为损害不太合理吧？

<u>佐伯</u>　这是非常基本的问题。在刚才的事例中,债务人以强迫清偿为理由主张撤销时,不当得利的返还请求权与债务抵销了吗？

道垣内 啊,是的。我感觉那其中有什么关联。如果存在强迫,我想关于10万元金钱所有权移转的意思表示似乎能够撤销。在此,虽然关于清偿中的意思要素有各种各样的争论而并不单纯,但是,至少站在一定的思考方法之上金钱所有权移转的意思表示是可以撤销的。我认为这是原则,基于侵权行为的损害赔偿请求并不是取回10万元的本来手段。而且,一旦被撤销,债权人就要承担10万元的返还债务,但这可能与自己所有的贷款债权的10万元相抵销。

与此相对,被债权人盗走10万元的场合不会有什么撤销,作为基于侵权行为的损害赔偿请求,要求赔偿那10万元是原则。但是,由于这回侵权行为的债权人根据《民法》第509条不能进行抵销,因此必须现实赔偿10万元。

佐伯 相关的问题也很有趣。即使是同样的事实状态,依某法律构成不行而依别的法律构成却被肯认。按说是自然的,也理应如此,觉得挺奇怪的。

道垣内 此处牵涉到诈骗、胁迫与侵权行为的关系这一民法上的难题。我只是凭自己的感觉随想随说而已,至于可否抵销,何种救济手段才是根本,仍然存在很多意见。

佐伯 木村君的著作详细分析了很多判例,并在其中作了意义深刻的点评。尽管以工薪阶层为对象的高利贷的不法催缴在过去是非常严重的社会问题,但检察官以恐吓罪提起诉讼的案件却没有被报告过(参见木村光江:前揭书,第6页),或以违反特别法,或以胁迫罪起诉,就是不以恐吓罪起诉。这种情形,也许是检察官对即使在权利范围内也成立恐吓罪的判例不能理解，也许是考虑到违反特别法易于举证，而以此进行处罚理由更充分。另外，也可能只是公家刊物没有登载。假如先前没有以恐吓罪起诉的例子的话，就像我们刚才所讲的，我想，检察官实际起诉的范围比判例上一般理论中认定的犯罪成立范围要狭窄。①

道垣内君最初指出的问题中，与非典型担保的实行相关的东西未能被触及，正当防卫、紧急避险、自救行为等概念在刑法和民法中的使用方法有何不同，都还有讨论的余地。因为本次时间已到，这些话题我们下次再谈吧。

道垣内 仿佛觉得没怎么思考的问题，自己也能稍作整理。

---

① 但是，围绕着最近已成为严重社会问题的工商业的贷款催缴，胁迫债务人"出卖肾脏"等使其偿还债务的人，在违反贷款业规制法之外，以恐吓罪被起诉定罪（朝日新闻2000年8月28日夕刊）。（佐伯仁志）

第十二回
自救行为(2)

1. 公司更生中的自力执行与盗窃罪
2. 汽车的收回
3. 非典型担保权人拥有的自力执行权
4. 正当防卫·紧急避险·自救行为(自力救济)的概念
——刑法与民法的比较

1. 公司更生中的自力执行与盗窃罪

佐伯 上回,我们在以占有的自力救济为中心展开讨论的同时也论及了自力救济的一般问题,本回中我们将尝试讨论另外一种特殊类型,即债权人将非典型担保的标的物从担保设定人处任意取回时的问题。

首先,谈谈刑法问题。在盗窃罪的保护法益论中必定引用的两个有名的最高裁判例都是关于非典型担保的问题。首先是最高裁昭和35年4月26日的判决(参见刑集14卷6号,第748页;《刑法判例百选Ⅱ》,第2版,24号案件)。案件事实是:设定让与担保的债务人接受了公司更生程序的开始之决定后任命了财产管理人,该财产管理人于是占有了作为让与担保标的物的货车,但让与担保的债权人(被告)趁该货车停在道路上时将其开到了自己的仓库里。虽然被告主张被害人的占有是非法占有,并不构成盗窃罪的保护法益,即应受盗窃罪保护的法益,但是,最高裁还是作出"原判决认定被告人之擅自开走他人事实上支配范围内的货车的行为构成盗窃罪的判断是妥当的"的判示。

一般认为该判决是立足于占有说得出的结论,虽然立足于占有说可以得出上述侵夺行为符合盗窃罪之构成要件的结论,但仍存在是否可作为自救行为以阻却违法性的问题。实际上,在原审中便争论过这一点,原判决认为:"因为容许实施民事上的自力救济之限度内的急迫事由并不存在,所以无法说被告人实施的本件行为成立正当防卫行为。"虽然使用了防卫行为一词,然而却否定了其构成自力救济。

在这一事例中,债权·债务关系的存在本身并不明确。原判决认为,"关于本案发生当时的昭和28年12月25日中本案货车的所有权归属问题,由于公司对被担保债权进行偿还的充分关系并不明确,所以,如果不依据民事判决就难以确定这一关系。"假如本案中的被担保债权处于存续状态,被告成为让与担保权人的话,又该如何呢?如果适用现在民法中的有力说所主张的标准来判断擅自开走停放在道路上的货车这一行为的话,该事件恰恰是可能被认定为自力救济的标准事例。

<u>道恒内</u>　首要的问题在于,将汽车的让与担保权人任意取回停放在道路上的汽车之行为认定构成盗窃罪的判决,是否应该被视为作出了一般性判示的判决?因为是公司更生的事例,所以与其相关的问题说起来并不简单。

虽然判决本身是昭和35年的事情,但实际上,至少按照最高裁昭和41年4月28日判决(参见民集20卷4号,第900页;《民法判例百选Ⅰ》,第4版,96号案件)以后的判例法理,在被告于上述判决的事案中取回汽车的时间点上,是欠缺实体法上的针对该汽车的收回权的。

佐伯 此前已经学习过了吧(本书第 101 页)？

道垣内 但并非所有人都像佐伯君那样刻苦,一言以蔽之,即使认为让与担保标的物的所有权属于让与担保权人,身为债务人的公司在开始公司更生程序时,债权人作为更生担保权人也只能主张自己债权的相对优先性,而不能主张标的物的所有权并行使取回权。因为让与担保的实质是担保,所以让与担保权人与抵押权人等的担保权人应予同等对待。如此一来,被告在私法上不拥有取回权,取回行为也并非正当的行使权利。总之,本案具有公司更生案件这样的特殊性。

其他情形又将怎样呢？如果涉及破产案件又该如何处理呢？我认为,有必要区分为不同情形加以考虑。首先是必须区分让与担保的实行期已经届至与尚未届至两种情形；其次是让与担保的实行期届至时,债务人接受破产宣告和不接受破产宣告两种情形。

在实行期尚未届至时,即使依据本权说,因为债务人可以基于适法的权限实施占有,所以侵夺其占有的行为应构成盗窃罪,并且作为自救行为而被阻却违法性的可能性亦不存在。

而在实行期已经届至时,如果采用纯粹的占有说,问题便在于该侵夺行为是否可作为自救行为而被阻却违法性。其中,可能首先会让人有如下感觉：在债务人破产时,与未陷入破产时相比,陷入破产时的自力救济更容易获得认可。但是,在以下两点中,宣告破产反而是逆向发挥作用的。

第一,财产由财产管理人支配的事实会受到怎样的影响呢？关于昭和 35 年最高裁的判决,中山研一先生在《刑法判例百选 Ⅱ 各论》(第 2 版)(1984 年)里作了注释,中山先生指出：在本案中,存在受害公司无意中倒闭而其财产由第三人即财产管理人管理这样一个特殊事实。既然被害人自身的单纯占有受到侵害，财产管理人的公共管理权被侵害这一要素就为成立盗窃罪的结论发挥了相当重要的作用。虽然我们早已指出昭和35年最高裁判决的事案是公司更生案件，确实具有另外的特殊性，但破产宣告后债权人任意取回标的物的行为，确实侵害了财产管理人的占有，我认为这正是该案所具有的重大意义。

第二，与此相关联的是，债权人可以在何种程度上向财产管理人主张自己拥有合同上的权利。之后可能会出现的是，在让与担保与所有权保留的合同书中经常会设置如下条款：在担保实行时，债权人或其代理人可以在不事先告知的情况下进入由债务人使用或管理的土地·建筑物，收回占有的标的物并将其搬走。但是，疑问在于，债权人能否向破产财产管理人主张基于该条款的权利呢？申言之，所谓破产是指全部债权人的行动应在破产财产管理人能够把握的状态下实施。例如，对于让与担保与所有权保留的标的物，如果与第三人之间就该标的物签订了买卖合同但处于未履行状态，财产管理人就拥有履行合同或者解除合同的选择权（《破产法》第59条）。为达成履行，须以支付被担保的债务并让该标的物的所有权完全归属于破产人为前提，有时为了破产财团也会做类似的选择，这是破产法所保护的权利。如此一来，对于强制收回之实行手段的承认问题，无论是基于明示的合同条款，还是承认担保手段的内在特性，究竟是在破产情形下承认其效力，还是应该考虑缩小其权限？我认为应该选择后者。

佐伯　您说的没错。

2. 汽车的收回

<small>佐伯</small> 接下来，为了思考让与担保权人拥有的合同上的权利或者内在于让与担保权而存在的担保权人的权利，让我再介绍另一个刑事判例，即最高裁平成元年7月7日的决定（参见刑集43卷7号，第607页；《刑法判例百选Ⅱ》，第4版，24号案件）。该案案情如下：利用附买回约款的汽车买卖合同进行汽车融资的出借人，擅自使用私配的钥匙，将作为卖与担保标的物并已取得所有权的汽车从被害人的车库中盗出。虽然许多汽车出现过类似情形，但其中的一部分在收回时已被认定为是在债务人尚未丧失买回权时实施的，所以这种行为当然构成盗窃罪。但是，另一部分汽车是在债务人丧失买回权之后被收回的，所以会出现这种行为是否符合盗窃罪的构成要件，或者即使符合，是否可以作为自救行为阻却违法性的问题。

原审裁判所认为"最初附有买回约款的买卖合同，不仅内容上含有暴利因素，而且在方法上也有乘买方无知窘迫的恶劣性质，所以合同无效或被撤销的可能性很大，所有权能否移转于被告人一方在法律纷争上留有充分的余地"，"即使是在债务偿还的当天乃至数日之内擅自取回的，仍有被告一方因受领迟延或滥用权利而发生买回权丧失之事由的疑问，也有因承诺延长至其他返还期日而引发的同样的疑问"。结果，以"担保提供人的占有具有值得法律保护的利益"为理由认定了盗窃罪的成立。虽然原判决并未大步踏入民事领域而从正面认可合同无效或不丧失买回权，但却是在强力烘托担保提供人并不丧失民法上的占有权这一宗旨的基础上认定为盗窃罪的。

对此，最高裁作了如下阐述："在被告人收回汽车时，虽然汽车处于借用人事实上的支配之中，但即使认为被告人拥有所有权，被告人的收回行为仍属于《刑法》第242条中的窃取他人占有的物品的行为，应构成盗窃罪，并且其行为已经超出了社会通念上借用人所能容忍的限度，只能说是违法"，因此驳回了上诉请求。

刚才昭和35年最高裁判决的案件中，让与担保权的存续本身也被视为存在疑问，而在该平成元年最高裁决定的案件中，附买回约款的买卖合同本身的有效性同样也存在问题。虽然判例是作为一般理论而宽泛地认定了犯罪的成立范围，但实际上被起诉的案例只限于非常恶质的事例。平成元年最高裁决定认为，如果物品处于他人事实上的支配范围内，则窃取该物品的行为构成盗窃罪，其后不过是违法性阻却的问题，在此基础上，本案不过是"超越社会通念上借用人容忍限度的违法事由"，原审判决已在相当程度上踏入了民事领域，是性质非常恶劣的事例。

在附买回约款的买卖合同无效、买回权并未消灭的情形中，自力救济当然不被认可，所以问题存在于附买回约款的买卖合同有效并且收回权也归于消灭的情形中。此时，利用秘密配制的钥匙从借用人的住宅或工作单位等保管场所收回作为标的物的汽车时，能被认定为是民法上合法的自力救济吗？

道垣内 我想就前面注意到的一点请教一下，佐伯君作说明时使用了"卖与担保"一词。以前，我们在进行关于非典型担保的对话时好像已经说过，民法上已经不再使用"卖与担保"一词，刑法上是否认为"卖与担保"这一术语与盗窃罪的成立或者作为自救行为的违法性阻却具有相关意义呢？

佐伯 虽然在以前的对话中听道垣内君说过这样的区别已经失去了意义，但在平成元年的决定出台时，刑法学说中尚有区分二者的见解。换言之，最高裁昭和35年判决的事案是让与担保，债权人有清算义务，债务人可以拒绝交付，所以债务人的占有是合法的，从本权说的立场出发亦能使结论正当化。与此相对，最高裁平成元年决定的事案是卖与担保，债权人无清算义务，债务人没有拒绝交付的权利，所以无法依据本权说获得正当化。因此，在与事案的关系方面，可以说平成元年的决定使立于占有说的事项更加明确，并使昭和35年的判决向前迈进了一步。如果作回溯考虑的话，昭和35年的判决也是立足于占有说的问题便是自然明了的了。

道垣内 已经出局了吧。因为那既不是棒球中难以判断的动作，裁判上也未投入全力，所以只能是轻举右手的出局。区分让与担保与卖与担保的判例・学说已不存在，在平成元年最高裁决定的案件中，如果标的物的价额大于被担保债权额的话，当然负有清算义务。此外，即使是被担保债权额较高时，如果债权人不把标的物的适当评价额并未超出债务数额这一情况通知债务人的话，那么也不能完全取得标的物的所有权，所以无论在哪种场合中，抽象意义上的清算义务都是存在的。因为以前已经对与此相关的情形做过详谈（本书第75—78页），所以在此只谈一下内在的批判。

第一，在昭和35年的阶段上，关于让与担保的清算义务尚未确立，所以佐伯君提到的刑法学说作为对昭和35年判决宣判时的评价并不妥当。

第二，即使清算义务一般性存在，如果刑法的处理根据具体清偿金的有无而有所不同，而在刑事裁判中就必须认定被担保债权余额与标的物的价额，这样合适吗？至少不是最高裁的立场吧？因此，作为对昭和35年判决的理解是不适当的。

第三，假如刑法理解的卖与担保现在也作为法律概念而获得了肯认，并且平成元年决定的案件也符合那种情形，关于平成元年决定的案件中抢夺占有一事便归结于如下的话题——在租赁或使用借贷的期限已经届至，但借用人不向出借人返还标的物时，出借人可以任意地恢复占有吗？

佐伯｜关于判例的理解，与内在的批判相比，在刑法上从学说角度发起的外在的批判更为普遍，我想刚才我所阐述的理解也是从学说角度进行的。根据现在的话题，最后的问题是，如果从存在买卖合同的角度来看，又如何呢？

道垣内｜是的。如果积极地说"卖与担保"，就变成了债务人是卖方，向作为债权人的买方卖掉了标的物，但是却又原封不动地从买方那里借来。是从该方向上检讨平成元年的决定呢，还是从"虽然属于让与担保权人实行的一种形态，但能否认定为民事法上有效·合法的东西"这一方向上展开议论呢？因为刚才也留意到了这点，所以我想就此向您请教。

并且，这个问题与上回谈到的两种类型——即使属于自力救济也例外地认定为违法性阻却事由以及作为权利范围的问题而展开议论（本书第254页）——相关联。如果将其视为租赁或使用借贷的期限已经界至的话题，则该问题就完全变成了作为例外情形的自力救济。与之相对，如果将其视为让与担保的实行形态的话题，则变成了取决于让与担保权人的权利形态的问题。虽然可能只是我的感觉，但后者被认定为合法性的可能性似乎更高；而前者，则被科以紧急性·相当性等各种要件。

佐伯　我认为，刑法学者对两种情形都是同等对待的。但是，即使是刑法中，为了认定权利的实施，首先必须确认民事法上的权利范围，所以，如果民法上让与担保权人的收回与租赁或使用借贷中出借人的取回具有不同的性质，就应遵循此不同性质展开讨论。但是，能否说两者具有本质的区别呢？关于这个问题，我还没有理解。例如，在租赁合同或使用借贷合同中，如果可以考虑明示或者默示地承认其含有合同终了后标的物的取回权，就不再是相同的了。并且，虽然我对于道垣内君的价值判断——让与担保权人的收回较之出借人的取回更容易被认定为违法性阻却——尚未充分进行考虑，但认为还有讨论的余地。再如，在让与担保的情形中，因为债务人也具有作为所有人的性质，所以债务人较之于租赁合同或使用借贷中单纯的借用人受到更强有力的保护。当然，借地借家法等中借用人受到强有力保护的情形另当别论。

道垣内　以前说过，也许过分拘泥于例外或原则的范围。但是，谷口安平先生曾认为，关于非典型担保的自力执行即取回标的物，"如果将自力救济作为本来的实行方法而进行观念性的理解，那么只有紧急时才能采取手段之例外情形从未有过。所谓紧急性，是指本来应寻求国家进行保护但没有充裕时间等事态紧迫的情形。但是，如果本来就应该采取自力救济，那么这一要件就变得毫无关系。毋宁说，……由于自力救济所采取的手段或者状况有所限制，所以作为次善方式而设置了国家程序的救济"（谷口安平：《担保权的实行和救济》，载米仓明等编:《金融担保法讲座Ⅲ》,第 226 页(1986 年))。但是,这种想法在租赁终了时并未出现。我认为,这种想法正是源于将其作为取决于该担保的实行方法而把握的问题。

3. 非典型担保权人拥有的自力执行权

道垣内　关于非典型担保的实行方法,除谷口先生外还有各种看法,归纳说明如下。

正如上回佐伯君所介绍的,在让与担保或所有权保留的实行阶段,如果债权人未经债务人许可即取得占有标的物,简言之即收回占有时,学说上现在应该更宽泛地加以肯认吧?对此,虽然论者的数量不多,但因为有米仓明先生、伊藤真先生、谷口安平先生这些大名鼎鼎的人物,正说明此乃一种有力的倾向。

但是,每个人主张的内容并不相同。

首先,米仓先生主张应当综合考虑各种情形——债务人的困窘程度、标的物的种类(是否很快减价的东西)、被担保债权数额与担保标的物价额的大小、搬出样态等——将自力救济的适法情形较现在予以更宽泛的肯认(参见米仓明:《现代担保法的各种问题》,载《担保法的研究》,第 53—54 页(1999 年))。其次,伊藤先生实际上也是从现在的让与担保及所有权保留标的物的自力收回是否被肯认的情形开始研究的。即,设想如下案例:保留建筑工程用车之所有权的卖主 A,在买主 B 不履行债务时以非暴力手段将该车从 B 处擅自开回。此时,虽然 A 的行为是侵权行为,但我们能否认可 B 对 A 的损害赔偿请求呢?目前的判例法理是不认可的。如果说可以将 A 的行为认定为盗窃罪,在没有实施暴力的情形下,可以预想警察或者检察院会因坚守民事的不介入原则而不介入纷争之中。如果那样的话,即使现在也能够容忍在合理的范围内收回标的物。在此情形下,仅强调自力救济的禁止这一方针于事无补,而必须对社会所能容忍的自力救济的范围如何进行检讨(参见伊藤真:《美国的动产担保权人的自力救济》,载《债务人更生程序的研究》,第 204—205 页(1984 年))。并且,如前回所述(本书第 254 页),因为《美国统一商法典》第 9 编第 503 条规定:"只要没有危害到稳定,担保权人即使不依据司法程序也能够取得担保标的物的占有",所以我们应将围绕该点的判例·学说作为参考例进行检讨。

针对这一问题,谷口先生是从作为非典型担保的实行方法本来就肯认自力执行这一点出发开始研究的。先生认为,在具备如下三项要件时,应肯认自力执行:一是要求圆满交还的交涉没有奏效(但是,无交涉对象时没有交涉而取回的情形例外);二是存在能够认可担保权存在的客观状况;三是不存在使用暴力及夜间侵入他人住宅等不正当手段的情形(谷口安平:前揭书,第 215 页以下)。

佐伯 作为民事的最高裁的判决有两个,请让我介绍一下。一个是最高裁昭和 43 年 3 月 8 日的判决(参见判时 516 号,第 41 页),即,工场装备机械的让与担保权人 Y,在债务人破产时为了将让与担保标的物进行折价处分而将标的物从工场搬出。Y 搬出该标的物时,虽然工场抵押权人 X 已申明:"因为已代为支付债务,不能搬出",但是 Y 拒绝了这一请求而搬出了标的物。于是,X 以要求损害赔偿为由对 Y 提起了诉讼。最高裁认为:"处分清算型的让与担保权人为了实施优先债权而将标的物折价处理,因为除了对该物进行处分以外并无其他方法,所以,作为前提的搬出标的物的行为是为了实现该人权利所必须的行为,不能说是侵权行为"。

另一个是最高裁昭和53年6月23日的判决(参见判时897号,第59页),这也是机械让与担保的事例。在债务人破产且其法定代表人去向不明时,让与担保债权人未经债务人许可而擅自将标的物搬出取回。针对该行为,其他债权人基于侵权行为请求损害赔偿而提起诉讼。最高裁认为:"被上诉人搬出取回让与担保标的物并在债务清偿日届至前亲自予以保管的行为,恰恰是以实力排除诉外公司的抵抗,或是从当时去向不明的诉外公司代表人处得到授权而适当地占有管理,或是诉外公司倒闭以及代表人去向不明以后使用该借用中的让与担保物而使业务正常运行等状况。只要不是应该认可的特别事情,在上述的事实关系中,基于针对被上诉人之侵权行为的损害赔偿责任,不能说应该由被上诉人承担"。

至于与这些判例以及先前所介绍的学说间的关系,刑事的昭和35年的判决·平成元年决定的事案该如何评价呢?

道垣内 是的。补充一点,昭和43年·昭和53年两个判决的案件,虽说是倒闭,但因为拿出了拒付票据,所以不应该开始破产和公司更生程序,即所谓的"事实上的倒闭"。从而,财产管理人也不能取得占有,刚才所说的破产和公司更生时因为应当考虑财产管理人的占有事项,所以收回占有很难得到承认,故而并非两个合适的事例(案例)。

另外,如果阅读昭和43年判决所遵循的判旨,我们就会发现,虽然处分清算型的让与担保中收回行为似乎常被正当化,但这一判决却并非如此。在该判决的案件中,债务人倒闭破产,公司的代表董事好像也连夜逃窜。这与昭和53年判决的案件具有相同的状况。

作为必须考虑的关键点,昭和53年的判决不仅不是以实力排除诉外公司的抵抗，而且也不是从代表人处获得授权的人进行占有管理以及公司使用该机械进行运营的情形。因为无论谁进行占有管理恐怕都必须获得占有人的同意，如此一来，自力执行被肯认的范围就会变得相当狭窄。因为获得占有人的同意、无人在场时也是可以的。

针对这一问题，为了担保制度和法律制度的合理，最近学说上产生了"该如何进行解释"的讨论。因为让与担保等的标的物中有很多变质、减价速度较快因而必须尽早取回卖掉的物品，如果债务人一方任意无视他人要求，债权人必然会发起诉讼，其结果是信贷风险增加，信贷费用也不得不上调。简言之，利息变高了。这是很可笑的。因为讨论来源于这些想法，谷口先生反而将交涉的破裂作为要件。并且，如果进一步考虑，否定让与担保权人的自力执行权限，谁能得利呢，实际上并不是债务人而更多的是其他债权人。如果放弃该权限，其他的债权人就会搬出。让与担保权人因最早回收而导致的困窘，与决定默默搬出的其他债权人或者因与让与担保权人交涉而做出些许让步的其他债权人，是相同的。因为债务人最终必须交付，所以不会蒙受特别损失。实际上，不管是昭和43年判决的案件还是昭和53年判决的案件，原告恰恰是其他的债权人。从此观点考虑，我想昭和53年的判决有些过分纠缠于要件的研究。在倒闭、正式的破产程序开始而管理人被选定时，如刚才所阐述的那样，我认为自力执行很难被承认。但是，在民事事件中取回标的物的行为成为问题的情形很多，债权人开车直接到债务人的工场，抢先搬走值钱的物品之类的纠纷，多发生于破产宣告·公司更生程序尚未开始的情形下。因为进行破产程序也需要一定的费用，所谓进行私下整理的情形很多。此种情形下，没有债务人的允诺，我想不是有点不管不顾吗？

经以上分析，如果我们对刑事判例的昭和35年判决·平成元年决定的事案尝试进行思考，就会发现，两个事案都是极端的。昭和35年判决是公司更生程序开始的事案，这一事件也被作为破产时不允许债权人任意行动的情形。并且，平成元年决定的事案是称为所谓的"汽车金融"案，债务人是个人。当然，虽然债务人超过还款期限未予清偿，但完全不存在债权人齐聚一堂，召开债权人大会以及债权人开始争取库存商品等情形。我想这一点才是首要问题。总而言之，迅速地实行担保，并不是因为被其他债权人取回或者如果不早一刻收回标的物将明显贬值，而是为了取得暴利。我想，即使立于与民法有关的一般学说的立场，该事案也很难被正当化。然而，根据什么理由认定该行为在民事上违法，却又出人意料的困难。所谓的不具备"紧急性"，如前所述是一般的情形，但谷口先生曾说，虽然在让与担保的实行上能够认可作为原则的自力执行，但只要实行期尚未届至就没有必要个别性地科以"紧急性"的要件。我也有同样的想法。

佐伯　但是，由于谷口先生把"存在能够确认担保权存在的客观状况"作为要件，所以像昭和35年判决·平成元年决定的事案那样，关于争夺让与担保的存在自身的事件或许自始就无法认定为自力救济行为。

道垣内　或许谷口先生自己有那样的想法，但是后来，虽然在民事裁判上肯定了让与担保的存在，但以当时未必明白的理由来肯定违法性的存在总感觉不可思议。

佐伯　美国统一商法典承认这样的事例吗？在平成元年决定的事案中，因为写着"工作单位等的保管场所"，所以大概就是持有存放在工作单位车库里的汽车。

道垣内　如果根据伊藤先生的介绍，由于门锁的破坏，所以只要债务人抵抗的实力排除等附加要素不被承认，那么就可以认定为闯入债务人的住所取回汽车（参见伊藤真：前揭书，第219页）。

佐伯　恐怕不会有谁对该事例成立盗窃罪持有疑义。但是，事情变化时如何呢？债权人的确存在权利，实行期已经到来，原本债务人必须自觉地提交汽车。于是，债权人用配好的钥匙将存放在车库中的汽车收回占有。关于这样的情形，究竟民法上是怎样考虑的呢？如果民法上将收回视为合法，刑法上也应当将其认定为违法性阻却吧。

另外感兴趣的是，作为现实的问题，在现实经济社会中让与担保权人·保留所有权的出卖人会采取怎样的行动呢？如果说标的物的收回平时既不产生侵权行为的问题，检察官也不起诉，学说上也应该从正面认定为合法。

道垣内　如前所述，伊藤先生好像确实说过。

佐伯　道垣内君本人是如何考虑的呢？

道垣内　根据目前的学说介绍而突破这一观点，我本人也无非常确定的思考，深入探讨下去也不容易。一言以蔽之，没有办法。

我认为，只要将其作为民法问题进行思考，对损害发生的要件问题进行控制就是最便利、现实的。如佐伯先生刚才所述，债权人的确存在权利，担保实行的日期已经到来，原本债务人必须自觉地交付汽车但债务人却没有交付，于是就有了债权人收回标的物的事案，债务人并未受到什么损害。如此，侵权行为本身原则上不能成立。与其他债权人的关系也是如此，虽说实施收回的债权人享有优先受偿的权利并收回了该标的物，但该行为并未损害其他债权人。因此，在实际存在权利的情形下，即使不存在"紧急性"等要件，也不成立侵权行为，因而能够承认自力执行。但是，在以暴力排除债务人抵抗的情形下，因为产生了个别的损害，所以可以成立侵权行为，从而自然地被科以"手段的相当性"这一要件。我认为这是再恰当不过的了。并且，虽然具有权利，但如果存在欺骗占有人等非常严重的情形，可以认定为发生精神损害。

作为结论，虽然认为在相当宽的范围内肯认自力执行，但却没有充分的自信。

佐伯 虽然不能说"没有损害"，但在损害轻微并且因实行而获得很大利益的场合违法性往往很容易被否定，从而不成立侵权行为。

道垣内 是的。

佐伯 道垣内君所谓没有损害就不成立侵权行为的议论，如果就刑法而言，也许就与主张并非违法性阻却而是在构成要件阶段否定成立盗窃罪的本权说或修正的本权说的议论是相通的。

稍微变换一下话题。刚才被触及的肯认自力执行条款的情形，那些条款真的有效吗？如果一般不肯认自力救济，而只有在紧急性或相当性的要件都充足时才开始予以承认，私人之间就有可能达成"我们之间肯认自力救济"这样一种合意。感觉上存在疑问，这一点该如何处理呢？

道垣内 关于这点，上回所讲的非典型担保的自力执行与一般的自力救济所讨论的出发点并不相同，但与我所阐述的问题有一定的关系（本书第 254—256 页）。作为非典型担保的实行程序，如果所谓的自力执行的肯认并非作为例外的违法性阻却问题，而是关系到非典型担保权人有关权利内容的问题，就没有必要将法所否定的事项理解为当事人间合法化的合意了。

佐伯 的确如此。但是，即使非典型担保合同的自力执行条款有效，现实中自力执行条款的效力成为问题的也是由于执行时没有得到现场同意的情形。因为如果获得现场同意就不会出现问题。虽说有自力执行条款，但针对自力执行债务人一方进行抵抗时可以排除该抵抗吗，如何排除呢？

道垣内 我认为，即使有自力执行条款也不能物理地排除债务人的抵抗。

佐伯 我觉得，如果自力执行条款也因为实力的使用而产生自力救济问题，就没有什么意义了，也许存在债务人在心理上变得难以抵抗这一事实上的优点吧。

道垣内 是的。并且，如果从侵入平稳形态的住宅是否成立侵权行为的观点来看时，因为也可以理解为不发生损害，所以条款本身或许是不必要的。

佐伯 关于权利的实行，无论英美法还是德国法都较日本认定的更为宽泛。根据田中英夫和竹内昭夫两位先生的见解:"英美法中的自力救济采取与日本法完全不同的态度。纵观与土地占有的自力恢复、动产的自力取回、自救动产的扣押、骚乱的自力排除等情形有关的法律时,虽然普通法原则上肯认自力救济,但为了避免因自力救济对人身、财产造成不必要甚至不相称的损害,采取对该损害限度进行限制的态度"(田中英夫、竹内昭夫:《在法的实现中的私人的作用》,第 124 页(1987 年))。再者,关于刑法中的财产犯,如果根据木村光江教授的见解,那么在英国,债权人在权利范围内催收债权范围之内债款的,例如即使行使像强盗一样的有形力的场合,也否定强盗罪的成立(参见木村光江:《财产犯论的研究》,第 140 页(1988 年))。

作为广泛地肯认权利实行的背景,木村教授指出,英美因为个人的权利意识非常强,所以当然地实行权利、不受第三人干扰已成为考量的社会通念。因此,日本虽然不存在这种社会通念,但在权利行使的层面上仍与广泛地肯认犯罪成立的刑事判例存在关联(木村光江:前揭书,第 475 页以后)。

与此相关联,就民法学而言,在较之现在应该更为宽泛地肯认自力救济的思考方式越来越强的背景下,我想日本也应该有一点与西欧型的权利意识相接近的社会价值判断,事实如何呢?顺便说一句,木村教授曾认为,日本与欧洲并不具有相同的社会通念,以前很多学者认为应该克服日本的非近代性表现,但事实未必如此。

在米仓先生那里,我能感受到这样的价值判断,因为他曾认为:"过度地强调自力救济的禁止未必是近代国家的方式,反而会伴随有抑压权利意识成长的弊害"(参见米仓明:《自力救济》,载《法学教室》17 号,第 30 页(1982 年))。但是,虽然经过反复实践,但非典型担保中自力执行权扩大这样的争论有助于信贷费用的减少——简言之,如果在紧急时刻能够轻而易举地实行担保,便可以降低利率——的观点正在强力登场。

另外一点,虽然我只在木村教授的著作中学习过英国法律,但是殴打债务人强迫其返还贷款的情形只是不构成强盗罪,仍应成立暴行罪・伤害罪。我认为这一点有值得注意的必要。

4. 正当防卫・紧急避险・自救行为(自力救济)的概念
——刑法与民法的比较

佐伯 最后,我想就以下几个概念作一下整理・比较。

首先是正当防卫与自救行为(自力救济)的关系,前回好像已经涉及该问题(本书第 255 页以下),刑法与民法中或许是不同的。

大阪高裁昭和 31 年 12 月 11 日的判决(参见高刑集 9 卷 12 号,第 1263 页)是有名的"梅田村事件"。案件事实如下:在大阪火车站前 A 所有的土地上,B 于 12 月 25 日的午夜赶造了一座棚屋。这个 12 月 25 日的午夜是重要的一点,因为裁判所自 28 日起开始休假,A 无法启动禁止建筑的临时处分程序,而 B 早已预料到这些。于是,A 调动四十多人于 29 日破坏了这所棚屋,但该行为又造成了是否构成损坏建筑物罪的问题。判决认定成立正当防卫,不构成损坏建筑物罪。该判决也解释说,在刑法中,当存在"急迫不正的侵害"时,就成为正当防卫问题,因为在急迫不正的侵害结束时不能认定为正当防卫,所以就变成了其他的作为违法性阻却事由的自救行为问题。总之,所谓自救行为,只限于不能满足正当防卫之要件的场合。梅田村事件中,就棚屋建设时无(启动禁止建筑的临时处分程序)时间这一时期而言,是否能说存在着"急迫不正的侵害"尚成问题,而判决则认为,因为至今棚屋的建造作为既成事实仍不稳定,所以可以考虑为"急迫不正的侵害"继续存在,从而认定为正当防卫。虽然建造中的棚屋之"急迫不正的侵害"之存在固然显而易见,但是建造后的一段时间内"急迫不正的侵害"仍然继续存在这一点依然是关键。与此相对,学说上也有这样一种见解:因为建造以后很难说"急迫不正的侵害"继续存在,所以应该作为自救行为的问题来考虑。

但是,明石先生认为:"虽然刑法学者将本案作为自救行为进行解释……但是我认为,本案成立正当防卫与占有自救的竞合"(明石三郎:《自救的研究(增补版)》,第334页(1978年))。因为从刑法学上的两个概念进行理解,这有点奇怪。但是,从民法立场上不能那样理解,如果那样理解的话,在民法上正当防卫与自力救济的关系如何理解呢,感觉有些疑问。

道垣内 的确如此。民法上的争论无法清楚明白地阐明两个概念的关系。

佐伯 接下来,是正当防卫与紧急避险的关系,众所周知,这两个概念在民法与刑法中以不同的意义被使用着。但是,关于两者之间的相互关系却无法清楚地解释明白。

首先,在《民法》第720条第1款之针对他人的侵权行为采取防卫行为的情形中,对侵权行为人实施的加害行为与对第三人实施的加害行为都被认定为正当防卫,但是在刑法上,对第三人实施的加害行为并不是《刑法》第36条的正当防卫而是第37条的紧急避险问题。并且,《民法》第720条第2款规定的紧急避险仅限于为避免由他人之物产生的急迫危险而毁损其物的情形,但是,由于《刑法》第 37 条的紧急避险也包含了由人造成的危险,危险的原因不限于产生危险的物的毁损,所以对其他物或人而实施的加害行为同样构成紧急避险。

像这样民法上正当防卫·紧急避险的范围与刑法上正当防卫·紧急避险的范围偏离的结果是,符合刑法紧急避险的行为却不符合《民法》第 720 条的规定,随之也就产生了对被害人承担损害赔偿责任的情形。例如,在被狗追赶而身处危险时杀死狗的行为成立民法上的紧急避险,不必对狗的所有人承担损害赔偿责任,但是,为了逃避狗的追赶而损坏围墙进入邻家时需要对围墙的所有人承担损害赔偿责任。然而在刑法中,因为毁坏围墙的行为也是"为了避免对自己或者他人的生命、身体、自由或者财产的现实危难而不得已实施的行为",所以成立紧急避险而不受处罚。基于这一差异,刑法学说中存在着一种有力的见解:成立刑法上的紧急避险而不承担损害赔偿责任的情形虽然在刑法上也是合法的,但在民法上承担损害赔偿责任的情形应被视为不可罚的违法行为(参见曾根威彦:《刑法的重要问题(总论)》,第 82 页以后(1993 年))。

道垣内

夸张地说,是与刑法与民法的目的差异有关。在刑法上,之所以毁坏他人围墙的人不受处罚是因为其被狗追赶,一言以蔽之,因为他不是坏人;但是在民法上,法律所强调的却是决定由谁承担损害赔偿责任的一面。因为被狗追赶,所以毁坏他人围墙的人并不是坏人。但是,另一个问题又出来了:邻家围墙遭受毁坏这一损失该如何处理呢,由谁负担?

虽然刚才佐伯君曾说:"在具有被狗追赶的人身危险时为了躲避追赶而毁坏围墙进入邻家的,对围墙的所有人承担损害赔偿责任",

但这一点有必要稍作细致考虑。

首先,在被野狗追赶时。因为这既非"他人的侵权行为",也非"为了避免由他人之物产生的急迫危险而毁损其物",所以在民法上既非正当防卫也非紧急避险。从而,虽然毁坏围墙的人承担损害赔偿责任,但是,在被狗追赶的人与围墙被毁的人中究竟应由哪一方承担损害又成为值得判断的问题。虽说被无主物的狗追赶是不幸的,但对为了躲避危险而故意毁坏他人围墙的人而言,则难言"不幸"。

并非被野狗追赶,而是由于狗的主人不注意,狗挣断绳索而追赶人,结果被追赶者毁坏他人围墙而逃跑的。此种情形下,因为可能是针对主人这一"他人的侵权行为"而采取的权利防卫,所以在民法上构成正当防卫。但是,因为让围墙遭致毁损的人最终承担损害并不妥当,而"被害人有权请求获得侵权行为的损害赔偿",故狗的主人成为损害赔偿责任的承担人。如果狗的主人无过失,该行为固然不构成正当防卫,但由于这里所说的"他人的侵权行为"不以责任能力、故意·过失的存在为必要,所以其行为存在客观的不法即可。于是,在有主狗的场合,变成由狗的主人全部承担损害赔偿责任,这是《民法》第718条的问题。

根据民法的各种规定在考虑由谁作为损害承担人时,毁坏围墙的人是否有损害赔偿责任,其行为是否合法,如果违法有无可罚的违法性等问题的区分,总觉得奇怪。在与被害人的关系上,我想宜全部认定为违法。关于《民法》第720条第1款所说的"他人的侵权行为",即使认为责任能力、故意·过失没有必要,如果从防卫行为方面来考虑,与此事也没有什么关系。

佐伯｜如果将承担损害赔偿责任的刑法上的紧急避险行为认定为民法上的违法，针对该行为实施的防卫行为就可以构成刑法上的正当防卫。因为正当防卫不仅可以针对刑法上的违法行为，也可以针对民法上的违法行为。于是，作为正当防卫，房子的主人可以对为了逃避野狗追赶而毁坏围墙逃入其家中的人进行防卫；但是，对为了逃避强盗追赶而毁坏围墙逃入其家中的人则不能进行正当防卫。但是我想，对两者进行区别后，被野狗追赶的人即使被狗咬也无解决办法，未免可笑。刑法之所以肯认紧急避险，是因为所保护的利益（此种场合，是"身体"）超过了所侵害的利益（此种场合，是"围墙的所有权和居住权"）。总之，因为具有优越的利益，所以肯认针对该侵害行为的正当防卫，阻止优越的利益的实现是不妥当的。因此，为了对刑法与民法进行调和解释，即使是刑法上的紧急避险行为有时也要承担损害赔偿责任的思考方式是将损害赔偿作为条件肯认违法阻却，可以说作为损失补偿进行理解是有必要的。

道垣内｜是的。在说明民法上的正当防卫·紧急避险的范围与宗旨时，如果只从损害赔偿由谁负担这一视点说明，就会造成违法性有无与赔偿责任有无的脱节。如果那样的话，其中的一部分也许必须考虑成为损失补偿的东西。

佐伯｜刑法上不应被认定为正当防卫的行为，在刑法以外的法领域也有考虑为适法行为的必要。

道垣内｜的确如此。但是，与其如此严格地进行考虑，倒不如说刑法上关于正当防卫的成否判断较之民法上对对方的外形判断更为直观。因为他并不是坏人。可是，即使立于原有的思考方式，成立假想防卫的情形好像也很多。

佐伯 因为他并非坏人，所以不应认可对此人的正当防卫。关于假想防卫，也正如您所说的一样。

稍微转变一下话题。因受到有主之狗袭击为了保存自身而杀死狗的情形，作为"对物防卫"的问题，究竟是正当防卫还是紧急避险，刑法上早前已有过热烈的讨论。主人存在故意·过失的场合固然成立正当防卫，但除此之外的场合成立紧急避险的见解与无论哪种场合皆成立正当防卫的见解产生了对立。道垣内君刚才的说明就是对物防卫肯定说。关于这点值得特别注目的是，最近好像有这样一种主张："对物防卫"的情形，虽然既非刑法的正当防卫也非刑法的紧急避险，但可以根据《民法》第720条第2款阻却违法性（参见鼎谈：《正当防卫正当化的根据与成立范围》，载《现代刑事法》9号，第19页以下（井田良发言）（1999年）；桥田久：《侵害的不正当性与对物防卫》，载《现代刑事法》9号，第39页以下（1999年）等等。另请参见大谷实：《新版刑法讲义总论》，第263页（2000年））。因为这种观点将民法上的违法性阻却事由也认定为刑法上的违法性阻却事由——对物防卫的场合是否应该如此解释另当别论，所以，作为基本的思考方法我还是赞成的。问题是《民法》第720条第2款与《刑法》第36条、37条要件的比较。

与《刑法》第36条不同，《刑法》第37条要求"所造成的损害不超过所欲避免的损害限度"的法益均衡性，但《民法》第720条第2款并未明文要求法益的均衡。从刑法的对物防卫肯定说来看，因为民法的紧急避险相当于刑法的正当防卫，我想《民法》（第702条第2款）不要求法益均衡的理由还是能够说明的。话虽如此，即使是刑法上的正当防卫，因为在所保护的法益与所侵害的法益显著不均衡时否定正当防卫的见解也很有力，所以即使把《民法》第720条第2款解释为对物防卫的规定也并不是说完全不要求法益的均衡。

此外就是《刑法》第36条、第37条之要件与《民法》第720条第1款之要件的关系问题。不同于《刑法》第36条，《刑法》第37条以无其他方法之补充性为必要。《刑法》第36条与第37条的"不得已实施的行为"这一相同术语具有不同的解释。详言之，对于"急迫不正的侵害"原则上是躲避不能时才可以实施防卫行为（正没有必要给不正让步），所以对于"正在发生的危险"能躲避就必须躲避。《民法》第720条第1款的规定也有"为了防卫权利而不得已实施的加害行为"这样的字眼，与《刑法》第36条及第37条所使用的术语相同，对此应采取哪一解释呢？民法的正当防卫包含了刑法的正当防卫与紧急避险两个方面，场合不同解释可能也不相同。民法上的议论如何？

道垣内 首先，作为《民法》第720条第2款的解释，所保护的利益与因紧急避险行为所损害的利益必须保持某种程度的均衡，并且，能够采取其他适当手段的场合不成立紧急避险的见解已成为通说。因此，这点与刑法上并无不同。但是，"因为反击的对象被限定，不宜像正当防卫那样进行严格解释"的见解也非常有力（参见前田达明：《民法Ⅵ（侵权行为法）》，第113页（1980年）），我认为具有相当的说服力。

另外，还有非常有趣的一点想向您请教。关于正当防卫，民法将法益的均衡与无其他手段当然地解释为要件；而对于紧急避险，却质疑该要件的必要性。如果将此与佐伯君刚才所主张的标语进行比对，好像就会形成"因不正而躲避，对正没有让步的必要"，以及民法太奇怪了这样的评价。不过，由于民法上将作为紧急避险的反击对象限定为危险原因是物的情形从而呈现出与刑法的差异，所以其价值判断并不奇怪。虽然国宝壶价值1亿日元，但如果该壶与我价值20万日元的电脑同时落地，我会为了保护自己的电脑而舍弃国宝壶。如果我因此而被称为坏人，是难以接受的。

佐伯 如上所述，因为民法上的正当防卫中包含刑法中的紧急避险情形，所以民法也未必就能说是"因不正而躲避，对正没有让步的必要"。即使在民法学者中，例如四宫和夫先生就曾作如下阐述：即使是《民法》第720条第1款的场合，针对第三人的法益侵害本来就不是作为正当防卫而应该作为紧急避险的正当化，因此，侵害第三人的法益之情形中违法性阻却的成立与否，与对第三人的避险行为之情形应该同等对待（参见四宫和夫：《侵权行为》，第368页（1983年））。尽管如此，如果牺牲我的电脑就能挽救国宝壶，难道不应该挽救壶吗？然后，可以向弄倒壶的责任人要求电脑的损害赔偿。因为道垣内君的电脑是"道垣内先生御用"，所以如果该电脑具有国宝级的价值，则另当别论。

道垣内 构成犯罪吧。因为电脑内储存着大量的原稿。如果遭受损坏，就无法缔结并坚守与有斐阁的合约。

佐伯 因为不知道垣内君草稿的价值如何，所以不能发表什么看法。无法缔结并坚守与有斐阁的合约问题，有斐阁的田中君已经笑允了。开玩笑就到这儿，再进入道垣内君的例子，如果说即使不推开该壶也会被损坏，道垣内君也没有防止该结果发生的义务，即使推落并损坏了壶,因为结果是相同的,所以不成立犯罪。但是,因为道垣内君想说的是没有义务忍受因他人之物而产生的危险,变化一下事例——我想不出更好的例子,例如,国宝壶落在道垣内君刚刚购买的圣诞蛋糕上,虽然壶因为点心的缓冲作用而不会摔坏,但是道垣内君为了保护蛋糕而推开壶,结果使壶落在地板上摔坏。我依然认为应该牺牲蛋糕保护壶。现在所举的都是法益均衡出现问题的例子,如果举一个补充性出现问题的例子,因地震导致铁笼被毁而逃出来的朱鹭四处乱闯时,虽然很容易躲避却没有躲避而杀掉它的话,还是不合适的。此事作为《民法》第720条第2款的要件,像民法通说那样,应该要求补充性与某种程度的法益均衡。与刑法的一般紧急避险相比,我认为对于危险源是物的避险行为可以缓和地肯定补充性·法益均衡性。在刑法领域,可以把这一结论作为《刑法》第36条或第37条的解释实现么?或者可以把《民法》第720条第2款通过《刑法》第35条得以适用吗?我想试着考虑一下。

我想还有很多问题,这回就到此为止吧。下回还是违法性阻却的问题,但我想谈的问题是开始这一对话之契机的"因合同而生的正当化"。

道垣内 关于正当防卫与自力救济的概念区别,我想尚需进一步的思考。

第十三回
因合同而生的正当化

1. 前言
 ——何谓"因合同而生的正当化"？
2. 没完没了？
3. 因诈骗·强迫而缔结的合同的正当化能力
4. 因无效或可撤销的合同而生的正当化
5. 个别犯罪的检讨

1. 前言
——何谓"因合同而生的正当化"？

佐伯 本回我们将讨论"因合同而生的正当化"问题。关于这个问题，实际上我在《西原春夫先生古稀祝贺论文集第一卷》(1998年)中发表了一篇名为《被害人同意与合同》的论文。而关于这回讨论的契机，也是因为我曾经就该文章询问过道垣内君的意见，从而产生了这回讨论的主题。下面，先让我们稍微介绍一下当时讨论的情况。在请教道垣内君后，临别时我曾说"要是有二人一起讨论民法与刑法的机会就好了"，结果下一周，我又跟道垣内君见面时，他跟我说"我跟有斐阁谈到了上回的话题，他们说请一定把这个会谈搞起来"，当时我很惊讶。我们两人当然有进行会话的愿望，所以当时的感觉就像是中了彩票。我一直在研究刑法，从那个时候开始，我就感觉到共谋共同正犯理论是一个危险的理论。例如某人对朋友说"那个家伙早该死了"，结果下周碰到朋友时，朋友对他说"照你说的，我把他杀了"。这种情况多恐怖呀，自己本来没有杀人的意思，但这时怎么说，别人也是不会相信的了。因为自己早就想跟道垣内君讨论一下这个问题，结果碰巧有这种机会，所以赶紧高兴地答应了。

下面切入正题。当然，学生们甚至研究刑法的学者们可能有很多人还从未听说过"因合同而生的正当化"这个字眼，所以首先让我们来解释一下这个词语的含义。

举个例子，在特快列车中，乘客在上车之前当然知道列车在途中不停，但如果乘客在途中又改变了主意想要下车，怎么办呢？只要没有急病等理由，列车当然不用理会，但这在刑法上是什么意思呢？

作为前提，列车将乘客关在里面不放其下车的情形在外部来看相当于监禁行为。但是，列车司机或铁路公司的干部当然不会因此而被判构成监禁罪，原因通常如下：旅客是在认识到乘车期间不能随意下车的前提下登上列车的，所以，旅客与列车公司间达成了一种合意。总之，监禁罪以违反他人意思妨碍移动的自由为构成要件要素，所以在被害人同意的场合并不符合监禁罪的构成要件。

但是，因为所谓"被害人同意"是指被害人放弃现实的法益的意思，所以，在被害人改变了意思想要下车时，是否还能以"被害人同意"的法理否定构成要件该当性，或者阻却违法性呢？对此我怀有疑问。当然，在这种情况中，根据乘客与铁道公司签订的合同的效力，司机没有回应旅客要求下车的必要，因而也就没有停车的必要，如果换用刑法上的话来说，可以根据合同的效力阻却违法性。

"被害人同意"与"因合同而生的正当化"虽然在以法益主体的意思为基础这一点上是相通的，但在如下问题上存在差异。首先，在"被害人同意"中，因为问题点是现实的意思，所以被害人随时可以撤回同意；与之相对，"因合同而生的正当化"是根据作为法律行为的合同的存在而获得肯认的,所以只要合同不被中止,正当化就可以一直持续。因此,合同的解除与撤销必须以满足各种要件为必要,而不能由一方当事人任意为之。并且,合同的解释也是必要的。再者,如果是"被害人同意",那么违反公序良俗并不能立即导致同意的无效;与之相对,在合同的情况中,违反公序良俗的合同立即无效。

还有一点便是上回以及上上回中讨论的"自救行为"与"因合同而生的正当化"的区别,由于"自救行为"属于紧急行为之一种,所以一般要求有紧急性、补充性的要件。与之相对,在肯认"因合同而生的正当化"的情况中,即使不存在紧急性与补充性,也可以根据合同存在本身而肯认正当化。

实际上,在刚才所举的列车的例子中,有一种观点使用类似紧急避险的理由,说明在车站以外的地方不停车。如果应一个乘客的要求而中途停车,其他的乘客便无法按预定的时间到站,所以为了多数顾客的利益,可以无视单个人的意思。但是,如果把例子改一下,例如在末班车上,即使没有其他的乘客,因为没有在中途站停靠的必要,所以,此时紧急避险的理由就是不充分的。对于铁路公司而言,由于在停车站以外不停车并非紧急的·例外的事由而是当然的日常事态,所以紧急避险的说明就不妥当。

以上是对所谓的"因合同而生的正当化"这一以往并未讨论过的新的犯罪阻却事由的说明。

<small>道垣内</small>

在你刚才所说明的范围内,我有两个问题想要请教一下。

其一,如果说存在"被害人同意"这一违法阻却事由,因为不违反被害人的意思,所以列车司机或铁路公司的干部自始就不符合监禁罪的构成要件——上述问题的关系我不是很明白。所谓的违法阻却事由,因为是在讨论是否符合构成要件时的问题点,因此,是否存在违法阻却事由或者不符合构成要件等问题自始就不清楚。

其二,与紧急避险的关系。在刑法中,因紧急避险而受到保护的法益可以是刑法没有必要保护的东西吗?换言之,该侵害并不仅仅局限于救助犯罪所危害的法益吧?因为一旦中途停车就不能把其他顾客按时送达,所以该不停车的行为不构成犯罪,而仅仅构成债务的不履行。这种仅通过债务不履行保护的财产上的利益,是否相当于《刑法》第 37 条第 1 款所说的"他人的……财产"呢?

佐伯 以往的刑法通说认为,被害人同意阻却犯罪的情形有两种。一种是在监禁罪与侵入住宅罪等,只要被害人同意就否定构成要件该当性的情形,将违反被害人的意思作为犯罪的本质要素。另一种是伤害罪等,即使被害人同意也认定构成要件该当性,而仅仅将违法阻却作为问题点。即使有被害人同意,伤害的事实本身也不会消失。当然,也有观点认为后一种情形应当否定构成要件的该当性(参见前田雅英:《刑法总则讲义》,第 3 版,第 114 页(1998 年))。我的观点与此相反,即使是监禁罪,只要有客观的监禁状态就应肯定构成要件的该当性,将被害人同意作为违法性阻却事由进行考虑。作为故意的对象,从并不区别属于构成要件的事实与属于违法性阻却事由的事实之判例·通说的立场来看,不管将被害人同意置于体系中的何种位置,实际上并无多大差异。

关于后一个问题,在正当防卫与紧急避险中成为防卫·救助对象的法益并不限于侵害构成犯罪之时。例如,虽然现在已没有通奸罪,但还是肯认夫权的正当防卫。因为紧急避险的情形也包含了对自然灾害的躲避,所以救助对象的法益明显不限于犯罪时,债务不履行式的财产侵害也能成为紧急避险的对象。

2. 没完没了？

佐伯 首先，对于刚才所举的火车事例，虽然我认为可以根据合同加以正当化，但这种情形在民法上是否可以作为合同来考虑呢？

道垣内 在民法中作为合同问题来处理是显而易见的。但是，在此之前我还想说一点，即刚才佐伯君所提到的"因合同而生的正当化"是本对谈的契机时的问题。

当佐伯君问我关于"因合同而生的正当化"时，我的第一反应是"奇怪"。至于为何感觉奇怪，是因为考虑到以犯罪行为为目的的合同因违反公序良俗原则而理应无效。例如，根据手头几代通先生的教科书，违反公序良俗的类型中有一种是"违反政治的基本要求或正义观念"，如果举个具体的例子，就是"以实施犯罪或帮助犯罪为内容的行为，是最典型的类型"，"使当事人负有行使犯罪或准备犯罪的不正当行为之义务的合同是无效的"（参见几代通：《民法总则》，第2版，第207页(1984年)）。这样的话，一方面在刑法上通常可构成犯罪，但有合同时不构成犯罪；另一方面，在民法上以犯罪行为为目的的合同无效，这样一来，两者不是都在强迫对方接受基准了吗？

佐伯 是的。当道垣内君说到"这样一来，不就没完没了了吗？"时，我也很吃惊。

道垣内 　但是，在此之后我又仔细地考虑了一下，觉得有再作详细分类的必要。如果我们读一下刑法各论的教科书，就会发现根据法益的不同大体上将犯罪分为三类，就是对于国家法益的犯罪、对于社会法益的犯罪以及对于个人法益的犯罪。但是，与之相对，民法教科书在讲到"符合犯罪行为的合同无效"时，并没有注意到这种根据法益的不同而作出的分类，在此意义上也就变得复杂化了。佐伯君所举的例子是关于对于个人法益的犯罪。关于这一问题，必须考虑是否违反公序良俗原则。

佐伯 　确实，在"因合同而生的正当化"问题上，脑海中萦绕不尽的是个人可以依据合同处分的法益。在此意义上，它与肯认"被害人同意"的情形相通。国家与社会法益并未介入，即使在个人法益中——例如在明确地规定了同意杀人罪的情况中，因为个人也不能随意地处分类似生命那样的法益，所以当然也不承认可以因合同而变得正当的观点。再者，在对于身体的重大伤害问题上，因为一般认为即使存在个人的同意也不能阻却违法，所以当然也否认因合同而生的正当化。即使是重大的伤害——例如医疗上的手术等类似的情形——可以被正当化，但由于这种手术乃根据医疗合同而进行，所以这时的违法阻却事由不是作为医疗合同的效果，而是通过治疗行为的违法阻却事由说明的。

道垣内 　是的。我认为民法的教科书在提到"符合犯罪行为的合同无效"时，恐怕并未考虑对国家以及社会法益的犯罪，而且，关于对个人法益的犯罪行为还考虑行为人与第三人签订合同这一事实。总之，并不是 A 对 B 说："只要你对我做这种行为，我就支付 10 万元给你"，而是 C 对 B 说："只要你对 A 实施这种行为，我就给你 10 万元"。

然而,民法教科书并未明确地说明这一点,这是民法教科书的一个问题。

当然,如下所述,违反公序良俗原则的类型还可以举出"极度限制个人自由"的情形。如果稍微读一下几代先生的书就会发现,书中曾提到:"个人基于自己的意思订立的合同之外的法律行为不同,自己的行动受到制约的范围就不同,换言之,大多数法律行为本来就有从法律上或多或少地拘束·限制当事人之自由意思的一面。但是,当这种限制脱逸社会上认为妥当的程度时,以此为内容的法律行为就不得不说是无效的"(几代通:前揭书,第 209—210 页)。

但是,由于限制个人行动自由的行为可能成立监禁罪,所以必须搞清楚"符合犯罪行为的合同无效"的叙述与上述叙述的关系,并且,说到上述"个人的自由"时,虽然一般想到的是人身自由,但也必须考虑到财产上的制约。一般的,如果从他人的银行账户取钱就可能构成盗窃,但如果被赋予代理权时就没有任何问题。但是,即使高利贷公司与债务人签订由其保管债务人之账户与印章并可以自由取出债务人之金钱的合同,也因为这种合同过度限制了债务人的生活所以无效。关于这些问题,还有更细致讨论的必要。

这样一来,如果将民法教科书写得更为系统一点,就可以为刑法中的"因合同而生的正当化"提供根据,所以现在的民法书至少还欠缺细致。反过来,如果刑法上能够为民法控制犯罪的成立,规定列车中途不停时不构成监禁罪,民法就仅规定"符合犯罪行为的合同无效"足矣。如果像佐伯君那样从正面提出作为刑法上的违法阻却事由的"合同的存在",民法学上就不能说"拜托给刑法学者",而应该是像奥村千代的世界所追求的"想成为你所喜爱的,你所喜爱的公序良俗规范"了(参见奥村千代:《恋爱的奴隶》,昭和 44 年的榜首曲目,作词获第 122 回直木奖。当然，原歌词是"想成为你所喜爱的，你所喜爱的女人"，而非"想成为你所喜爱的，你所喜爱的公序良俗规范"）。

3. 因诈骗·强迫而缔结的合同的正当化能力

道垣内 如此，就必须正确地处理与民法的关系，最初注意到的，也是在与佐伯君的谈话中稍微提到的，就是如何处理与合同的无效·撤销·解除或追认无效或不存在的合同的关系。这个问题在讨论损坏建筑物罪时也曾经提到过，在佐伯君的理论体系中，是如何处理的呢？

佐伯 例如，关于因诈骗而缔结的合同能否产生正当化的问题，我认为，由于因诈骗而缔结的合同在撤销前就是违法的，所以不能考虑肯认由此而生的正当化。虽然这与损坏建筑物罪中诈骗在撤销之前是有效的想法相矛盾（本书第 160—164 页），但由于损坏建筑物罪中的问题点在于所有权的所在，而这里的问题点是正当化问题，所以，在考虑是否肯认合同的违法性阻却效果之际，不是可以考虑因诈骗而得到的违法吗？因为如果不如此，到撤销合同为止，诈骗罪都是不成立的。

追认是怎样的呢？虽然民法上的思考方法认为追认有溯及力，但这也是需要说明的问题，当事实上实施了违法的诈骗行为时，由此而缔结的合同也是违法的——这一事实本身是无法变更的。若非如此，就会导致这种状态——事后经过追认，本来已经成立的诈骗罪又被溯及地否定了。

道垣内 如果是以诈骗、胁迫为理由的可以被撤销的合同，就不能成为可以带来正当化理由的合同，并且，即使是在现实中被撤销之前，因为该合同的违法性无法改变，所以如果在刑法上依然无法作为正当化理由，就应该以民法的标准来判断合同是有效还是无效。

佐伯 不得不承认的是，是否作为正当化根据的合同之判断与合同之有效·无效的判断具有分开的部分。

虽然这一点也是我想问的，但民法中，例如如果不通过合同法而通过侵权行为法来考虑，因诈骗行为而遭受损害的被害人即使不撤销因受诈骗而缔结的合同，也可以追究侵权行为责任，是这样的吧？

道垣内 在诈骗、胁迫的情形中，是否可以不撤销意思表示而请求侵权行为的损害赔偿这个问题，岂止是在撤销意思表示上，在积极追认的情形中也是一个问题点，这就是《民法》第122条所说的应撤销行为的追认。

佐伯君在论文中曾指出："虽然因存在追认行为法律行为确定地有效，但这是追认行为的效果，并非是将过去的诈骗、胁迫行为溯及地适法化"（佐伯仁志：前揭书，第397页），我也认为确实如此。详言之，我希望民法领域中的话语写为"强迫"而非"胁迫"，虽然这在佐伯君的论文中也有辩解，但认为追认并不能溯及性地使诈骗·强迫行为适法化是成为正当的。然而，即使是民法学者，也并非人人都这么认为。

接下来的话题以前曾经讨论过。我受卖主的欺骗缔结买卖合同而买了一个壶。壶的真正价格是10万元，但我支付了100万元。因为明显地存在诈骗，所以我应该能够取消使买卖合同成立的意思表示，但我是否可以不这样做而采用追认以诈骗为基础的意思表示，而后以侵权行为为理由而请求对方当事人返还作为差额的90万元呢？

实际上，立于此种场合的多数民法学者会认为："因为追认是对正当的事由的肯认，所以此时以侵权行为为理由而请求损害赔偿不是很奇怪吗？"但我并不觉得奇怪。因为作为一种救济方法，追认具有重要的机能。

在上述例子中，我选择单纯的撤销基于诈骗的意思表示。这样一来，合同就溯及地消灭了（《民法》第121条本文），由于我失去了壶的占有权限，所以我必须把壶返还给诈骗行为人。虽然我还可以向诈骗行为人请求返还100万元，但由于这种诈骗行为人一般没有充足的资力，所以我很可能无法简单地取回100万元。当然，我可以行使留置权，在收回100万元之前不返还壶，但是，如果诈骗行为人破产，由于破产程序中不肯认民事留置权的效力（《破产法》第93条第2项），所以，假如该破产程序中的配给率仅为5%的话，100万元中，我只能收回5万元了。

然而，如果追认的话，首先因为壶是自己的，所以10万元已经能够确保；在此基础上如果能够再行请求损害赔偿，在破产程序中按5%的比例还可以回收4.5万元，合计可以回收14.5万元。像这样，追认就作为一种救济方法发挥了作用，追认不等于肯认了合同的正当性。并且，与无权代理行为的追认不同，由于在诈骗与胁迫时合同本身有效地存在着，虽然满足要件但却不能撤销，所以这种做法与这里所说的追认是相同的。因此，佐伯君说，追认行为并非是将合同——说得准确一点——是将合同缔结行为溯及地合法化，并且，因存在诈骗与胁迫时可以不行使撤销权而请求损害赔偿，所以合同缔结行为是否违法的判断也可以个别地进行。我认为确实如此。

第十三回　因合同而生的正当化　307

佐伯　果然。我自己并没有考虑这么深,不过经道垣内君分析并且赞同,我的底气也更足了。

道垣内　说到另一个相关联的问题,虽然我们可以从所谓的变额保险诉讼为中心的问题出发——现在我们还没有讨论诈骗与胁迫,但以合同缔结行为违反说明义务为理由而认定行为属于侵权行为从而消费者可以向保险公司请求损害赔偿的做法,在下级裁判所的判决中经常可以见到,学术上一般也予以支持。即使不说存在撤销事由,侵权行为也是成立的。从佐伯君的理论构造出发时,这种合同可以作为正当化的根据吗?

佐伯　这些问题怎么办呢? 正如刚才所言,如果作为债权债务关系的合同的有效性与作为侵权行为的违法性可以个别地进行讨论,可能会出现有效但违法的合同,这些违法的合同也因违法程度的不同而有差别,但可认为不具有正当化的效力。

道垣内　或许可以这样解释。但是,这样一来,虽说是"因合同而生的正当化",但从民法上合同的效力分离出来,从而成为刑法独自的规律问题。

佐伯　是的。即使不在刚才道垣内君所举的特殊例子中,也并非仅有合同就当然地肯认刑法上的正当化。例如,在前面也曾提到的权利行使与恐吓的问题中,虽然有否定恐吓罪成立的见解,但却没有否定胁迫罪成立的见解。在此意义上,仅有民法上的合同并非是决定性的。但是,在能够肯认正当化的场合,如果问到"为什么使之正当化"时,如果回答"因为有合同"的话，不还是在说"因合同而生的正当化"吗？

道垣内 是的。

4．因无效或可撤销的合同而生的正当化

道垣内 相反的例子不也存在吗？即，订立了某合同，根据该合同两个小时内不能下车。关于不能下车这一点没什么误解。但关于在卧铺车或餐车中装有豪华座位等部分问题上产生错误时，民法规定因错误而为的意思表示无效，以诈骗而为的意思表示可以撤销。但是，如果对于两小时内行动自由受到限制本身没有误解，就不构成监禁罪。

佐伯 正如您所言。因为如果没有监禁罪的保护法益受侵害就不成立监禁罪，所以即使合同本身因诈骗而无效，如果作为监禁罪的保护法益的移动自由——说得更准确一点——就是从那个场所离开的自由并未受到侵害，那么监禁罪当然不成立。

再者，由于判例·通说认为基于重大误解而为的被害人同意无效，所以，如果餐车中装有豪华座位是乘车的决定性动机，受骗乘客的同意就是无效的，从而成立监禁罪。当然，我们并未见过因此而起诉监禁罪的例子，但在将女性骗上车带回家强奸的事例中，有一个下级裁判所的判例在确定强奸罪的同时还认为乘车期间构成监禁罪（参见广岛高判昭和51·9·21刑月8卷9—10号，第380页）。如果从判例的理由来说，因为乘车期间受害人处于客观的无法走到外面的监禁状态，并且受害女性如果知道会遭到强奸时是不会上车的，所以，因

为受害女性乘车的意思无效而施害人可能成立监禁罪。但是,仅仅以知道会被强奸就不上车为理由而肯认监禁罪的成立是不妥当的。

关于与该犯罪的保护法益没有关系的情况的错误,我认为应该与被害人同意的有效性没有关系,这种思考方法被称为法益关系错误说。例如,为了实验人在山洞中能坚持多长时间,即使本来就不打算支付酬金,却欺骗说给10万元酬金,从而将受骗学生在山洞中关闭了一个星期。虽然判例·通说认为该种场合成立监禁罪,但从法益关系错误说出发,虽然可以成立诈骗罪,但因为不存在关于监禁罪的法益错误,所以不能因为同意是有效的而不成立监禁罪。详细的论述,请参看鄙人论文《关于被害人同意》(参见佐伯仁志:《关于被害人同意》,载《神户法学年报》1号,第51页(1985年))。顺便说一下,本篇论文被称为"鼹鼠敲击的论文",因为敲击其他学说的论文还未有过。

道垣内 | 我明白佐伯君的意思了。虽然我不是专家,但觉得确是这么回事。

佐伯 | 如果再加上一点,那就是虽然"被害人同意"与"因合同而生的正当化"存在一些重复,但是为什么我们非得特意地讨论"因合同而生的正当化"的问题? 实际上,在乘坐特快列车而要求在途中下车的场合,主张被害人不能撤回同意的说明也是有力的。

为什么不行呢? 我认为有两个理由。一个是刚才所举的途中改变想法的例子,在最初以为是慢车阴差阳错乘坐了特快列车的例子中,因为本来就有途中下车的想法,所以不就没有将撤回同意作为问题的余地了吗(参见山口厚:《问题探究刑法各论》,第56页(1999

年))？为了将该种场合也包含进去并作正当化的说明,"因合同而生的正当化"的思考方法不是很好吗？这是第一个理由。

另一个是为什么自始就不能撤回被害人同意？因为被害人同意通常被理解为放弃法益的现实意思,所以无论何时都是可以撤回的。然而,为什么仅在乘坐电车那样的场合无法撤销呢？如果考虑一下实质的根基,可能不得不说是"因为签订了合同"。如此一来,以"因合同而生的正当化"进行说明的方法不是更具优越性吗？

只是,我还注意到另外一个问题。在乘坐认为会在自己想下车的车站停车的列车时,合同是否也是有效的？如果并非有效,我与铁路公司都会困惑,所以应该认为是有效的吧？

道垣内 我在前面想问的是,从佐伯君的立场出发,为什么合同在民法上必须是有效的？如果在与受害法益的密切关联这一点上存在错误,它作为被害人同意就是无效的。这点很容易明白。但是,另一方面,因为在被害法益之外的地方存在错误,所以作为结果即使合同全体无效,根据与被害法益的关系考量,也肯认违法性阻却——这是佐伯君的观点吧。此时,因为根据无效的合同也可以产生因合同而生的正当化,所以,从佐伯说出发,不是可以得出无效的合同也能够导致正当化的推论了吗？

佐伯 我没有如此考虑。为了认定因合同而生的正当化,我认为合同的有效是必要的。在肯认因非法益关系错误之其他错误而产生的合同无效时,因合同而生的正当化是不被承认的。但是,即使不承认因合同而生的正当化,因被害人同意而引发的构成要件该当性阻却与违法性阻却被承认的场合还是存在的。

道垣内 确实如此。这是个体系上的问题。在列车的例子中，可以产生因约款而导致的约束，并且，也有观点认为根据乘坐特快列车等社会类型的行为可以使合同成立。所以，可以说合同是有效的。

但是，一般而言，基于错误的意思表示被视为无效的情形也是当然存在的。当然，这一点是《民法》第95条的因错误而生的无效，因为现在的解释・运用倾向于使之接近于撤销，所以，即使不拘泥于无效，也可以说无效在表意人主张前已经有效地存在了，只是稍微有些矛盾而已。

佐伯 在写论文时，我曾经想调查一下列车的运送约款中是否有"虽然可以在途中下车，但不下也可以"的规定，于是去车站请求看一看约款。虽然车站工作人员觉得很奇怪，但还是将厚厚的一本规约给我看了。虽然我从第一页就拼命地寻找，但直到最后也没能看到类似的条款。所以，约款上并未写明乘客不得在非停车站点要求下车。

道垣内 是吗？

佐伯 当然，对吗？

道垣内 为确保安全而采取的措施。

佐伯 因为与约款有关，所以稍微谈到了为什么要考虑因合同而生的正当化这一问题。几年前，电话公司开通了可以将发信方的电话号码告知收信人的"发信电话号码通知服务"，在这一服务开展之前，研究会有了讨论该项服务是否符合《电气通信事业法》规定的保护通信秘密的机会。因为《电气通信事业法》第104条规定侵害通信秘密的行为要受刑罚处罚，所以讨论的问题就是告知电话号码是否侵害了通信秘密。

当时有各种各样的议论，也有意见认为，电话号码本来就不是通话当事人之间的通信秘密。但是，如果立于此种观点，即使在发信人不想告知自己电话号码的场合，因为电话公司的随意告知不构成侵害通信秘密，所以，我本人认为，即使是当事人之间的号码也应属于通信秘密。结果，研究会的报告书在关于是否构成侵害通信秘密的意见上产生了分歧，该报告书也从保护发信人的隐私观点出发得出了在发信人不想告知电话号码时公司也应当保密的结论。在现在的电话发信号码通知系统中，不想通知号码的人可以设立回线，而在设定通知电话号码的场合，每次通话时只要按一下184就不会显示号码了。问题在于有多少人知道。

道垣内 "麻烦啊"。虽然都知道，但很少有人乐意按。

佐伯 在像道垣内君这样的明知只要按184就不显示电话号码但却不愿按184而挂出电话的场合，因为是可以看作同意将号码通知出去的，所以不产生侵害通信秘密的问题。关于认为秘密被揭示也无所谓的人，也不会产生侵害秘密的问题。问题仅在于不知有此系统或知道有此系统但忘记按184的人。

虽然电话公司相当努力，在电视或报纸上做了许多广告，但还是有很多人不知道。虽然电话公司以"重要通知"的形式，在请求支付话费时一起作出"电话号码通知服务"的说明，向人们解释可以通过合同不告知别人自己的号码等，但这种通知无论做多少次，也还是有人看不到，也有些人虽然看到了却不知是什么。并且，即使知道184系统的功能，也有人会在打电话时忘记。像这样，对于那些不打算告诉他人号码却被通知予他人的人来说，因为并未同意该通知，所以，电话号码仍属于通信秘密的范围，因此可以产生通信受侵害的问题。

我认为，在这种场合，因为在拘束电话加入人的条款上采用了这种制度，所以不得不作出约款的效力导致了正当化的说明。在如此考虑的过程中，列车的场合也可以作相同的思考，因此，不也就可以更为一般化地考虑"因合同而生的正当化"问题了吗？这就是我写那篇文章的始末。虽然列车、山洞等好像是些荒唐不羁的话题，但却是与新的现实问题密切相关的。

所以，如果考虑一下因合同而生的正当化，下面的问题就是，如果约款中有规定的话是否就什么都可以做了？首先的问题是，为什么约款中作出的规定就是有效的？

逐渐可以看见问题的本质了。如下的梳理怎么样呢？在与侵害法益无关的错误场合，即使因其他的部分有错误而导致民法上的合同全部无效，在刑法上它也可以作为肯认"因合同而生的正当化"的合意而发挥作用。与之相对，在与侵害法益相关的错误之场合，刑法上无法作为"被害人同意"而作出处理。但是，民法上承认有效合同之存在时，刑法上也承认"因合同而生的正当化"。

因此，即使存在与侵害法益相关联的错误的场合，民法上能够承认合同有效存在的场合究竟是哪种也会成为问题。在这一点上，首先，《民法》第95条仅将要素的错误作为对象，并且还认为在错误人有重大过失时是不行的。因此,有时虽然存在错误,但由于并不满足《民法》第 95 条的要件,所以合同还是有效地存在。其次,即使是一般认为存在错误时,因为是因约款而生的合同,所以也有不顾及有关约款内容的错误或不知的情形。"因为是约款而生的合同"具体是什么情形?关于这一点,虽然学者观点不一,但大村教授把它分成两点(参见大村敦志:《消费者法》,第 189—190 页(1998 年))。一点是,虽然对于各个合同的条款并不熟知,但在肯认"因约款而生"的意思的场合,以关于不当的内容否定其拘束力的司法控制可以适用为条件,可以承认这一稀薄的意思的拘束力。另一点是,在存在行政的·事前的控制的场合,肯认约款的一种法规性,即使当事人之间不存在意思,也可以承认拘束力的存在。

你对这种梳理满意吗?

佐伯 对于合同有效时的说明我没有异议。即使约款的拘束力被肯认的场合,由于您作出了明快的处理,我也很明白了。但是,关于合同无效的场合,我认为利用"被害人同意"的方法较之于利用"因合同而生的正当化"方法,可以更好地说明正当化。可能仅仅是个词语的问题。

道垣内 我也觉得我的这种想法越来越大胆了。

稍微改变一下观点,到此为止,我们一直以监禁罪的例子为中心进行讨论。这是"身体自由的侵害"。或者,所谓"通信秘密"也可以说是对自己情报控制的意思自由的侵害。在这种侵害自由的情况中,"因合同而生的正当化"的说法是很容易被接受的,但在财产犯的情况中是怎样的呢?

佐伯｜　我认为财产犯的场合也是可以适用的。当然,因为财产关系大多通过合同而确定,所以可以说财产犯的情况也是容易适应的。通过合同限制意思自由与通过合同限制财产的场合,虽然合同的有效性与合同的解释方法可能会有所不同,但如果肯认民法上有效合同之存在,根据合同就可以阻却财产犯的成立。

道垣内｜　虽然明白了抽象的理论,但还必须根据个别的犯罪进行仔细研究。

5．个别犯罪的检讨

道垣内｜　我并不知道这是否能够与个别犯罪的分析出色地结合,但说到因合同而生的正当化时,继续某一行为是否构成犯罪的局面与新从事某一行为是否构成犯罪的局面之间不是有很大的差别吗？因此,这也是考虑与上回谈到的自救行为的关系时的一个重要问题。

　　例如,我缔结了乘坐飞机的合同。然后,经过检票口向飞机走去,但是,在途中的走廊上我又不想坐飞机了。此时,机场职员说"事到如今,你胡说什么？你的行李都已经运上飞机了",然后强行把我拉上飞机。这样,虽然我一直说"不想去,不想去",但飞机还是把我送到了纽约,此时构成监禁罪吧。

　　与之相对,我已经登上飞机并坐在了座位上,飞机也已经完全关闭舱门并进入准备起飞状态。此时,即使我说"我想下飞机,不想去纽约",乘务员也可以拒绝"对不起,飞机现在进入准备起飞状态,请坐在座位上",并且还可以根据实际情况把我按在座位上。根据"因合同而生的正当化",这不符合监禁罪的构成要件。

为什么会有所不同呢？作为正当化根据的合同有效存在时不是应该相同的吗？或许在出现新的事实状态时与现实存在的事实继续延续时，合同的作用方法是有差异的。

佐伯　我也有同感。虽然肯认因合同而生的正当化，但并非主张只要合同存在就什么都可以正当化，而是在什么场合应该肯认合同正当化这一标准问题。论文中所提示的大致基准都是在不侵入他人支配领域的场合才肯认因合同而生的正当化，而在侵入他人支配领域的场合，如果没有自救行为等其他的违法阻却事由，就不能肯认正当化。

如果还使用刚才道垣内君所举的例子，因为将强烈反对登机的道垣内君押上飞机并运送到纽约的行为可以考虑为对他人领域的侵入，所以不能承认因合同而生的正当化，而为了作为紧急避险与自救行为阻却其违法性，航空公司的阻止行为必须具备必要性、紧急性、补充性等要件。与之相对，在乘坐列车或飞机而又在中途想下去时，因为可以视为已经进入了驾驶该交通工具的人的支配范围之内（亦即没有侵入欲中途下车的乘客的支配领域），所以，此种场合，即使驾驶员不让下车也可以肯认其因合同而生的正当化。因此，这与道垣内君的结论是相同的。

道垣内　在砍伐木材的例子中是怎样的呢？该事例登载在佐伯君的论文《被害人同意与合同》中的第402页："甲将自己所有的土地租赁给乙并签订了允许乙利用的合同，并且合同中还规定，乙为了利用土地可以采伐土地上长出的树木。在将土地让与之后，虽然甲改变了想法并向乙作出不许采伐的声明，但乙根据合同还是进行了采伐"。佐伯君写道，"这种场合应该解释为因合同的效力阻却了损坏器物罪之违法性"。

的确,虽然甲改变了主意请求乙返还,但乙可以不返还。这作为乙的权利已经得到了肯认。但是,即使一方说不要采伐,而另一方却说因为有合同存在所以不管有无仍然进行了采伐时,也可以被视为自救行为。因为木材属于甲所有。

佐伯　关键在于"让与土地之后"这一点。在接受了土地的让与而自己占有土地时,因为同时也占有了土地上的木材,所以即使砍伐土地上的木材也并非对他人领域的侵害,所以可以产生因合同而生的正当化。当然,如果采伐的合同可以随时撤回,则另当别论。

换个例子,在还没完成土地的让与时,甲对乙说:"我改变主意了,请不要采伐",如果乙还进入土地强行采伐,就会产生损坏器物罪的问题了。

道垣内　我还想确认一下,如果从佐伯君的理论结构来看,所谓因合同而生的正当化是违法性阻却事由吗?

佐伯　通常是违法性阻却事由,但也有因为存在合同而导致构成要件该当性被阻却的场合。但是,所谓构成要件该当性被否定的场合,不过意味着可以根据合同以解释构成要件要素。

道垣内　关于损坏器物罪,合同的存在当然是违法性阻却事由。

佐伯　我也这么认为。因为违反所有人的意思砍伐他人所有的木材的行为可能符合损坏器物罪,所以肯认构成要件该当性以后就是违法性阻却的问题。当然，在学说上是存在异议的。

道垣内 原来如此，明白了。

接下来我想请教一下侵入住宅罪与侵占罪的问题，实际上这也是我对佐伯君的主张不能充分理解的地方。

在缔结了房屋租赁合同现在仍然在合同有效期间内时，出租人对承租人作出了"不许进我的房子"的意思表示。虽然在这种场合承租人还是可以进入房子，但为什么不构成侵入住宅罪呢？关于这个问题，佐伯君认为"基于继续的合同而现在滞留在住宅中的当事人，当然应该说是居住权人"（佐伯仁志：《被害人同意与合同》，第 401 页）。即使在租赁合同终止后而承租人腾出租赁房屋前，这种情形还是可以作相同考虑的吧？

佐伯 是的。因为行使事实上的管理·支配行为的人被视为居住权人，所以即使租赁合同结束后，承租人也依然是居住权人。因此，即使其在赁租房中继续居住也不构成侵入住宅罪或不退去罪。因此，此种场合不是因合同而生的正当化而是谁是居住权人的问题。

道垣内 然而，佐伯君在说明侵占罪时曾指出："如果租车期间为一周的合同有效存在，假使出租人在此期间内反悔，无论如何都想要回车而承租人却不返还继续使用的，则该继续使用行为不构成侵占"。在此，侵占罪中逸脱权限的行为无论如何都是必要的，因为不存在私法上的逸脱权限行为侵占行为本身就不存在（佐伯仁志：《被害人同意与合同》，第 402 页）。

这里所说的"具有私法上的权限，且未逸脱之"的正当化与刚才所提到的侵入住宅罪之关系中的"承租人才是居住权人"的正当化是相同,还是有差别?

佐伯 　因为在侵入住宅罪的场合关键是谁是居住权人的判断问题,而在侵占罪的场合关键在于委托的宗旨问题,所以两者在凭借"因合同而生的正当化"术语将违法性阻却问题通常印象化上是共同的。

　　但是,如前所述,所谓的谁是居住权人并不通过合同决定,而是通过谁对该住宅具有事实上的支配管理来判断。当然,因为小偷进入家里不能直接就说他是居住权人,所以虽说是事实上的支配管理,该事实上的支配管理也必须是刑法上认为值得保护的。但是,这并不必然与所有权或合同上的权利直接关联。

　　与之相对,所谓委托的宗旨并非根据当事人事实上的意思进行判断,而是根据合同的宗旨判断。如果与合同相符合,那么即使与所有权人的现实的意思不一定相符,也可以根据与委托的宗旨相符合之解释而否定侵占罪的成立。在此意义上,侵占罪的场合与因合同而生的正当化的场合在理论上是相通的。

道垣内 　因为居住权根据事实上的支配关系进行判断,所以,即使在租赁合同期满后没有腾出住宅的,也不成立不退去罪,即使继续出入也不构成侵入住宅罪。这点很明确。但是,与之相对,在车辆租赁合同中,如果采用从租赁合同中推导出私法上的权限且未脱逸该权限的正当化方法,如果承租人在租赁合同终了后仍不返还自行车时,就可能构成侵占罪。

佐伯　　是的。如果不返还寄存物而继续使用，理论上可以构成侵占罪。问题在于，在不法领受的意思中具有区分不可罚的使用盗窃与可罚的使用盗窃之机能，虽然存在"作为所有权人的行为意思"，但现在关于这种意思，因为"不要说"颇为强势，也没有依据"必要说"进行严格解释，所以，如果能够继续利用可罚的违法性程度，就可以承认不法领受的意思。

道垣内　　但是，租赁期间的经过在不动产的场合仅构成债务不履行，而在动产的场合却成立侵占罪，这种做法有点让人感到奇怪。

佐伯　　确实如此。如果让我们再考虑一下，在不动产的场合，理论上承租人也有成立侵占罪的可能。但是，到目前为止，似乎还没有确认侵占罪的判例，学说上对该问题也未曾进行过讨论。如果要我们考虑一下理由，那么，一是因为在不动产的场合，《借地借家法》对承租人提供了强有力的保护，所以大多数情况下争论的是租赁关系是否终了，并且从所谓的"民事不介入原则"出发，侵占罪似乎不是问题点。另一个可能性是，所谓不动产的侵占可能存在着如果不移转登记就不值得处罚这样的意识。关于不动产的双重买卖中侵占罪的既遂时期，将登记名义的移转时期作为既遂时期的见解颇为强盛，因为此时也是显示占有移转之时。这样一来，在不动产的承租权终了之后继续占有而利用的行为虽然在理论上成立侵占，但作为刑事事件却没有提起的必要。① 这一问题还有继续检讨的必要。

---

① 关于这个问题，最决平成11·12·9刑集53卷9号第1117页很有意思。详细的论述，请参见铃木左斗志：《判批》，载《Jurist》1196号，第136页（2001年）。（佐伯仁志）

道垣内　是可动性的问题吧。在动产的场合,是不返还,即作为所有权人处理的行为。因为可以持有。与之相对,在不动产的场合,因为没有持有,所以在构成侵占时还需要有别的要素。

佐伯　或许如此。

道垣内　在这回会谈中,虽然我想采用的是一种更加重视私法上的权利关系并解释·运用刑法的态度,但其中虽说是"合同",却因场所的不同而发挥不同的作用。如果有成为违法性阻却事由的场合,也可以作为构成要件该当性的解释标准。说到"因合同而生的正当化"时,虽然让人感觉强烈的是违法性阻却事由的一面,但仅有此当然是不够的。
　　这回,为了回应我的提问进攻,佐伯君已经很累了。

佐伯　围绕自己的论文进行讨论是很难的,谢谢。下回我们打算讨论名誉损害、隐私侵害的问题。

道垣内　下回我还会发动提问攻势的。

佐伯　看来还会遭受道垣内君的进攻,只是拜托你下次柔和些。

第十四回
名誉・隐私的侵害

1. 前言
2. 损害赔偿的制裁机能・抑制机能
   ——损害赔偿额太低了吗?
3. 事实的真实性与误信
4. 真实性证明的基准时・证明的程度
5. 因意见或评论导致的侮辱
6. 名誉侵害与隐私侵害的关系

1. 前言

佐伯 这回我们来谈谈侵害名誉与隐私的问题。我注意到最近关于侵害名誉・隐私的赔偿诉讼比较多。虽然没有作过系统的统计,但在《判例时报》与《判例 Times》上几乎每期都有类似的登载。《Jurist》的 1994 年 2 月 1 日号(1038 号)上登载了《现阶段的名誉・隐私问题》的特辑,其中,加藤雅信教授也说了相同的话。作为这种现象的原因,加藤教授认为:"这种现象的大量发生,一方面是因为国民的权利意识得到了增长,另一方面的背景在于近期可以称为过剩化的一部分媒体报道的低俗化"(参见加藤雅信:《现阶段的名誉・隐私问题》,载《Jurist》1038 号,第 55 页(1994))。

与之相对,刑事判决中因为侵犯名誉而遭起诉的人并不多,并且简易起诉的情况比较多,所以判例集中登载的刑事判决就很少。如果说到最高裁判所的判例,在关于真实性的误信之变更判例的昭和 44 年的大法庭判决之后,重要的判决大致有判示"虽然是私生活上的事实,但也符合与公共利害有关的事实"的昭和56年4月16日的月刊事件判决(参见刑集35卷3号,第84页;《宪法判例百选Ⅰ》,第4版,71事件;《刑法判例百选Ⅱ》,第4版,18事件),以及承认对于法人之侮辱罪的昭和58年11月1日的最高裁决定(参见刑集37卷9号,第1341页;《刑法判例百选Ⅱ》,第4版,20事件)。与之相对,因为民事上有许多重要的判决,所以这回我们以民事判决为中心,尝试进行民法与刑法的对话。

道垣内 　毁损名誉与隐私的问题在宪法上也有广泛的讨论。民法中的人格权理论等也受到了宪法很大的影响。虽然这一理论牵扯到民宪交错的领域,但我想检讨时不能局限于要件论,还应讨论各种法的机能。

2. 损害赔偿的制裁机能·抑制机能
——损害赔偿额太低了吗?

佐伯 　首先让我们从机能论开始。因为民法的损害赔偿是以恢复被害人的损害为目的,而刑法则以处罚犯罪人为目的,所以两者具有很大差别,同学们不是一般也有这种印象吗?但是,两者不仅在成立要件上具有密切关联,而且在制度的机能上也有很大的共通之处。

　　在作为本回主题的名誉损害赔偿诉讼中,被害人的精神损害赔偿费固然是个问题点,但因为名誉损害又有妨害事业与毁损信用的侧面,所以,除可以想定具体经济损害的场合外,在以单纯恢复精神被害为目的的精神损害赔偿费的场合,此处所言之"被害的恢复"究竟是何意思,也有成为问题的余地。

　　与此相关,以前有观点认为精神损害赔偿费也有制裁的功能。代表性论者是将精神损害赔偿费作为私罚使用的戒能通孝先生(参见戒能通孝:《侵权行为法中的无形损害的赔偿请求权(一)(二完)》,载《法协》50卷2号第18页以下、3号第116页以下(1932年))。

并且,最近将侵权行为理解为以抑制违法行为为目的的制度之见解也很有力。毋庸讳言,违法行为的抑制是刑罚最重要的机能。例如,田中英夫教授与竹内昭夫教授在名为《私人在法实现中的作用》(1987年)的名著中指出:"现在日本法的立场是,虽然都认识到了损害赔偿这一制裁方法应当发挥抑制违法行为的机能,但这样的机能并未得到充分的发挥,并且还不得不让人发出这样的疑问:这不是把日本社会中法应当发挥的机能不当地限制在了一个狭小的范围之内吗?"(田中英夫、竹内昭夫:《私人在法实现中的作用》,第150—151页,首次发表于《法协》89卷9号(1972年))。虽然这一批判从最初开始已持续了30年左右,但实务的状况似乎还没有改变。但是,认识到损害赔偿具有抑制与制裁机能的见解在民法学者中也有相当的支持率,再者,最近日本颇为盛行的"法与经济学"的观点也强调侵权行为法的抑制机能。关于上述问题,森岛昭夫先生在《侵权行为法讲义》第466页以下(1987年)中有详尽的说明。

虽然这样一来侵权行为法与刑法在名誉与隐私的损害赔偿方面有着相通的机能,但关于这一问题,道垣内君是如何考虑的呢?

道垣内 我认为佐伯君的话可以分成三个部分。第一,一般情况下,应当怎样考虑侵权行为法中的制裁与抑制机能?第二,应当怎样看待由精神损害赔偿费负责这些机能的做法?第三,第一与第二的问题在谈到名誉与隐私的侵害时是否有特殊的意思?

说到第一点,侵权行为法的损害赔偿制度具有制裁与抑制机能的看法现在已经得到了广泛的肯认。但是,虽然大家在"现行的损害赔偿制度事实上有这种机能"的认识上存在一致,但在"是否应当让损害赔偿制度负有这种机能"以及"损害赔偿制度中存在使该机能发挥作用的目的,因此应当根据该目的展开解释论"的主张却并未达成一致见解。我认为,即使不将之作为规范的主张,不是也可以进行事实上的处理吗?如果扩大规范的主张的话,反而不就变得很微妙了吗?这一点让我们慢慢论述。

第二点,关于让精神损害赔偿费承担制裁·抑制的功能的问题,是以在历史上存在将精神损害赔偿费作为私罚的观念这一认识为背景的。但是,所谓即使现在私罚的要素也存在或应当有这些要素的说法,我自己也在思考。虽然也有理念上的理由,但我认为即使不将民事侵权行为制度之目的为损害填补的原则加以变动,也是可以作出充分地处理的。例如,故意侵权行为与过失侵权行为在精神损害赔偿额上是有差异的,前者中大多得到承认。所以,这也是在区别故意侵权行为与过失侵权行为时应该考虑列举的理由之一。的确,故意侵权行为与过失侵权行为历来存在差异,至少在说到精神损害赔偿时,对方当事人故意实施侵权行为时较之过失时的精神损害是更大的。如此而言,实际的精神损害赔偿在故意与过失时是存在差别的,这种说明也是可能的。

第三点,关于名誉毁损·隐私侵害的事例,即使不说什么制裁或抑制的机能,也可以比现在更多地肯认精神损害赔偿。反过来,关于名誉毁损·隐私的侵害,如果从"现在的精神损害赔偿费不是太少了吗"的问题意识出发,如果能够提出重视制裁·抑制的机能,即使只说民事侵权行为制度的目的是损害填补,也是可以增加精神损害赔偿费的。

从全体来看,固然可以说制裁·抑制机能是确实存在的,民事侵权行为制度的目的是损害填补,但就结果来看,也可以说制裁·抑制的机能也在发挥着作用。

佐伯 在刚才所说的《Jurist》特辑中,秋吉健次氏的《名誉·隐私关联判例的现状》论文与加藤雅信教授的《名誉·隐私侵害的救济论》的论文对于赔偿额有较详细的论述。根据这些论文的见解,我们发现,针对整形外科医师的 600 万元的名誉毁损、针对华道掌门人的 490 万元的名誉毁损、接受学士院奖金的大学教授因剽窃而被起诉的 400 万元之反诉案件等都得到了承认,并且这些案件多以妨害业务或毁损信用的形式而非常容易地估计了一定程度上的经济损害。虽然对于这些问题承认了 400 万元或 600 万元的赔偿,但在非此类问题的纯粹的精神损害的赔偿上,大概 1 000 万元是可以的吧。

即使对 1994 年特辑以后的判决调查一下,虽然在对于原外务大臣的名誉毁损诉讼中报社被命令支付 2 000 万元的精神损害赔偿费(参见东京地判平成 8·7·30 判时 1599 号,第 106 页),但这个案例判罚较多,其余的大致都在 1 000 万元之内。

很多人都指出精神损害赔偿费太低,田中先生与竹内先生也特意进行了强调(田中英夫、竹内昭夫:前揭书,第 146 页以下、第 224 页以下)。加藤先生也认为,"无论怎样,应当尽快改变现在这种将精神损害赔偿费限定在 1 000 万元以内的状况"(第 61 页)。我也这样认为。在与田中先生的对话中,竹内先生曾指出,将媒体产生的名誉或者隐私的损害赔偿额"以我们的月薪为标准的做法是错误的"(第225页)。①

最近,虽然被害人保护问题在刑法领域得到了较多的讨论,但其中的问题之一是,迄今为止的刑事司法制度并未对犯罪被害人的精神痛苦投入更多的目光。名誉毁损诉讼中的精神损害赔偿费较低的情况或许也是对于精神痛苦漠不关心的表现之一。

暂且不管精神损害赔偿费的目的究竟是被害恢复还是制裁,因为精神损害的价额不是客观决定的,所以只要裁判所仔细考虑一下,应该可以作出较高赔偿额的判决。

美国的判例经常被拿来与日本的进行比较。因为美国的赔偿额一般较高,并且还设立了与损害填补有别的以制裁为目的的惩罚性损害赔偿制度,所以无法简单地与日本进行比较,但是,名誉毁损诉讼中以100万美元为单位的诉讼——即相当于上亿日元为单位的赔偿之诉讼,在美国并不稀奇。实际上,因为陪审中得出的赔偿额因控诉裁判所的不同而多数被减少,所以,实际上得到100万美元以上的人并不多,但即使如此,不也与日本存在一定的差别吗?

回到20年前,美国的名誉毁损法与日本的最大的差异在于,现代美国在名誉毁损中很少使用刑罚。与此不同,在日本虽然数目不多,但名誉毁损罪显然发挥了重要作用。虽然很难简单地说明这种差别由何而来,但原因之一在于美国通过高额赔偿对违法毁损名誉行为发挥抑制机能,而日本由于赔偿额较低,所以不得不依赖刑罚抑制这种

---

① 最近东京地裁作出判决,命令作为周刊杂志发行人的出版社因名誉毁损诉讼向女艺人大原丽子支付500万元(朝日新闻2001年2月27日朝刊),向巨人的清原和博选手赔付1 000万元(朝日新闻2001年3月28日朝刊)。虽然不知道控诉审中如何,但时代或许一直在变动。

恶质的事例。如果赔偿额是100万元,对于毁损名誉的一方来说是十分合算的。如果这样的话,日本今后的考虑方向不也可以通过提高赔偿额以控制刑罚的适用吗?

道垣内 在华道掌门人与外科医生的名誉毁损中,佐伯君提到了承认多额赔偿费的例子,在此问题上存在关键点吧?

在刑法中,因为问题在于是否构成毁损名誉罪,所以必须定义"名誉毁损究竟是什么?"然而,民事中是否应该对名誉毁损做出一个积极的定义,我尚有疑问。当然,关于《民法》第723条"可以命令做出有利于恢复名誉的适当处理"在什么场合使用仍有讨论的必要。在以《民法》第709条、第710条为基础而请求损害赔偿的诉讼中,是不需要名誉毁损的定义的。

例如刚才所举的华道掌门人的例子中,虽然仅承认100万元的纯粹的精神损害赔偿,但由于营业上因评判的确定必然遭受损害,所以如果从真实损害的一面认定,全体的赔偿额可以增加很多。

反过来,密室中遭他人辱骂的情形是否符合名誉毁损定义中的"社会评价的下滑"的争议是没有意义的,不管社会评价是否下滑,都应从正面肯认精神损害。

立于定义名誉毁损以及论述是否属于毁损名誉的问题而推进议论,不是我们讨论的宗旨。

佐伯 虽然我明白您想说什么,但不搞清楚何谓毁损名誉是不行的,还是弄清楚比较好。即言之,因为毁损名誉是这样的,所以这样的就构成了侵害;因为当面侮辱的场合是对名誉感情的侵害,所以此种损害就是这样的;因为毁损信用场合的损害又是这样的形式,所以明确了名誉毁损、名誉感情的侵害、信用毁损、妨害营业等各种侵权行为的形式后就可以与道垣内君所说的宗旨结合起来。如果不这样而是一开始就糊涂，在认定损害时可能也会是糊涂的，结果，赔偿额就可能一下落到了地上。

道垣内 虽然我也不是很反对，但觉得不是个别的侵权行为。一种侵权行为中，损害项目包括名誉感情、营业损害、律师费用等。所以，如果将侵权行为的情形称为"毁损名誉"，就会出现如下所说的"是毁损名誉的损害赔偿，所以精神损害是对象"，从而限制了侵权行为的机能。因而，这反而起到了限制赔偿额的作用。

佐伯 是个别的侵权行为呢？还是在一个侵权行为中仅仅是损害项目不同呢？如果这样的话，我不愿局限于别处。因为如果刑法不同于损害＝被害法益，因为多数犯罪是个别化的，所以刑法学者在区分损害的问题上是很有意思的。

关于提高额度的问题，虽然损害的增多会导致额度的上涨，但在完全私人化的场合，也有未提高额度而将被害限定在纯粹精神损害的情形。但是，这种人作为被害人是可悲的，例如，一个普通人突然被媒体当作犯罪的嫌疑人而大肆报道，此时他的精神痛苦是非常大的。并且，由于提起诉讼本身又会引起更多人的关注，所以，普通的私人是很难提起诉讼的，实际上陷入诉讼的大多数是政治家或本来就不怕引起注意的人。如果考虑到没有足够的律师费用就无法起诉，就有必要将纯粹的私人损害进行更高地算定。因此，随着损害额的提升，就可以肯认精神损害赔偿费的制裁机能，或者虽不这样说，也应该在稍微考虑侵权行为法之抑制机能的前提下考虑一下精神损害赔偿额，我本人认为应该这样评价。

道垣内 这就是所谓应该更高地评价纯粹的私人精神损害的考虑,但如果说不从正面承认制裁·抑制的机能就不能增加损害赔偿额的话,这是不对的。即使在不肯认营业利益的损失的场合,也可以预见到精神损害的增加。如果这样可以增加金额,就不应简单地抛弃大陆近代法中刑事责任与民事责任的分化模式。

这样说来,一个销售量不畅的周刊杂志明知会承担损害赔偿责任,但还是登载了会毁损名誉或侵害隐私的事件以提高销售量,从中获利。虽然这种事件难以抑制,但由于发行量大的周刊杂志故意登载毁损他人名誉的事件给被害人的精神造成了非常大的损害,所以即使承认精神损害有一定的限制,也应该确认数千万的赔偿额吧?

佐伯 因为过失的场合精神损害额是几百万,所以故意的场合精神损害额是数千万的算法应该是可以的。但是,如果率直地肯认这种差异是源于制裁或抑制的观点,恐怕是不行的。另一个无法接受的是所谓正直的感想。在刚才所列举的竹内先生与田中先生的共著中,竹内先生说:"虽然有议论认为即使是损害赔偿也可以接受是奇怪的,但如果给他人造成了大损害却只做少量的赔偿的话不就是更奇怪了吗?"(田中英夫、竹内昭夫:前揭书,第224页)确实如此。虽然刚才一直在引用两先生的观点,但两人的著述中还提到:"在我们看来,牵动世界的手段之一就是法"(田中英夫、竹内昭夫:前揭书,第227页"竹内发言"),试图通过这种手段使日本法中更好的思考方法一直延续下来。在我的少年时光,每每读到此处就不禁深为感动,并受到了很大影响。学习法律的目的不是为了通过考试或别的什么,请同学们也带着这种态度读一读该书。

道垣内 对两位先生的著述评价完全如你所言。如果说从正面肯定损害赔偿制度所具有的制裁或抑制机能在某些方面是不妥当的并且也无法反论，为了提高名誉·隐私侵害事件中的损害赔偿额，是否就必须从正面肯定这些机能呢？当然不是。

佐伯 在侵害隐私的案例中，最近个人情报的流失是较为热门的问题。例如，电气通信营业者的从业员把顾客的个人情报泄露出去。在现在刑法中，虽然将顾客的个人情报印在公司的纸上而带出的行为会因盗窃纸而受处罚，但个人情报的泄露本身却不会受处罚。虽然像泄露秘密罪那样的有一定职务的人因为泄露了职务上所获得的秘密而遭受处罚，但是，由于相当于身份犯的职务的范围已被限定，并且个人情报中的住所或电话号码等很难说是秘密的，所以，固然有必要检讨是否应该立法而就一定范围内的泄露个人秘密行为进行处罚，但除了通过刑罚的抑制外，也应考虑通过民事损害赔偿进行抑制的方法。但是，此时的问题点在于赔偿额太低。如果问自己的电话号码与住址被泄露的被害人遭受了多大损失，既然名誉毁损才100万元，只要没有特别的情况，就仅有数万、顶多10万元吧？这种情况下，因为恐怕不会有人特意聘请律师起诉，所以损害赔偿的抑制机能实际上也就发挥不出来。

因此，如果首先更高地估计了精神的痛苦，制裁或抑制的功能就会得到某种程度的重视，泄露个人情报的赔偿额最低应该规定在100万元左右。

道垣内 　很抱歉,我无法真正地接受你的观点。如果限于佐伯君所举的例子进行考虑,我注意到的是不管是电气通信营业者还是别的什么,如果与我签订合同的公司将我的个人情报泄露给第三人,不就违反了合同上的保密义务了吗?

　　虽然民法学也肯认侵权行为中的制裁性损害赔偿,但由于债务不履行的损害赔偿额已由《民法》第 416 条加以规定,所以从制裁的观点出发增加额度感觉比较困难。虽然美国法中具有侵权法色彩的债务不履行制度承认惩罚性损害赔偿,日本也可以将《民法》第 709 条作为以违反保密义务为理由的损害赔偿请求的基础,但是,虽然可以以债务不履行起诉或以电话号码程度上的权利侵害请求赔偿,但主张违反合同的方法更为便利。这样一来,制裁式的赔偿费在观念上就很难被人们所接受。

　　如果说债务不履行构成中也应肯认数额大的损害赔偿,精神的实际损害之认定不是更容易操作吗?

佐伯 　债务不履行的场合,需要算定损害赔偿额。例如,在停车场立有违法停车罚款 1 万的告示板。因为这个数额比实际设定的停车费用要高很多,所以该金额很明显是从制裁·预防的观点出发的。虽然基于当事人合意的违约金与基于侵权行为的损害赔偿之间可能存在差别,但违反合同的人当然不是因为想要支付违约金而停的车,而可能是没有看到告示板。如果这样的合意也可以成立,那么即使是损害赔偿,只要实施违法行为,法律上就预定了损害额以上的赔偿金,岂不是从事违法行为的人反而能够就该赔偿达成合意了?

道垣内　　停车场的告示板并不是"损害赔偿额的预定"。因为违法停车人与停车场的所有人之间并无合同关系，所以即使写上"请交1万"也不发生法的效果。如果这样就会发生法律效果，我只要把写有"如果毁损了我的名誉·隐私，请支付给我1 000万元的"告示板从脑袋边拿开就可以了。

　　在具有合同关系的当事人之间存在"损害赔偿约定额"时怎么办呢？在约定额远大于实际损害的场合，因为一般的思考方法是适用公序良俗原则进行减额，所以即使从实际损害的观点出发也并不自由。

佐伯　　确实如此吗？我觉得停车场的告示是有效的，多于实际损害的约定赔偿额某种程度内也是允许的，是自己的无知降低了自己的名誉。

3. 事实的真实性与误信

佐伯　　围绕侵权行为法的机能的话题就到此为止，下面我们来讨论在毁损名誉的诉讼中无论在民事还是刑事上都是问题点的真实证明等的要件。

　　《刑法》第230条之2第1款规定："经认定是与公共利害有关的事实，而且其目的纯粹是为谋求公益的，则应判断事实的真伪，证明其为真实时，不处罚。"所以，真实性证明成功时不受处罚。对行为人误以为事实真实但事实的真实性在裁判中证明失败时应该如何处理呢？关于这个问题，昭和44年6月25日的最高裁大法庭判决（参见刑集23卷7号，第975页；《刑法判例百选Ⅱ》，第4版，19事件。）变更了以往的判例，判示在行为人对误以为真实的事实具有相当的理由时不承担刑事责任。

民事判例基本上也根据这一规定的要件判断损害赔偿责任的有无，昭和61年6月11日的最高裁大法庭判决（参见民集40卷4号，第872页；《民法判例百选Ⅰ》，第4卷，4事件），即所谓的北方日报事件大法庭判决作如下陈述："关于刑事与民事上的毁损名誉的行为，当该行为属于与公共利害有关的事实，而且其目的纯粹为谋求公益时，如果可以证明该事实的真实性，上述行为就没有违法性，即使不能证明其真实性，只要行为人关于真实性的误信具有相当的理由，就应理解为上述行为没有故意或过失，以调和作为人格权的个人名誉的保护与表达自由的保障之间的矛盾。"最高裁至今仍沿袭该判例的思想。

对刑法学者而言，该判决的意味深长之处在于以下明确表述：如果事实的真实性得到证明，行为就没有违法性；对于真实性误信具有相当理由时，就不存在故意或过失。关于这点，刑法学上存在激烈的讨论，现在依然是一种百家争鸣的状态。其中，最近有一种有力的见解主张：只要对于误以为是真实的事实具有相当的理由就可以阻却违法；如果没有相当的理由，即使裁判时偶然证明了其真实性时也是违法，即真实性证明的规定仅仅是单纯的处罚事由。这与北方日报事件判决中的判示截然不同。

我本人采用这种观点：如果事实的真实性得到证明就不违法，在对误信为真实的事实具有相当的理由时，虽然违法却无过失，所以我想大力宣传北方日报事件判决。与之相对，对于不采用我这种见解的刑法学者而言，该判决似乎是局限于民事出版物而未曾考虑刑事问题就得出的判决。实际上，我也确实听见过这种意见。

虽然实际情况我们并不了解，但如果从不考虑民事判决却明确标榜"刑事以及民事"的做法，以及该大法庭判决中追加长岛敦法官等刑事专家的做法上来看,我不认为该判决的得出没有考虑刑法上的问题。

道垣内　将所谓的"无违法性"与"无故意·过失"明确区分的北方日报事件判决的构成,虽然取自最高裁昭和41年6月23日的判决(参见民集20卷5号,第1118页;《民法判例百选Ⅱ》,第4版,87事件),但关于该判决如何在民事判例法理中进行定位,我还没有足够的自信。平井宜雄先生也认为"没有必要论证民事责任的严密区别"(平井宜雄:《债权各论Ⅱ侵权行为》,第48页(1992年))。

　　在民事判例中,"违法性"的概念一般都以一种暧昧的形式得以运用。甚至对包含加害人之主观因素的综合考虑问题进行全面的否定性评价时也可以使用"违法性"的词语进行说明(参见濑川信久:《民法第709条(侵权行为的一般成立要件)》,载广中俊雄、星野英一编:《民法典的百年Ⅲ》,第626页(1998年))。这究竟是好是坏暂且不论,但一般的判例都是如此的。其中,将"违法性"与"故意·过失"并列视为独立要素的,至少是非常重视刑事问题的判决。

佐伯　是吗？经道垣内君一说我才开始注意。该判决并非不知刑法而是非常重视刑法的判决。

道垣内　当然,虽然将故意·过失与违法性并列作为侵权行为之独立的构成要件的做法也是民法上的传统,但判例未必遵守这种规则。对于故意·过失与违法性之种种问题的主张与例证,判决并未对此进行事实的认定与判断(参见星野英一:《权利侵害》,载《Jurist》882号,第73页(1987年))。

接下来，我们讨论一下为什么在这里要将两者分而论之，这不仅是受到刑法的影响，如果与公益有关的事实之真实性得到证明，而根据这种指摘，就可以降低对某人的社会评价，而这种社会评价本来就不应该受到法律的保护——这就是该问题的明确的框架。

佐伯 对。这也是我的想法。虽然很久以前我就是这么考虑的，但刑法学者中很多人并不这样认为。

道垣内 但在实际的裁判中，如果对于真实或误以为真实的事实具有相当的理由，损害赔偿请求就应被驳回，所以究竟归属于两者中的哪一方面就不是一个大的问题。事实真实的场合，当然不存在故意·过失。由于受法律保护的利益本身未受侵害，所以也谈不上什么故意·过失。这样一来，就没有必要从民法观点进行严格的区分，而民事判决也有种将理论予以异样化的明确感觉。

佐伯 与道垣内君所讲的问题相关，在最近的民事判决中比较有意思的一个问题是，裁判所在驳回原告的请求时，并不判断事实的真实性，而是因为被告人对真实性之误信具有相当的理由从而不肯认损害赔偿。如果无论如何都能驳回原告的请求，由于与前者相比后者的判断比较容易，所以似乎仅仅判断后者就可以了。但是，如此是否可行，我持有疑问。

对于被害人而言，因为提出名誉毁损诉讼的主要动机多在于向世人证明他人所言之自己的事情是虚假的，所以，虽然真假并不清楚，但如果裁判所因为被告人对真实性之误信具有相当的理由就不肯认损害赔偿，就会积聚大量的不满。例如，在报社刊登我受贿的虚假报道时，裁判所虽然认定该报道是虚假的，但因为行为人对误信的真实性具有相当理由，所以不承认损害赔偿请求——如果得出这样的判决，后果不是灾难性的吗？裁判所并不判断是否真的受贿，而仅以相当理由的存在就终结诉讼，这将导致大量的不满积聚。即使是报社，因为最应该关心的问题是自己的报道是否真实，所以，即使胜诉了也没有什么值得高兴的，对于国民而言也没有什么利益。如果当事人不想争论事情的真实性与否也就算了，如果想要争论的话，裁判所依然必须作出明确的判断。

从民事裁判来说，结果常常并非一切，例如，关于议员名额分配不均衡的违宪诉讼中，违宪与否与选举有效与否都是同等重要的问题，并非可以因放弃请求就不再判断是否违宪。以公害诉讼为首的"现代型诉讼"与"政策志向型诉讼"中，损害赔偿或停止侵害的结论本身当然是非常重要的，但推导出结论的判断也是同样重要的。

在民法上，如果结果相同那么最好要件也应相同，即侵权行为法中没有必要区分侵权与责任——这种观点是自平井先生以来的有力说。是即使做了也无所谓的行为，还是虽然是不能做的行为却不负法律上的责任呢？这是个非常重要的区别，也是违法与责任的区别。向世人表明哪些行为可以做，不仅是刑事裁判所也是民事裁判所的责任。

这是个假定性抗辩的话题。当被告主张"自己揭示的事实是真实的。即使并不是真实的，本人也有相信其真实的相当理由存在"时，裁判所并不拘束于当事人提出主张的顺序，而是站在了采取哪一方的意见才有利于主张者胜诉的角度上。这是关于认可哪一方的主张事实是判决理由中的判断问题，由于不会产生既判力，所以不会在胜诉的法律结果上出现差异。我认为这在民事诉讼法上是不会出现异议的。

虽然我能理解佐伯君的意思,但期待裁判所作出这种判决又能怎样呢?法官不过是对多面纠纷的一个侧面进行处理罢了。

并且,如果维护民事裁判的话,因为刑事裁判在被告死亡时终止(《刑事诉讼法》第339条第1项第4号),所以事实真相就永远地陷于迷雾之中,而民事审判还将继续,所以民法在此发挥着澄清事实的机能。在作为刑事事件而被起诉时,如果被告人只要对事实真实性之误信具有相当的理由就可以进行防御,问题就变得相同了。

佐伯　我认为虚假是构成要件要素,所以,误信的相当性＝过失的判断在原则上是认定虚假的前提。过失致人死亡裁判中的过失之判断,原则上首先以认定人的死亡为前提。仅以相当理由而进行的防御,是自认的虚假。

道垣内　但是,要证明为真实的具体方法必须是可查的资料。这与相信为真实的相当理由之主张·证明的方法并无差别,说到民法上能否严格区别的话……

佐伯　证明的方法是相通的就是这个意思。

4. 真实性证明的基准时·证明的程度

佐伯　与这回讨论相关的另一个问题也是民事判决中的一个有趣的现象。在判断事实真实性的判决中,有将指摘事实之阶段性的真实性作为问题点的判决。例如,以有名的甲山事件为素材创作了小说的小说家被判损害赔偿的判决(参见大阪地判平成 7・12・19 判时 1583 号,第 98 页)。众所周知,甲山事件中被告一审被判无罪,但即使得出有罪判决,因为在小说中所描述的事实,原告不过是被疑人,所以,判示认为不构成真实性证明。如果随着裁判的进展而到达有罪逐渐明显的阶段,虽然在得出有罪判决前可以揭露事实,但在起诉阶段以及起诉前传说存在嫌疑的阶段,都不能将嫌疑人认定为犯人或刊登使人产生这种印象的事实。

诉讼中成为问题的是:此时什么样的事实是可以公开的,客观上被害人是否真正的犯人。但是,虽说这是真实性的证明,但实际上却是有关真实性之误信的相当理由是否存在的问题,是与真实性问题的一种换位。

道垣内

佐伯君讨论的意思如下:"在本件诉讼中,从原告是否就是甲山事件的犯人之观点出发进行的实质审理并不存在,而这点本来是刑事裁判中应当明确的问题。并且,本件小说之执笔出版的违法性判断实质上就是:以上述执笔出版的时点为基准,原告的社会评价是否因本件小说的执笔出版而降低,从而原告的名誉是否遭受毁损的判断。所以,不管刑事裁判是否判决原告有罪,该问题并不影响本件小说之执笔出版的违法性有无的判断"。即使这一部分是控诉审判,也应维持原状(参见大阪高裁平成 9・10・8 判时 1631 号,第 80 页)。最高裁平成 11 年 2 月 4 日的判决也驳回了上诉。虽然没有看到刊载该判决的杂志,但"承认了原审判断"似乎是很容易发现的。

佐伯　我理解民事法官的心情。最近甲山事件终于得到了解决，如果客观真实必须由民事裁判确定或至少应尽力探求，如果先认定真实而后得出无罪判决，会怎样呢？或者先认定为虚假而后宣告有罪又会怎样呢？我们恐怕不能不担心这个问题吧。

道垣内　因为有相当理由相信是真实的，所以就不追究因这种指摘事实之行为而承担的责任，或者因为是关于公共利益的真实，所以如果不公布该事实利益本身就不能存在，应采取哪种考虑方法呢？

佐伯　超越真实性的证明而依据相当理由的判断决定胜负的法官也必须考虑真实性的证明问题，根据行为时的状况而判断真实性的法官也会认为：只要事实真实，就可以考虑指摘；只要有相当理由，也可以考虑指摘；只要有看上去真实的事实，同样可以考虑指摘。在此意义上，现在刑法上有力的思考方法与——事实真实并不直接阻却违法性，对误信真实性存在相当理由时才能阻却违法性——这一思考方式是相通的。

道垣内　的确如此。只是在刑事场合，主张·证明事实真实性的证据并非仅存在于行为时。

佐伯　是的。这可以理解为与违法性无关而仅仅是附带的东西。

道垣内　因为如果有关公益的事实是真实的，本来就不能作为应受保护的对象，所以，如果通过以后的资料而证明是真实的即足矣。

　　实际上，在这回讨论开始前，我认为将真实的证明与虚伪的但有相当理由认为真实的证明进行区别的意义并不大。虽然刚才也曾提及这点，但考虑到实际裁判中被告人的举证活动，因为主张与证明在于提出一定的证据，所以是真实的。此时，只要能够说服法官，让法官认为"的确真实"，裁判上被判定真实，损害赔偿义务也就被否定了。但是，如果法官认为"虽然不能确信真实，但根据资料得出的判断具有相当理由"，辩论在此阶段即可中止。无论如何，损害赔偿请求被否定。因此，这对于"真实的场合无违法性、对误信之真实具有相当理由的场合无故意·过失"的思考方法是一种批判。

但是，这与采用提出证据基准时的观点，并且真实的场合本来就无保护法益、对误信有相当理由的场合具有本质的差别，因此，有必要将两者加以区别。

佐伯 是否存在相当理由当然是行为时的问题，而所谓的真实与否则是裁判时的问题。如果仅从损害赔偿上考虑，两者之间并无差别，例如，在要求订正记事的场合，虽然依照现在的解释不成立侵权行为，但也不能订正记事，然而，在虽不真实却有相当理由存在的场合，损害赔偿虽然被否定但订正记事却可以得到肯认。即使在这一点上，将两者进行一并处理的做法也不免有点小问题。

道垣内 另一个问题是关于真实性的证明程度，以往存在"排除合理怀疑"与"优势证据"的争论。虽然判例上要求前者，而多数学说考虑到私人的证据收集能力而主张优势证据即可，但我个人认为，因为存在"优势证据"就可以承认"对误信具有相当的理由"，所以实在没有讨论下去的意义。如果考虑到刚才所谈的判断之基准时的思考方法，就显得颇有意思。

佐伯 刑法学者仅考虑刑法的问题而不考虑民事问题,但如果同时考虑民法与刑法的话,判例就很奇怪了。关于同一个案件,一边被起诉,一边又被请求损害赔偿,在报社的编辑在证明了真实性的场合,如果民事证明标准要求达到优势证据的程度,而刑事证明标准则要求达到排除合理怀疑的程度,而在证明虽然能够达到优势证据却不能超越合理怀疑程度时,就产生了虽然不承担损害赔偿责任却要遭受处罚的问题,这就很别扭了吧?虽然不受处罚却要承担损害赔偿责任的情况很多,但相反情形却相当别扭。仅从这一意义上来看,民事的防御标准与刑事的防御标准至少并不一致。

道垣内 这个问题很尖锐。并非仅是判断基准时的问题。

佐伯 关于基准时,最近有一则颇有民事意义的判决,即最高裁判所平成11年10月26日的判决(参见判时1692号,第59页)。案件同时包含民事与刑事问题,如果仅简述判示事项的相关部分的话,内容大致如下:国际电信电话股份公司的代表管理经理X侵占业务上占有的公司资金而被一审判决有罪,刑法学者Y将该案件称为"贿赂的话题"而在论文中作了叙述,由于Y记述了"X将购买女士睡衣、手提包、男式鞋、手表链、牛肉、洋酒、冰箱等与公司业务完全没有关系的商品的发票拿到公司里报销,任由其妻子使用公司的汽车去购物,使用公司资金从一流的饭店买食品回家,让公司承担其与妻子的海外旅行费用,让公司代为负担家人的高尔夫球费等,公私不分",所以X以Y毁损其名誉为由提起诉讼。因刑事裁判所二审判决X不构成侵占公司资金罪,于是,作出民事裁判的原审东京高等裁判所认定Y构成毁损名誉的侵权行为责任，命令 Y 承担 30 万元的损害赔偿费。由于 Y 指摘的事实仅是一审判决书中量刑理由所描述的一部分，所以，不承认 Y 具有确信为真实的相当理由；至于其他的部分，虽然存在一审中判决有罪的事实，但由于 Y 是刑法学者，自然应知道针对一审判决进行上诉的这些争论，所以不存在相信上述事实是真实的相当理由。

对此，Y 提起了上诉，最高裁判所驳回了原判决（关于本书中的其他叙述以及其他杂志中的记述，损害赔偿仍未获确认）。判决一般性地作了如下论述："刑事一审判决中所列举的应当构成犯罪的犯罪事实，是作为量刑理由而被公示的与量刑有关的事实，在行为人以上述判决为资料而相信与认定事实具有同一性的事实是真实的并予以指摘时，只要对上述判决的认定没有特别怀疑的事情，即使在后来的上诉审中认定判断与此不同，也应认为对所指摘的事实具有相信为真实的相当理由存在。或许，因为刑事判决理由中认定的事实是以刑事裁判中的慎重程序为基础，是法官根据证据而得到心证的事实，所以，行为人依据上述事实获得的确实资料被认为有一定的根据，即使将所指摘的事实信以为真也不能说是无理的"，认为"在不存在上述特别情况的本案件中，应认为上诉人对所指摘事实具有确信为真实的相当理由，上诉人作为刑法学者，自然知道针对一审判决所控诉的理由"，所以 Y"因为不存在故意或过失，故不成立毁损名誉的侵权行为"。

因为裁判所改变了判决不能相信的说法，所以我认为这一判决是妥当的。

<small>道垣内</small> 我也赞成判决的结论。根据刑事的一审判决来叙述，没有什么问题。

佐伯　　刑事判例(参见最决昭和43・1・18刑集22卷1号,第7页;刑法判例百选Ⅱ,初版,55事件)中所指摘的是作为虚假事实的事实,因为作为真实性证明的对象不是虚假的存在而是虚假的内容,所以,如果以此判例为前提,那么真实性证明的对象也不是判决的存在而是判决的内容。我认为,如果以该判例为前提而客观地报道裁判,就可以考虑以正当行为为理由阻却违法性。这与报道国会审议的场合大致相同。

道垣内　是写作时,还是出版时,抑或是增印时？如果增印时得出了无罪判决,还是构成名誉毁损的。

佐伯　　如果原样登出,就可能构成名誉毁损。

5. 因意见或评论导致的侮辱

佐伯　　继续进行讨论。最高裁判所的另一个民事判决——即最高裁判所平成9年9月9日判决(参见民集51卷8号,第3804页)——也很有意思,我来介绍一下。关于所谓"洛杉矶枪击事件"*的嫌疑人X,

---

＊　"洛杉矶枪击事件",又被称为"三浦和义事件"。案情如下：
1981年,日本人三浦和义与妻子三浦一美赴洛杉矶旅游时,在停车场遭受枪击,两人皆受重伤,一年后三浦一美死去。因为三浦和义曾为妻子投保巨额人寿保险(1亿5500万),因而被认为具有重大(合谋)杀妻嫌疑,但日本高裁于2003年判其无罪。2008年2月22日,三浦和义在美国塞班岛登陆后不久即被美国警方逮捕(涉嫌合谋杀妻),三浦随后在拘留所上吊自杀。该案件引发了日本对美国关于杀人罪的追诉时效的再认识,同时也因其诉因和证据问题成为了日本刑事诉讼法中的经典判例。参见东京高判平成10年7月1日判时1655号,第3页(刑事);最判平成9年9月9日民集51卷8号,第3804页(民事)。——译者注

夕刊杂志的记者 Y 发现与 X 交往的女性 A 说"X 是个坏蛋,应处以死刑"后,又报道了当时对 X 的搜查情况,此后,Y 披露了与 A 的谈话以及与被称为东京地检的元检事的谈话,X 控告 Y 毁损其名誉。虽然一审判决命令支付 100 万元的精神损害赔偿金,但原判决从所谓的公正评论的法理出发,撤销了一审判决并驳回请求。原告对此提出上诉,最高裁判所驳回了高裁的判决。

在刑法中,指摘事实侵害他人名誉时构成毁损名誉罪,通过意见或评论侵害他人名誉时则构成侮辱罪。但是,在毁损名誉问题上,并不仅仅是单纯的指摘事实——例如淡淡地叙述 A 杀妻的事实,一般还应在此基础上附加诸如这种人真是丧心病狂的杀人魔鬼之类的评论。在此场合,如果能够成功地证明事实的真实性,评论部分是否就是无罪的? 在毁损名誉问题上虽然是无罪的,但是否还有构成侮辱罪的余地? 等等问题一直以来就是刑法学争论的焦点。虽然通说认为侮辱罪也是不可罚的,但我认为,在使用与事实极度不符的过度侮辱的表现形式的场合,即使能够成功地证明真实性,根据表现形式的不同还是存在侮辱罪的问题。虽然京都大学的中森先生也持这种观点(参见中森喜彦:《刑法各论》,第 2 版,第 99 页(1996 年)),但支持的人并不多。

本案中,事实与评论的关系自然是问题点所在。对此,最高裁判所的判示如下:"关于以事实为基础的意见或评论造成的名誉毁损,在该行为是与公共利害有关的事实并且其目的系纯粹为谋求公益时,如果作为上述意见或评论之前提事实的重要部分被证明为真实的,只要没有超出人身攻击等意见或评论之领域,上述行为就应该是欠缺违法性的行为","如果不能证明作为意见或评论之前提的事实是真实的,与指摘事实的名誉毁损的场合相比,如果行为人具有相信上述事实真实的相当理由,也可以否定故意或过失"。

反之,该判示认为超出意见或评论领域的叙述具有违法性。所以,在刑事上不构成毁损名誉罪时也是可以成立侮辱罪的,这虽然不能作为一个直接的例证,但却可以成为补充强化本人见解的一个资料。当然,这有点像快淹死的人连一根稻草都要抓一把。

道垣内 在这回讨论的话题中,列举的事例在通说与佐伯说之间都是存在差距的。例如我杀了人,他人在指摘该事实之后又加上了"惨无人性"之类的评语。此时,存在比较贯通的联系,如果我的杀人行为是真实的,所言之"惨无人性"部分就不成立侮辱罪。然而,当我在交通信号灯为红色时因无汽车通行而擅自通过人行道时,因为该事实必须与公益相关,例如我像铃木君一样做了一天的警察署长(1999年铃木在警视厅池袋署干了一天的署长),或者像中村玉绪君一样也行,所以,此时如果有人在指摘了我前述事实后又写上我是"人格缺陷者",这种指摘事实的方法与所指摘的事实之间就具有了过度的关联。遵循通说的理论框架,"无视信号"与"人格缺陷"的叙述之间就是相互独立的,后者自然存在构成侮辱罪的问题。

佐伯 实际上我也如此认为。结果就是一个能否将事实与评论分而论之的问题,在两分的基础上,将被证明为真实的事实指摘部分与评论的部分进行比较,如果评论部分与事实不和,通说也认为成立侮辱罪。这样一来,自然是在阐述相同的问题,而以往的争论也不过是个假象问题。刑法学中也有道垣内君这样的观点,并在寻求和解的道路上。

道垣内 我还注意到的一点是,与公共评论的法理·公正议论的法理的关系。因为我是国立大学的教师所以也是公务员,在"国立大学的法学教师、一日的警察署长竟然无视信号"的标题下,无视信号的事实被报道出来,叙述中使用了"惨无人性"、"人格缺陷"等夸大其词的说法,结果得出了"不适合做公务员"的判断。但是,在毁损名誉的问题上,有判决认为,如果是"公正的评论"就否定名誉毁损的成立,民法学说中对此一般也予以肯认。因此,在指摘的事实是真实的时,将针对该事实的评论是公正的作为否定名誉毁损的要件,就意味着不存在与公共活动无关的人身攻击,该评论与公共利益相关,评论的对象有关公共的利害,所以,如果最终得出"不适合做公务员"这样的结论,那么似乎还是满足上述要件的。并且,因为所谓评论是发表自己的意见与评价,所以即使一般人无法从"闯红灯"推导出"人格缺陷"再得出"不适合做公务员"的结论,但只要评论人自己如此思考,也就应当保护之,即不能追究他的责任。如此一来,仅将评论部分独立出来使之成立侮辱罪的场合,能在多大程度上存在呢?

佐伯 首先,所谓因评论而成立侮辱罪有两种情况:一种情形是,例如当A被说成是穷凶极恶的人时,听者也许要推测作为基础的事实,并据此降低被说之人的社会评价。另一种情形是,由于遭受公然的侮辱,作为人遭受不值得他人尊重这样的评价。

关于前者,在详细地指摘事实并以此为基础加以评论的场合,听众可以自己判断评论的妥当与否。因为被评论为穷凶极恶的人,所以肯定发生了某些事情——这种推测并不当然发生。即使被评论为闯红灯是无人性的,因为听者不会简单地接受,所以社会评价被伤害的可能性并不大。至多不过是降低了与闯红灯相同程度的评价而已。

所以，如果基于事实进行评价并且评价是真实的，因为之后是听取方的自我判断问题，所以，不管评论合理与否，都没有必要追究评论人的责任。这不就是公平法理的追求吗？

道垣内 一般而言，没有平衡事实与评价的必要。

佐伯 在与事实之间失去均衡的评论中，也存在评论失衡与表达方法失衡两种情形。在评价与普通人的理解之间失去一定幅度的场合，即使稍有失误也不追究责任。因为这种因评价不妥当而遭受的名誉损害，与其说是被评价方不如说是评价方。与之相对，在表达方式本身脱离社会常规这样的场合，在刚才所提之后者的意义上是可以构成侮辱罪的。这种场合，因为侮辱的表达方式是公然的，所以，不适用公平议论的法理。

道垣内 只是，界限是非常微妙的。刚才说到了民法中也没有疑义，但与其说是没有疑义不如说是提出疑义的人不多。因此，议论还不够精致。其中，平井宜雄先生曾指出："从与事实的报道相比充斥着各种评论的现在来看，今后应如何进行评论是重要的法理课题之一"（参见平井宜雄：《债权各论Ⅱ侵权行为》，第50—51页（1992年））。这不正是对"公正的评论"之法理进行的扩大化批判吗？

佐伯 如你所言，界限是微妙的。

6. 名誉侵害与隐私侵害的关系

佐伯　最后，我们讨论一下名誉侵害与隐私侵害的关系。虽然我的看法也许是独自说，但由于名誉是对人的人格价值的社会性评价，所以像伤害身体那样的与人的人格价值无关的事实即使被指摘也不构成名誉毁损。如果不这样的话，身体障碍者就会随时遭受名誉的毁损了。当然，我并不认为公然指摘他人的身体障碍在刑法上完全没有任何责任。那种在他人面前公然评价某人的做法，因为可以使被评论人之作为人的价值遭受损害，所以可视情形构成侮辱罪。通说认为，指摘事实可以构成毁损名誉罪，而我认为构成侮辱罪，这就是差别所在。与人的出生相同，因为人不能自己选择如何出生，这与人的人格价值无关，所以即使这一事实在现实世界中降低了人的社会评价，也不构成毁损名誉的事实。像这样的事实，就不是名誉的毁损而是隐私的侵害。

道垣内　因为在民法上只要承认损害赔偿即可，所以称为"侵害隐私"就可以解决问题，而在刑法中就必须在与侮辱罪的关系上进行精致的思考。

佐伯　即使出生、身体障碍等与人的人格价值无关的事实被公然指摘也不构成毁损名誉的见解遭受了不少非议。这虽然主要是出于如果不进行约束就可能导致局面之恶化的考虑，但一方面，如刚才所说的可能构成侮辱罪，另一方面可能因侵害隐私而成立侵权行为。

最近有一则案例，某小学教师出身于被差别部落的事实遭到公然指摘。针对该指摘,原告提起了毁损名誉与侵害隐私两方面的损害赔偿诉讼,高知地方裁判所认为,因为出身于被差别部落的事实与人的人格价值无关,所以不是毁损名誉的事实,而只构成隐私的侵害(参见高知地判平成4・3・30判时1456号,第135页)。在讲课时,我将该判决作为与我的名誉概念进行了调和的案例进行了介绍。当然,因为在讲课时不应只介绍与自己的观点相合的案例,所以我也介绍了其他的民事判决,例如,某公司的经营人在扩大经营时规避强制手段——住进三十多亿日元的豪宅,用镀金的灯、钻石的别针、1 000万元的洗漱设备,并且,因原因不明的高烧秘密住进了医院,一年前就曾因糖尿病导致的眼睛视物不清而住过医院,健康已经很难恢复了——等事实被公然指摘,有可能造成经理的社会评价降低,所以,构成对原告名誉的损害(参见东京地判平成2・5・22判时1357号,第93页)。但在我看来,对经理的描述并不都构成名誉的毁损,例如对健康状态的描述就应属于对隐私的侵害。而对于住宅以及使用物品的描述是否构成毁损名誉也不无疑问。我认为这一事件本应属于对隐私的侵害。

道垣内 我认为,虽然定义名誉的毁损本来就没有什么意义反而会带来不好的影响,但还是应该仔细地考虑被侵害利益的性质,应该准确地区分隐私是被侵害利益的场合与社会评价是被侵害利益的场合。

所谓的隐私侵害与社会评价侵害是不同的,实际上也是一个意想不到的问题点。1999年12月1日,国会通过、2000年4月开始施行的是民法的禁治产・准禁治产制度改正法,即成年后见登记制度,在讨论这一立法时,曾有见解指出:过去的禁治产・准禁治产制度,是将接受的宣告登载于本人的户籍之上并防止他人利用的制度。所以,这回虽然制定了成年后见登记制度这样的不同制度,但在立法之前的议论过程中,还是有学者曾经指出:"如果不登记在户籍上,就等于法律从正面承认了接受禁治产宣告是不名誉的事情"。

我认为这是相当尖锐的发言。在此之前的议论都没有严密地区分"使本人的社会评价降低"与"是本人的隐私问题"。不在户籍上进行登记,并不是因为成年后见制度的利用会降低本人的社会评价。因为归根结底是有关隐私的问题,所以必须明确的是仅在交易上必要的人才会被纳入可以存款的个别制度中。

佐伯　确实如此。重要的是,即使现实世界中存在着偏见而认为成年后见制度的利用会降低本人的社会评价,法律也不应认为这构成名誉的侵害。这种情形,与其说是事实问题,不如说是个规范的评价问题。虽然我不是很懂,但听了道垣内君的意见后信心倍增。

道垣内　民法的范围也是很广的。这回彻底地感觉到了学习上的不足,所以无法进行充分的回答。

佐伯　哪里的话,应向您请教的地方太多了。本回对话到此为止,下回还请多关照。

第十五回
从试管到墓场(1)

1. 精子·卵子·受精卵
2. 关于人的始期
3. 父母的监护权
4. 成年拟制与拐取未成年人罪
5. 以结婚为目的的拐取
6. 伪装结婚·伪装离婚与公正证书原本不实记载罪

1. 精子·卵子·受精卵

佐伯 本回将以"从试管到墓场"为题,讨论从人的出生之前直到死亡之后的阶段上民法与刑法如何处理的话题。试管当然指的是通过体外受精技术而制造的受精卵的诞生,因此,我们首先从受精卵谈起。

众所周知,人的生命诞生经历如下过程:精子与卵子结合受精,受精卵在子宫上着床、分裂、发育成为胚胎,长成胎儿,而后胎儿出生。刑法中区分胎儿与人,与对人的保护相比,刑法对胎儿的保护相当薄弱,仅规定有堕胎罪。并且,因为一般认为受精卵在子宫着床后才成为堕胎罪保护的胎儿,对于着床之前的受精卵则缺少特别的保护规定。因此,关于受精卵可否作为刑法上的物而由财产犯进行保护的问题引发了争论,但大多数的刑法学者认为,受精卵是人的生命而非物。因此,即使盗取他人的受精卵也不构成盗窃罪,破坏受精卵不构成损坏器物罪(包含文献的引用,参见平塚志保:《关于胚的保护与胚的实验·研究的预备性考察——从刑法的视点出发》,载《北海学园大学法学研究科论集》1 号,第 145 页以下(2000 年))。虽然多数医学用语仅将受精后、细胞分裂开始之前称为"受精卵",此后便称为"胚胎",但下文中我们不打算采用医学上的如此精确的分类方法进行论述。

道垣内　第三人持有医院中的试管内的受精卵时也不构成盗窃吗?

佐伯　通说认为是不构成的。

道垣内　这可真是!

佐伯　稍作补充,刑法中讨论的对象是通过体外受精而造出的位于母体外的受精卵。对于母体内的受精卵并非物的问题早已不存在异议。

道垣内　在子宫内着床的受精卵作为胎儿进行保护,而在试管内的受精卵则并非胎儿,并且也不是物,是这个意思吧?

佐伯　是的。因此,我首先想问的是母体外的受精卵是否是民法上的所有权的对象。说得具体一些,前述例子中被盗试管中的受精卵的被害人拥有对受精卵的物权性返还请求权吗?还是拥有对受精卵的亲权、监护权?

道垣内　可能是我学得不够透彻,如佐伯君刚才所说,分裂开始后的受精卵称为胚胎,不能成为所有权客体的议论是以这种区分方式为前提而展开的。在此基础上,如下问题主要从伦理的观点出发展开了议论:人工生殖程序中剩余的受精卵能在何种程度上被用以研究?利用冷冻保存受精卵时是否需要即时的同意,以及需要谁的同意(精子提供者、卵子提供者还是双方)?

但是,在将破坏受精卵等问题与民事责任问题联系起来时,对所有权的所在作同一性考虑是更为合适的。因为民事上也无法将其作为固有的法主体进行保护,也不存在法定代理人,因此,在考虑如何保护时,不得不依赖于其他人的所有权保护,简单地说"所有权的客体是物,所以不行"的话,问题是不会得到解决的。

如此一来,虽然应考虑归谁所有,但存在于母体内的胎儿却可以成为侵权行为法的保护对象。有判例认为可以对胎儿实施侵害,因之导致身体障碍的出生儿在出生后拥有损害赔偿请求权(参见熊本地判昭和48·3·20判时696号,第15页),而在胎儿因侵害而死产时,可视为对母体的一部分的侵害,当然可以由母亲行使损害赔偿请求权。因此,必须重新考虑的问题与刑法上的相同,仍然是如何看待试管内的受精卵。

以往的议论认为,虽然人的身体基本上不可能构成所有权的客体,但在与人体分离并具有经济价值的场合,可以作为所有权的对象。例如出售头发用于制造假发时。因此,脱离男性身体的精子之所有权由该男性拥有,脱离女性身体的卵子之所有权由该女性拥有。故而,受精卵可以视为由该男女共有,也可以认为精子与卵子的大小全然不同,因为精子是被纳入卵子之中,精子与卵子附合而构成受精卵,因而应归女性所有。

佐伯　根据卵子与精子的大小决定受精卵的归属的做法不会受到男性的反对吗？所有权归谁所有的问题暂且不论，道垣内君认为，受精卵之所有权是可以搞清的议论非常重要，我也确实听明白了。实际上，由于受精卵被盗取后的请求返还非常困难，所以只有实施作为请求返还之法构造的物权性返还请求权。

刑法中，虽然人的生命不是物的问题简单明了，但实际上，对于有人盗取或毁坏受精卵的处理问题，如果认为"这不是物，所以没有办法"的话是会受到相当的质疑的。当然，无论处罚的必要性有多高都不违反罪刑法定主义，而将受精卵解释为物的做法也不违反罪刑法定主义。虽然希望将受精卵本体作为独立的法益实施保护并立法，但与其在现行法中将受精卵从刑法的保护中排除出去，倒不如考虑间接地利用财产犯实施保护。但是，这只是少数说，我本人也存有困惑，曾私下里认为，如果民法将受精卵作为所有权的对象，刑法中也可以将之作为财产犯的对象。因此，听到道垣内君的意见后，也有"这太好了"的感觉。今后道垣内君的见解在多大程度上被接受的问题是值得玩味的。

道垣内　我觉得评价会很差。我本人也并不是非得主张就是物、就是所有权的客体。但是，这并不是一个静待立法出台就可以解决的问题，也不是在被盗时仅凭借刑法上的保护便足矣的问题。

实际上，精子与卵子都被认为具有财产上的价值。在美国发信，通过网络拍卖时装模特的卵子的现象等都曾有过吧。美国还曾有过丈夫的精子没有生殖能力所以购买精子的例子，而且据说身高与智商越高价格就越高。

佐伯 因为精子和卵子本身不会直接成为人的生命,所以可以被承认为财物。虽然该问题在刑法学中并未展开深入的讨论,但认为受精卵与胚胎不是财物的刑法学者也承认脱离身体的精子与卵子是财物。

道垣内 成为受精卵之前的精子与卵子具有容易成为所有权的客体、财产法上的财物的性质。设想它们类似于头发。然而,由于一旦受精后就具有成为一个人格的基础,所以议论变得错综复杂,有些让人多愁善感了。

佐伯 是的。如果允许以克隆技术制造人类的话,在某种意义上,细胞就是生命的基础。

道垣内 确实如此。

佐伯 动物也是生命但却被视为财物,这几乎没有人质疑。因为人的生命有别于动物的生命。将人的生命等同于猴子是不行的,是对人的侮辱,虽然反对进化论的创造说论者的观点也有一定的影响。当然,因为不允许将人作为财产权的对象,所以作为人之萌芽的胚胎也不能作为财产权的对象,这种议论是可以理解的。在过去的美国南部,因为黑奴是财产,所以盗窃黑奴等同于盗窃马匹,会受到很重的处罚;与之相对,白人杀害黑奴时不构成杀人罪,处罚很轻,甚至有些州仅作为损害赔偿处置。毋庸置疑,这种法制度现在是不被接受的。但是,对人、胎儿、胚胎,特别是初期的胚胎作不同看待的做法似乎也并非绝对不被允许。

为准备这回对话而接触到的让我感觉很有意思的是，德国民法典最近作出了修订，规定动物非物（《德国民法》第 90 条 a）。似乎是认为动物与人一样可以感受到痛苦的存在，所以非物。并且，由于法律还规定关于物的规定准用于动物，所以结果是相同的，但在明确原理·原则这一点上很有德国特色。刑法上一直将动物理解为物品。

道垣内 1990 年 8 月 2 日的改正吧。1988 年，《奥利地民法典》第 285 条 a 中规定："动物非物"，德国民法参照奥地利民法作出了修订。法国在 1999 年 1 月 6 日的法改正后，民法上也规定了"物"与"动物"的区别（参见青木人志：《从法文化论看法国动物法的新展开》，载《一桥论丛》122 卷 1 号，17 页（1999 年））。

佐伯 关于胚胎只要立法就一切变得清晰，欧洲各国都规定了规制胚胎的实验，以及保护胚胎的特别立法。与欧洲各国早已立法相比，日本尚未立法，之所以出现这种差异，是因为两种立法文化的差异：日本是在出现新问题后立即立法进行规制，而欧洲是尽可能地预先立法以避免问题。而且，关于克隆人实验的规制问题，政府已经在准备法案了（此后，国会制订了《关于对人的克隆技术等的规制的法律》。参见甲斐克则：《论人·克隆技术等规制法》，载《现代刑事法》24 号，87 页以下（2001 年））。

道垣内 但是，欧洲各国的胚胎保护法并不是以所有权概念为基准的。

佐伯 是的。

道垣内　德国的胚胎保护法禁止制造超过移植所需之必要数目的胚胎,对于在结果上无法移植的胚胎,一概不能用于研究目的。换言之,结局上必须废弃。

佐伯　关于利用胚胎实验的德国法的立场是非常严厉的。日本产科妇人科学会承认一定范围内利用胚胎的研究。此种场合,如果采用所有权构成,那么所有人放弃或让与用于实验用的受精卵之所有权时,研究者就成为了受精卵的所有人。

道垣内　是的。一般情况下,视为希望采用人工授精措施的夫妇放弃了对无法移植的受精卵的所有权。不过,根据指南仅限于研究目的的让与意思,对于不遵守指南的研究,卵子与精子的提供者很容易提出异议。因为对所有权的放弃是有限度的。

佐伯　说到放弃构成,是指研究者原始取得被放弃了所有权的受精卵呢,还是先占无主物呢?

道垣内　这确实有些奇怪。还是认定为让与吧。

以所有权概念为中心时,确实必须进一步诘问,但仅仅提出是谁之所有物的问题就会招来反问。如前所述,各国在将胚胎作为一定的人格进行保护的问题上有些说得过头。舍弃也内在于法律之中。如此一来,仅凭借一定的人格是无法作出说明的。

佐伯　确实如此。人工授精中疑难问题很多,仅作上述讨论是不够的,但还是让我们转向下一个话题吧。

2. 关于人的始期

佐伯 下面谈论胎儿与人。如前所述,刑法仅能利用堕胎罪保护胎儿,远弱于对人的保护,在日本,根据母体保护法终止人工妊娠的做法得到了广泛的认可。其结果是对胎儿的保护进一步减弱了。

因此,胎儿在何时成为人就成为重要的问题。众所周知,在刑法学中关于该问题存在着独立生育可能性说、阵痛开始说、一部露出说、全部露出说、独立呼吸说等主张,并以一部露出说为通说。

与之相对,刑法各论的讲义中都认为民法中以全部露出说为通说,这种对民法学说的理解是合理的吧?

道垣内 对。但是,一般情况下是全部露出说与独立呼吸说的对立,阵痛开始说与一部露出说是不存在的。四宫和能见两先生的著述中曾作如下说明:"在民法中考虑继承等法律问题时,应当从哪一时点赋予出生儿作为权利·义务主体的地位更为合适之角度出发进行判断。其结果是,民法中人的始期略晚于刑法"(四宫和夫、能见善久:《民法总则》,第 5 版,第 26 页(1999 年)),说得更深入一些的话,这是个在观念上何时成为权利·义务主体的问题。如果没有与母体脱离,独立的法人格的感觉是不存在的。所谓的独立呼吸说认为,只有可以独立并生存才开始构成人的思考方法,但关于该学说,辻正美君批判道:"在养育未熟儿的医学如此发达的现阶段,已经不能再采用独立呼吸说了"(辻正美:《民法总则》,第 43 页(1999 年))。

佐伯 这可能是我的单纯臆测,德国民法明文规定"人的权利能力始于出生完成",日本民法学的全部露出说是否可能是对德国民法的原样照搬呢?因为日本民法条文中仅规定"始于出生",固然可以解释为始于出生的完成,但解释为始于出生的开始也没有违反法条吧?

道垣内 但是,研究德国民法学的泰斗鸠山先生采用了独立呼吸说。"以自己的肺脏独立呼吸时解释为独立生存的开始"(鸠山秀夫:《增补改版日本民法总论》,第 43 页(1930 年))。观念的问题还是很强的。

关于一部露出说,辻正美君认为其弱点在于胎儿死亡时"无法判断究竟是一部露出后死亡还是之前死亡"(辻正美:前揭书,第 43 页)。如果在完全露出阶段业已死亡,究竟是何时死亡的,是生产中死亡,还是出产中的哪个时点死亡?等等问题是无法查清的。然而,如果刑法采用一部分露出说为通说,也会引发为何采用该学说的疑问。这会怎样呢?

佐伯 刑法中的一部露出说的根据主要是,在一部露出的时点,他人就可以对胎儿与母体实施独立的攻击。但是,与之相对,也有批判认为即使胎儿位于母体内也有可能受到独立的攻击,而更为根本的批判指出:是人还是胎儿应根据客体的价值,即生命的价值决定,上述根据以是否可以进行独立攻击进行判断的思考方式是怪异的(参见平野龙一:《犯罪论的诸问题(下)》,第 260 页(1982 年))。此后,也有学说根据该批判指出:仅从出产过程对于生命具有值得保护的优厚价值出发就采用全部露出说,是一种类似于狮子的父亲式的坚韧说(参见小暮得雄等:《刑法讲义各论》,第 15 页(町野朔)(1988 年))。

但是,因为考虑到出产过程对于生命来说是一个困难时期就应优厚保护,所以可以采用较弱保护的想法,是我无法理解的。清除困难的阶段就可以增加生命点数的做法是电视世界中的话题吧。我不认为出产前后生命的价值会存在差异,更不认为全部露出前后生命的价值会有所不同。

重要的是,依据生命的价值决定问题的立场本身也无法为全部露出说设定根据。如果生命的价值不能作为衡量的基点,其结果只能是以形式论加以决定。此时,明确性的问题是至关重要的,关于这一点,有意思的地方是,刑法认为全部露出说的方法是很难证明的。在出生的婴儿受伤而死亡的场合,该伤害是在一部露出后遭受的事实可以比较容易地得到证明;与之相对,该伤害究竟是一部露出还是全部露出时遭受的事实之证明,会因目击者的陈述不同而大相径庭,从而难以证明(参见大谷实:《刑法中人的生命的保护》,载平场安治等编:《团藤重光博士古稀祝贺论文集第2卷》,第342页(1984年))。即言之,刑法中的观点与民法截然相反。

无论如何这都是形式论的东西,我赞同平川先生的说明,即:胎儿的一部分从母体露出时,胎儿就失去了母体的包摄性因而成为人(参见平川宗信:《刑法各论》,第37页(1995年))。据此,一部露出说不是挺好的吗?

确实不同于民法。民法以不露出一部的阶段与露出一部的阶段为问题,在哪个阶段上死亡的问题并不明确。刑法以一部露出阶段与全部露出阶段为问题,在哪个阶段上受到攻击的问题并不清晰。

对民法而言,重要的是死产还是出生时有否瞬间存活的问题。只要曾在瞬间存活,就拥有继承权。但是,如果是死产的话就没有继承权了。与之相对,对刑法而言,重要的是受到攻击的时间。虽然这一点我不是很清楚，但应该是如下理解吧：如果胎儿完全存在于母体内时受到攻击，因为这是间接性攻击，法医学可以搞清楚这点。如果是在已从母体露出头部后受到直接攻击，就与完全露出阶段上受到的攻击相同，无论哪一种都是对婴儿头部施加的伤害，因而很难再作区分。所以，采用一部露出说。

佐伯 在明确性的问题上确实如此。关于人的始期，最近有一个引起议论的问题点，较有力的主张认为：在母体外无法存续生命的时期出生的胎儿，即使此时的胎儿是活体也不能构成刑法上的人（参见小暮等：前揭书，第 16 页，町野朔；前田雅英：《刑法各论讲义》，第 3 版，第 10 页（1999 年）；山口厚：《问题探究刑法各论》，第 13 页（1999 年））。为了说明这一点，该见解认为：对于在母体外无法存续生命的胎儿，既然母体保护法承认一定条件下的人工妊娠中止，而利用人工妊娠中止将活着的胎儿从母体中排出致其死亡的做法不会构成杀人等犯罪。关于胎儿在母体外无法存续生命的时期，厚生省的次官报告认为：根据目前的医疗水平，该时期是指妊娠周期未满 22 周（参见平成 2 年 3 月 20 日厚生省发健第 55 号厚生事务次官通知）。因此，根据该见解，对于妊娠未满 22 周而出生的胎儿，不作为人进行保护。

但是，因为妊娠未满 22 周而出生的不仅包括人工妊娠中止的场合，还包括通常的早产的场合，所以，如果认为这时的胎儿都不是人，那么如果有活着的胎儿在妊娠满 21 周时接受未熟儿医疗手术而出生，则此时即使有第三人对其实施杀害也不会构成杀人罪。而由于杀害母体外的胎儿时也很难认定为堕胎罪，所以，结果就是对这种行为无法处罚。此时当然也不适用损坏器物罪。查看一下医学书籍，对于妊娠未满 22 周的未熟儿，如果双亲希望进行未熟儿医疗手术，手术后胎儿存活数10天的例子还是存在的。刑法如不对这种生命进行保护，显然是不当的。在胎儿因人工妊娠中止而出生的场合，可以在作为义务或者违法性阶段上解决，为了处理类似场合，一概认为其不属于人的做法是将洗澡水与孩子一起泼掉。

道垣内　但是，如果将人工妊娠中止的场合作为作为义务或者违法性的问题来处理，对超未熟儿能否实施未熟儿医疗必须取决于双亲的希望与否，这就会出现新的问题。此时，如果双亲不希望实施医疗行为或者医师不实施医疗行为，作为义务与违法性都不存在，从而也无法将其作为人进行保护。其结果是，由于未熟儿医疗技术的发达，母体保护法的运用基准将被迫修订。

佐伯　确实，如果将超未熟儿解释为非人的话，是很容易说明双亲与医师的不作为是不可罚的，但是，如果将现实中施行了医疗的超未熟儿一律不作为人看待，就存在即使胎儿遭受第三人的攻击也不受保护的问题。例如，即使第三人杀害了接受未熟儿医疗的妊娠满第21周的胎儿，该杀害行为也是不可罚的。对于该结论，我无论如何不能赞成。如此一来，对于因人工妊娠中止或自然早产而出生的妊娠未满22周的超未熟儿，在双亲不希望实施医疗而致其死亡时，需要在认定该超未熟儿也是人的基础上说明上述不作为为何不构成杀人罪或保护责任者遗弃罪。

一种说明是，针对没有生育可能性的超未熟儿，不存在实施医疗的作为义务。这是一直以来的一般性说明。但是，该说明中并非不存在问题。

首先，以往的学说想定的是即使实施医疗超未熟儿也会在数小时后死亡的事例,但是,在超未熟儿可能生存数十天的场合中,不得不认可作为义务的存在吧?因为即使是生命处于末期的患者,只要他希望实施治疗,就不能否定医生的作为义务。因此,为了否定针对超未熟儿的作为义务,就不得不认可生育不可能的超未熟儿与出生后的人之间的差别。即言之,在超未熟儿的场合,与生存可能性相比,生育(成育)可能性更受重视。尽管在妊娠满21周的期间上可能生存,但如母体保护法的次官通告中未做改正的部分所述,母体保护法中的"可在母体外保续生命的时期"并非单纯的数日或数十日的生存可能性,而是指成长的可能性。这种解释,显示出在认定人的始期与终期时不同的思考方式在起作用。因此,对于不存在生育可能性的超未熟儿与生育后的人,为救助生命而存在的作为义务的差异解释也并非没有可能性,但对于这种关于人的生命价值存在差别的问题,抵抗可能是会很强烈的。

依赖作为义务解决的另一个问题是,在以作为方式实施杀害的场合构成杀人罪。我认为不作为犯的处罚范围窄于作为犯,但有见解对该结论提出了质疑。

作为另外的说明,从正面认可由双亲决定是否治疗的理论构成也是可能的。对于生命处于末期的患者,如果本人不想治疗,则医生不负担作为义务,因此不治疗的不作为不会构成犯罪。而未熟儿不能自己表明意思,因此,在即使进行治疗也只能延缓死亡而没有生育可能性的场合,双亲可以代替他表达不人工延缓死期而等待"自然死亡"的意思。这既可以看作医疗义务问题,也可以看作因尊严死而阻却违法性的问题。如果视为尊严死的问题,则即使在以作为方式使其死亡的场合,也可以在一定范围内承认阻却违法性。治疗义务的问题则可能与更困难的如下问题相关联:如何看待对可能生育但留有残障的可能性极高的未熟儿实施治疗。

或许还有其他更好的说明方法，与其说只要在母体外不存在生育可能性则一律不构成人，倒不如在认定为人的方向上努力说明一下。以上是刑法的说明方法，在民法中，只要活着出生，即使在母体外不存在生育可能性的也是人，即使出生后随即死亡也拥有继承权，是这样吧？

道垣内 民法中确实是这样考虑的，但也并非没有反省的余地。

刚才我曾提到，随着超未熟儿医疗技术的进展，似应修订母体保护法的运用基准，这也可以准用于民法的出生时期。而且还可以反用之。

如果从母体中生出后，胎儿在瞬间是存活的，民法一般认为此时的胎儿具有法人格，出生后的婴儿在短时间内存活时赋予法人格的结果是，如果其父亲在其未出生时死亡，则发生代位继承，母亲继承的份额得以增加。这可以说是唯一的效果。但是，我的感觉是，赋予短时间内存活的婴儿以继承权是否合适？没有在一定期间以上生存可能性时赋予其权利能力是否合适？

说到该问题时，大家可能会认为我在说些无用的话题，但实际上早产与流产的界限也随着医学的进步发生了变化，一直以来是以可以在母体外独立生存的第22周或23周作为界限，之前是流产，之后是早产。所以，在出生时死产的问题仅在早产中发生。但是，过去被认定为流产的事例中，现在也可能被作为早产而应该努力实施未熟儿医疗。

这意味着什么呢？即使10年前被单纯地评价为流产的问题中，也有脱离母体后仍短时间内存活的胎儿。而根据现在的医疗水准，出生时体重是否达到 500 克是是否实施超未熟儿医疗手术的基准,但也有未达到 500 克但仍在短时间内存活的例子。因此,随着超未熟儿医疗技术的进步,将来可能会出现认定为早产但死亡的新生儿。但是,现在的状况是存在不治疗也可在短时间内存活的例子(当然,在流产时,胎儿大多死于母体内,此时不会出现问题,我所说的是与早产相连续意义上的流产)。

不打算治疗时以流产处理,只是生存的时间较短。在相当短的时间内存活时,一直以来的观点虽然坚持全部露出说,但将这种情形作为流产处理,认为不发生继承权的问题。在某种意义上,是将母体外生存可能性作为实际的基准。这样的话,就存在将其押于前部、展开解释论的余地。现实中进行了超未熟儿手术,该未熟儿在一定期间内存活时,在此期间当然可以利用刑法进行保护,杀害该未熟儿的行为也是民法上的侵权行为。但是否有增加母亲之继承份额的必然性呢?对于继承可以如此处理吗?问题越来越不明确了。

佐伯 的确如此。在民法上也存在问题。话题又返回去了,根据《民法》第 721 条的规定,胎儿是指已经出生后的阶段。根据该宗旨,出生前是没有权利能力的,如果遭受侵害,可以在出生后溯及至侵权行为发生时认可权利能力的发生,这被称为停止条件说,或者认为侵权行为发生时主体具有权利能力,并以死产作为权利能力消灭的解除条件,这被称为解除条件说。这是单纯的法律构成问题呢,还是如下两种关于胎儿的人格价值的见解之差异造成的呢? 一种是认可胎儿的人格性存在,即胎儿本来便是人的思考方法;另一种是胎儿本来就不构成人的思考方法。

道垣内 嗯，可能并非如此深刻的话题。说话方式成了长岛监督式的了，这一点暂且不谈。在胎儿的时点上，父亲因侵权行为而死亡时，规定胎儿可继承损害赔偿请求权，对此，存在两种典型的对立观点。我妻荣先生认为："在配偶与胎儿为继承人的场合中，认为胎儿没有权利能力，所以首先由配偶与直系尊亲属继承，在胎儿出生后再恢复继承的做法是甚为不妥的。应首先由配偶与胎儿继承，当胎儿出生而没有存活时再改变继承关系的做法才是妥当的。……并且，认为胎儿在被视为已出生的范围内拥有限制权利能力，并设定法定代理人，而在其出生却无法存活时再溯及地使权利能力消灭的解决方法不是妥当的吗？"（我妻荣：《新订民法总则（民法讲义Ⅰ）》，第52页（1965年））；而另一方面，辻教授认为："在以胎儿的权利能力为问题的场合中，母亲与胎儿的利益多是相反的，反而有可能侵害胎儿的利益"（辻正美：前揭书，第48页）。

此外，冈村玄治先生认为：胎儿取得固有的损害赔偿请求权，即使在其死产时该权利也不消失，而是由胎儿的继承人继承该请求权（参见冈村玄治：《债权法各论》，第733页（1929年）），现在也有人支持该见解（参见野村好弘：《胎儿的法律地位》，载《Jurist》903号，第96页（1988年））。如此看来，似乎可以说已经将胎儿认定为人。我也犹豫是否可行。

不好意思，话题稍作改变，关于出生时期的学说对立就像自文艺复兴时代以来的占星学派之间的对立。

佐伯 唉？

道垣内　　高阶秀尔先生的《文艺复兴夜话》(河出文库·1987年)中提到的,我好不容易读完了。"所谓占星术,从根本上讲,就是人出生瞬间天体的配置将左右人一生的命运的思考方法,所以如果不正确地确定'出生的瞬间',就无法继续推进夜话。时间相差几小时,天体的位置就完全不同。严密地说,天体是每时每刻都在变化的。因此,尽可能精密地探求出生时间的努力便来自于占星术的诞生。在文艺复兴时代,关于'出生的瞬间'是指哪一时间点的问题,存在着:(1)孩子的脑袋露出时;(2)脚同时露出时;(3)剪断脐带时;(4)发出最初的声音时等四种解释,围绕这四种解释,出现了四种流派"(第202—203页)。

佐伯　　原来如此。

道垣内　　但这个话题有个漏洞,当时没有准确的时钟。

佐伯　　哈哈。

3. 父母的监护权

佐伯　　我们转向下一个话题,讨论出生后从孩子成长为大人这一时期的问题。问题很多,因少年法方面过于宽泛而无法讨论,所以我们简单地谈一下刑法中的拐取未成年人罪。①

关于拐取未成年人罪，判例认为，其保护法益不仅包括未成年人的自由与安全，还将亲权者的监护权作为独立的保护法益，我在此前便对这一问题持有疑问。将监护权也作为保护法益将与如下问题产生关联：监护权人的同意是否阻却犯罪的成立？监护权人是否拥有告诉权？关于后一问题，因为《刑诉法》第231条规定"被害人的法定代理人可以独立告诉"，因此，没有必要将监护权作为独立法益并将亲权者作为被害人。关于前一问题，应认为即使监护权人同意也可成立犯罪。如果以监护权作为独立法益，则会出现如下问题点：在未成年人违反父母的意思而与自己喜欢的人同居时，因父母的监护权受到侵害所以成立诱拐未成年人罪。当然，未成年人的年龄存在很大差别，诱拐10岁的女孩子时当然构成诱拐罪，问题在于满18岁的女大学生与自己喜欢的男子同居时如何处理。

作为议论的前提，我首先想了解的是民法的监护权中是否会出现这种情况，在孩子成人之前，亲权者的监护权是一直存在的吧。具体地说，如果女大学生不顾父母反对与该男子同居时，父母是否可以行使监护权呢，是否可以发布以居所指定权为基础的"快回家！"的命令？

道垣内 首先，刑事判例中的未成年人具体是多少岁？

佐伯 判例不是我提出问题的事例，但15岁与17岁的判例出现过。但最近的下级审判例中有认定为胁迫罪而非拐取罪的事件，该判例的意

---

① 即日本刑法中的略取、诱拐罪。略取是以暴行或者胁迫作为手段的情形，诱拐是采用欺骗或者诱惑手段的情形，两者合在一起被称之为拐取。

义是深远的。一位40多岁的活动家不顾女孩父亲的反对,告诉其父将要带该女孩离家出走,对此,判决作如下陈述:"满18岁的大学生之决定自己行动的意思自由理应受到相当程度的尊重,本人甚至可以根据自己的自由意思决定脱离亲权的保护关系并与特定的人物或政治集团共同行动,在本人作出上述希望的意思表示时,只要亲权不具备对上述意思决定进行介入的特定事由,则第三人使上述未成年人脱离亲权的保护关系的行为并非对其自由的侵害",并因此否定了胁迫罪的成立(参见大阪高判昭和62·9·18判夕660号,第251页)。

道垣内 好像有几点说得过了。

首先,以一般监护权而非居所指定权为基础,与民法学的议论相关的是关于人身保护法的话题。在离婚或分居时,父母间争夺孩子的事情是经常出现的,判例认为,关于幼儿的引渡请求可以依据人身保护法适用人身保护程序。但是,在人身保护程序中,要件之一是作为引渡请求的对象被"拘束",而在孩子自愿呆在某处时,孩子被"拘束"的要件是无法满足的。具体而言,一般以9岁前后划定界线,9岁前的幼儿欠缺意思能力,无法评价其是否具有呆在某处的自由意思,但9岁后的儿童只要不处于被监禁状态,就不是被"拘束"。如此看来,因为上述案件中的女孩已经19岁,所以不能适用该程序。

以上谈的是适用人身保护程序,还可以根据民法提出引渡请求。但是,提出引渡请求时,由于第三人是被告,所以还需要评价第三人侵害了监护权人的监护权。即言之,如果女孩拒绝回到监护权人身边系其自由意思,则侵害监护权的仅仅是该女孩,而非第三人。此时的问题点也在于自由意思,因而不符合私奔的条件。

佐伯君提到了居所指定权。是指如果亲权者拥有为服从于亲权的孩子指定居所的权利,就可以考虑该权利是否被侵害的问题。但是,对此多少需作细致解释,《民法》第821条的居所指定权是指"子女须以行使亲权的人指定的场所确定其居所",这是从子女的义务而非亲权者的权利构成出发的。当然,也可以说第三人妨害了未成年人履行义务,但如此一来,就变成了类似于侵害债权的话题,而只要未成年是自愿的,第三人也就不构成侵害。

因此,如果从民法的立场来看,诱拐未成年人构成对监护权或居所指定权的侵害时,应限于未成年人没有自由意志,例如未满9岁之时。

佐伯 详尽的说明!但民法中是将权利与义务区分开来使用吗?权利和义务是矛盾的两方面吧。

道垣内 一般而言,权利和义务是矛盾的两个方面。但是,居所指定权的权利构成之理解是困难的。一般将之解释为为保全父母的监护教育义务而附随性的权利,并称之为监护教育义务的履行协力请求权。监护教育义务的义务人是父母,权利人是子女。义务人拥有请求权利人协助的权利,权利人负有协助义务。

佐伯 原来如此。如果像道垣内君那样来解释监护权,将之纳入保护法益中也许不会存在问题。看来刑法学说未对监护权的内容进行充分研讨就展开了讨论。

或许因为是在大学中才教过,关于上大学后仍不能自己决定的问题,我有种违和感。20岁是成人的年龄,为何将20岁作为成人的标准这一问题在民法中有过讨论吗?直到明治时代都是以14或15岁的元服作为成人的标志吧。* 为何突然修订为以 20 岁为限呢？难道是单纯地援用外国法吗？

道垣内 确实，制定民法时社会认可的成人年龄是在 13 岁至 15 岁之间。据说修订为 20 岁的原因有三条（参见谷口知平、石田喜久夫编：《新版注释民法（1）》，第 249—250 页（高梨公之）（1988 年））。其一，外国法的影响。当时的法国法规定是 21 岁。虽然未能翻阅当时参考过的所有法典，但就我所知，意大利法也是 21 岁，没有哪个国家规定是 15 岁。其二，民法制定后，财产交易趋于兴盛，而以往认定的成年的成熟度太低。但这可以作为成年年龄提高的理由，却不能作为规定为 20 岁理由。因此，第三条理由被提出，明治 9 年太政官布告 41 号规定为满 20 岁。该规定可追溯到奈良时代编纂的养老律令之一部分的"户令"。关于该条文可追溯到以往的律令中的哪一条的问题存在议论，虽然我也不是很明白，但应该是"男子 21 岁称为丁"（井上光贞等校订：《律令（日本思想大系 3）》，第 226 页（1976 年））。"丁"是赋役的承担者，承担赋役的年龄被称为"丁年"。虽说是 21 岁，但是指数年（同上注，第 226 页，项目 6 头注）。应该是以该虚岁为基础而设定为满 20 岁，实际上，法典调查会并未对"20 岁"的年龄妥当性问题进行讨论。

佐伯 啊，奈良时代吗？那就只能哈哈一笑，没有办法了。因为现在的世界趋势是成人年龄低于 20 岁，在日本不是也有再次检讨的价值吗？

---

* 元服，指日本古时男子成年开始戴冠的仪式。——译者注

道垣内 今天讨论的不太有信心。

4. 成年拟制与拐取未成年人罪

佐伯 关于成年，有议论提出是否可以适用关于诱拐未成年人罪的《民法》第753条的成年拟制。在诱拐未满20岁但却结婚的人员时，是否成立诱拐未成年人罪。如果拟制成年的趣旨在于独立经营必要的财产法上的理由，也许可以解释为不适用于诱拐未成年人罪。另一方面，既然可以结婚，则法律认为其具有等同于成人的判断能力，因此也许可以适用诱拐未成年人罪。民法中哪种学说是有力的呢？

道垣内 最近，虽然泉久雄先生指出"着眼于结婚时精神成熟的问题，可以赋予其独立性"（泉久雄：《亲族法》，第99页（1997年）），但作如此明确解说的是少数说。四宫先生的教科书认为通说从婚姻显示的精神能力的成熟上寻求根据，但他本人认为这是种误导（四宫和夫、能见善久：前揭书，第39页）。

该观点对赋予婚姻生活以独立性的问题与认可精神成熟的问题进行了对立性的说明，并认为认可精神成熟的问题并不单纯。例如，虽然立石先生认为，结婚的体验有助于提高精神能力（参见我妻荣、立石芳枝：《亲族法·继承法》，第101页（1952年）），但结婚可以证明精神能力的成熟这一说法是另外的理论问题。虽然我妻先生指出如此认可的趣旨在于"依据父母的同意，可以保障该未成年人获得与成年人相同的能力"（我妻荣：《亲族法》，第93页（1961年）），但这也与泉先生的理论有别。未成年人在达到婚姻适龄（民法第731条）时可以结婚,但至少需要父母中的一位表示同意。即言之,未成年人的结婚并非简单地与异性达成合意并提出登记程序即可,还需要得到父母的同意。而父母则需要作出我现在仍是亲权者,但该子女脱离亲权也不会有问题,即精神上业已成熟的判断。

佐伯 这是个意味深长的见解。

道垣内 但有一个弱点,在双方的父母已经去世而被指定了监护人的场合,可以解释为无需监护人的同意,只要达到婚姻适龄就可以依据自己的意思结婚。此时也会出现成年拟制的问题。此时由谁来认证成熟度的问题尚欠缺说明。我注意到,多数说之保障婚姻生活独立性的解释方法不是也可以适用吗?

佐伯 确实如此。无论如何,仅根据既然能结婚就具备与大人相同的判断能力的理由没有足够的说服力。也不能说只要结婚就不适用少年法。
关于成年拟制我还想再问个问题,如果离婚了怎么办?还返回到未成年吗?

道垣内 关于该问题研究者尚未达成一致意见。主要有如下几种见解:具备结婚程度上的成熟,因有结婚经验而成熟,亲权者认可其结婚表示其成熟。无论根据哪种见解,成年拟制的效果都延伸至解除婚姻后。说到以保持婚姻关系独立性的见解为立场时会如何的问题,多数说认为,从保障与第三人之交易安全的角度出发,不应认为其再返回到未成年人,但也有有力说认为,在确保婚姻生活独立性的必要性消失时也可以再返回到未成年人(参见四宫和夫、能见善久:前揭书,第39页;石田穰:《民法总则》,第108—109页(1992年))。

佐伯　为保护善意第三人不是应适用外观法理吗?《民法》第94条第2款的类推适用是不行的吧。

道垣内　不。适用条文是《民法》第20条的无能力者的诈术问题。但是,掩盖已离婚的事实而继续交易时是否符合诈术标准,以及宣称"我没有离婚"时是否符合诈术标准的问题是很难回答的。这又让我联想到了NHK的播音员因隐瞒离婚事实而被节目组赶出的例子。舆论对节目组的批评极为激烈。普遍认为,凭什么要求播音员必须报告离婚的事实。

佐伯　好像博取了一片同情声。

5. 以结婚为目的的拐取

佐伯　略取、诱拐罪之一是以结婚为目的的拐取罪(《刑法》第225条),这在与民法的关系上也会出现问题。以结婚为目的的拐取罪是亲告罪,以告诉为处罚要件,如果被诱拐者与犯人结婚,只要判决并未确定婚姻的无效、被撤销,告诉就没有效力(《刑法》第229条但书)。

刑法上的略取诱拐是"使他人脱离现在的生活状态,移置于自己或者第三者的实力支配下,剥夺其行动自由"。其中,"略取"是指使用暴行或者胁迫作为手段的情形,而"诱拐"则是指采用欺骗或者诱惑手段的情形。欺骗是指告知虚假事实,诱惑是指采用甜言蜜语使对方作出错误判断,这是判例·通说的观点。

《民法》第747条规定了婚姻的撤销,其中第1款是"因欺诈、胁迫而结婚的人,可以请求裁判所撤销其婚姻"。然而,民法学中有见解认为,因为"在婚姻的成立中一般会有若干夸张与虚假的成分","虽未达到欺诈程度但使用若干威压性言行的情形并不稀奇",所以,只有违法性较强的欺诈·胁迫才符合《民法》第747条第1款的标准(参见青山道夫、有地亨:《新版注释民法(21)》,第329—330页(中尾英俊)(1989年))。如此一来,因为单纯的甜言蜜语不是违法性较强的欺诈·强迫,所以采用甜言蜜语使人脱离现在的生活状态,移置于自己的实力支配下,并在婚姻登记所登记时,是不能撤销婚姻的,结果就是处罚的不可能。是这样的吧?

道垣内 因诱惑不太高明,虽然带走被诱惑人但却未能骗其在婚姻登记处签字时,构成犯罪;诱惑高明到使被诱惑人签字时,不构成犯罪。

但是,诱拐时是否以拘束为必要呢?例如,我采用甜言蜜语将某女性骗到外人不知的公寓中生活。我在该街区找到工作,每天出去上班。在此期间,该女性在家做家事,她要买东西可以带着钱,想回以前的家时也可以回去,平时便呆在公寓里。这是刚才所说的诱拐吗?

佐伯 可以自由地回家时是不构成的。如果她逃回家你将其追上并带回公寓的,则构成诱拐。并且,在略取诱拐中,无需与监禁同等程度上的限制自由。略取诱拐的古典事例是类似于安寿与厨子王那样的诱骗并带走让其劳动的例子,安寿与厨子王是让其每天上山下海地劳动,但并没有将其封闭在某处,也没有对其进行监视。在此意义上,可以说在略取·诱拐中存在一定程度的自由。但是,在安寿与厨子王的场合,因为逃跑会被追回,所以在此意义上自由受到了限制。与之不同,刚才的例子完全可以自由地回家,所以不能说是将被拐取者置于自己的支配下。

道垣内 说到为何要将移动的自由拘束在一定程度上的问题,是考虑到婚姻中通常会存在某种程度上的甜言蜜语,因为采用甜言蜜语使其作出错误判断,所以该行为符合刑法中诱惑的定义。但是,在判断是否成立犯罪时,需要认定是否拘束了被害人的移动自由。所以,如果以拘束了移动自由的形式又采用甜言蜜语或威压性言行时,即使可以适用《民法》第747条第1款,也符合"欺诈或者胁迫"的标准。这样来处理,不就保证两法具有整合性了吗?

佐伯 被害人为成年人时或许可以这样处理,但未成年人的场合怎么办呢?刚才道垣内君曾提到,在双亲去世而被指定了监护人时,达到婚姻适龄的未成年人只要与对方达成合意就可以结婚。这样一来,行为人就可以诱骗16岁的女子并将其带回自己家结婚。虽然该女子可以想回家就回家,但会因受骗而不想回去。

道垣内 有成年监护人的成年人也会出问题。因为成年被监护人的婚姻无需得到监护人的同意(《民法》第738条)。
在未成年人与成年被监护人的场合,民法也是很容易认定欺诈与胁迫的存在的。但是,刚才我注意到的是,如果从佐伯君的立场出发,对于诱拐罪中的"诱惑"不是应该比刑法的标准作进一步的限定解释吗?以前的对话中曾提到骗女性上车并带回自己家中实施强奸的案件,判例认为骗上车回家的期间构成监禁罪,但佐伯君进行了批判。刑法学的判例·通说一般认为在没有重大错误时,被害人同意是有效的(本书第308页)。

因此,如果只是少许诱惑而无重大错误时,那么即使被害人跟犯人走,也不构成诱拐。根据诱惑这一欺罔行为的解释,只有在发生《民法》第747条第1款之可撤销的重大错误时才成立诱拐吧?

佐伯　尖锐的批判,确如您所言。如果达到了具有同意能力的年龄,只要没有关于拘束自由程度与安全的错误,即使有甜言蜜语也不构成"诱拐"。但我们以前曾讨论,究竟应从多少岁开始起算的问题是个难题。

道垣内　我想问一个问题,《刑法》第229条但书中的"婚姻"不包含事实婚姻吧。与之相对,《刑法》第225条第1款的"结婚"却包含事实婚姻。这是为什么呢?特别是,《刑法》第229条但书将婚姻限定为法律婚的趣旨是什么?

佐伯　是为了保护法律婚。即维持法所保护的婚姻关系。如果进行处罚,就有出现破绽之嫌。

道垣内　那么,不告诉好了。被害人的法定代理人可能会说要告诉(《刑事诉讼法》第231条第1款),因为如果是法律婚,就会出现刚才谈到的成年拟制问题,所以法定代理人是不存在的。因为监护权人也不存在,所以即使认为监护权人拥有独立的告诉权也不会出问题。

这还是认为婚姻中应包含宽宥的意思,或者是认为结婚与对对方为了结婚而实施的略取·诱拐的错误判断之间存在矛盾。如此一来,为何仅限于法律婚呢?

佐伯 如果像道垣内君所考虑的那样,那么《刑法》第 229 条但书中的"结婚"是指知道了略取·诱拐等事实后仍然结婚,即,仅限于知悉上述事实后结婚的情形。这是不利于被告的限定解释,可能会遭到反对。

即使像道垣内君所思考的那样,还是具有限定为法律婚的意义。即,要求以宽宥为形式而得以确定的理由。同居时,在分分合合程度上改变告诉的效力之做法是麻烦的。

道垣内 确实如此。这比"保护法律婚"的说法更有说服力。

6. 伪装结婚·伪装离婚与公正证书原本不实记载罪

佐伯 让我们继续关于结婚的话题。接下来的是关于伪装结婚、伪装离婚的有效性问题。如果伪装结婚与伪装离婚是无效的,结婚登记与离婚登记便是在户籍记录上进行不实记载的虚假登记,因此就可以构成公正证书原本不实记载罪。实际上,关于以不法入境并在日本打工为目的而伪装结婚的事件,是可以作为公正证书原本不实记载罪·同行使罪进行处罚。在民事判例中,一般认为伪装结婚无效但伪装离婚有效,这种理解对吧?

道垣内 　事实上的夫妻关系与法律上的婚姻关系的差异在于：后者负有同居·协助·扶助等义务(《民法》第 752 条)，并且不能随意地被撤销(《民法》第 770 条)，一方死亡时另一方自然成为继承人(《民法》第 900 条)，等等。这因为是登记后的法律婚，所以被赋予了法律效果；而在事实婚中，不能说因为存在着男女共同生活的实质，就可以发生上述法律效果。而在伪装结婚中，由于没有享受上述法律效果的意思，当事人之间欠缺发生法律婚的法律效果的意思合意，因而不构成有效的法律婚。与之相对，伪装离婚是指，虽然可能有实质性地继续夫妻关系的打算，但却进行离婚登记以消灭法律婚所赋予的法律效果。即使本人主观上希望享受上述法律效果，但登记产生的法律婚的法律效果却因离婚登记，换言之，因法律婚登记的无溯及性的撤回而当然归于消灭。在该限度上，即在已不是法律婚的限度上，因为存在当事人的意思合意，所以不构成无效。

　　换言之，婚姻意思与登记意思的双方自始就是法律婚，伪装离婚是指在不溯及地撤回法律婚的登记意思这一点上达成了合意，所以不是法律婚。即，法律婚的撤销有效存在。

佐伯 　原来如此。您对两者的差异，以及与结论之差异相关的不同都进行了简明易懂的说明。在无婚姻意思但有登记意思的场合，现在的民法学说大致都认为结婚是无效的吧？

道垣内 　大致如此，但问题在于婚姻意思是什么。我认为是指向享受法律所确定的法律婚的效果的定型性意思——使用定型性意思一词，是指无需对所有方面都作具体性理解。法国法认为可理解为"与特定对方使用共同的桌子与床的意思"，我国也有学者持类似见解，但也有学者认为,因为与死刑犯的婚姻也是有效的,所以该标准并不适当(关于上述问题,请参见大村敦志:《家族法》,第 118—122 页(1999 年))。

佐伯 浅田次郎的小说《情书》(中井贵一主演的电影)中描述的,日本男性拿钱后与从未谋面的中国女性登记结婚的情形,该婚姻无效,构成公正证书原本不实记载罪。如果某男性经常去某家店,店中的一位与自己相识的中国女性说签证快到期了,麻烦您帮帮忙与我结婚登记时,该男性虽无与其共同生活的意思但还是出于好意一起进行了婚姻登记,此种婚姻很容易被认为有效吧?这两种情形相同吗?

道垣内 嗯,民法上还是认为无效。

佐伯 作为配偶的外国人可以取得居住权也是法律婚姻的重要效果,不能说存在享受该效果的意思吗?

道垣内 在民法上判断婚姻的有效·无效时,需要着眼于当事人之间的平衡。因为一方可以取得居住权不是当事人之间的问题。

佐伯 原来如此。家族关系与刑法的话题还未能讨论完。让我们下回继续研讨吧。这回就到此为止。

第十六回
从试管到墓场（2）

1. 夫妻间是否成立强奸罪？
2. 占有说与亲属间相盗的特例
3. 对尸体·埋葬物的权利
4. 死者的人格权
5. 继承
6. 结语

1. 夫妻间是否成立强奸罪？

佐伯　本回将继续上回的内容，以追寻人的一生的形式探讨其中出现的法律问题。上回讨论到了婚姻的成立与否问题，本回将从婚姻有效成立后的问题开始。

刑法中最近经常讨论的是夫妻间的强奸问题。过去一般认为，夫妻之间负有性交义务因而不成立强奸罪。在较近的下级审判决（参见广岛高松江支判昭和62·6·18高刑集40卷1号，第71页）中认可了强奸罪的成立，我想其理由是夫妇双方处于分居状态，婚姻关系已出现实质性破裂，而如果不认为出现破裂的话是无法认可强奸罪的成立的。但是，我对该理由持有疑问，同时也对是夫妻就必须负有性交义务的问题存有疑问。我记得以前曾学过拒绝性交是离婚的原因之一，但作为离婚的原因与负有性交的义务两者并不相同吧。

关于该问题，如果查看一下民法的教科书，虽然夫妻之间的义务应包括贞操义务与同居义务，但教科书似乎并未列举性交义务。之所以未列举,是因为教科书的品位较高呢?还是因为本就不存在该义务呢?

道垣内 关于性交涉构成离婚原因的意义,我想做两点说明。

其一,判例并不会单纯地以拒绝性交为理由而认可离婚。在拒绝性交涉的多数情形中都存在其他要素。例如,丈夫每次提出性交要求时都伴随着谩骂、付诸暴力(参见冈山地津山支判平成3·3·29判时1410号,第100页),或者丈夫仅对色情杂志有兴趣(参见浦和地判昭和60·9·10判夕614号,第104页),或者丈夫只是神情冷漠地碰触身体(参见最判昭和37·2·6民集16卷2号,第206页;《家族法判例百选》,新版·增补,30事件),等等,这才是整体上导致了婚姻不和谐的离婚原因。当然也有纯粹地因为没有性交而离婚的判例(参见京都地判昭和62·5·12判时1259号,第92页),但类似判决并不多见。就整体上来看,不配合对方性需求之典型表现的夫妻双方间的摩擦是难以维系婚姻的重要事由,但不应单纯地将拒绝性交作为离婚事由来理解判例法理。

佐伯 这在理解判例时是十分重要的方法,我本人也这么认为。

道垣内 其二,某一天的拒绝性交并不会构成问题。只有经常地拒绝才是离婚的原因,一方于某一天说"今天身体不适"而拒绝时,不会成为离婚的原因。

因此,即使将持续性拒绝作为离婚原因,某一天的拒绝也不会成为离婚原因。

佐伯｜　刑法教科书中曾作如下记述："进入婚姻关系的合意中包含着男女意图进行性关系上的结合的合意，例如，在初夜时妻子因惧怕性交或身体不适等理由而拒绝时，丈夫强行实施性交的行为也不会构成强奸罪"（林干人:《刑法各论》，第96页（1999年））。

道垣内｜　嗯，我们先从前半部出发。

　　夫妻间的性生活应是作为婚姻基础的重要事项，这也是从最高裁判例中得出的认识（参见最判昭和37·2·6民集16卷2号，第206页）。但是，可以与死刑犯结婚，也可以与无性能力者结婚。此时的婚姻中就不包含性关系了。此外，即使并非性无能，但在不以性关系为前提而结婚时，关于这种婚姻的效力能否被否定的问题，我认为是不能否定的。虽说丈夫欠缺性能力是导致离婚的原因之一，但在妻子自始就知道该问题而仍与之结婚的场合，无性能力就不能构成离婚的原因。当然，结婚之后因患病而丧失性能力时，也是不能因此离婚的。确实，由于婚姻的默认规则，只要当事人没有其他的意思，维持性关系便应被包含于婚姻的效果之中。但是，不包含于其中也是允许的。

　　那么，在并无其他特别意思而在婚姻的效果中包含性结合的情形是怎样的呢？对此，康德首先设定了性共同体的定义，并表述为"某人与他人在生殖器及性的诸能力方面的相互使用"，而婚姻则是"以该法则为基础"的，具体而言，是指"异性的两个人格为了一生固定地相互占有对方的性而实施的结合"（吉泽博三郎、尾田幸雄译:《人伦的形而上学》，载《康德全集第11卷》，第122—123页（1969年））。是指对对方肉体的相互的独占性·排他性的支配权。如果从该思考方式出发，那么与配偶的性交属于行使权利，因而不构成强奸。

　　我本人也认为持续性地拒绝性交构成离婚的原因。但是，如前所述,某一天的拒绝不构成义务的违反,从而也就不能认为存在经常地顺应对方性要求的义务,这种思考方式并非不存在吧?

佐伯 您刚才说明了为何不能说既然是夫妻就负有经常性地顺应对方性要求的义务,但即使妻子负有该义务,丈夫也拥有该权利,但由于这种权利并非可以强制执行的权利,所以,丈夫也不可以使用暴行·胁迫的方法实行权利。因为也有判例作过类似判定——即使拥有债权,但如果债权人以暴行·胁迫的方法实现债权而符合权利滥用时也构成恐吓罪,所以,从这种思考方式出发,如果采用暴行·胁迫的方式实行要求性交的权利,将这种经常性的滥用权利认定为强奸罪的理解与前述恐吓罪判例的宗旨,也恰恰实现了整合。

道垣内 这是被意外忽略的一点。强烈地主张夫妻间也可能构成强奸罪的学者们构建的是如下理论框架:如果肯定性交要求权,那就很难认可强奸罪的成立,因此,应认为妻子的身体完全属于自己所有,如果违反其意思实施侵害的话必然构成强奸罪。但是,根据佐伯君的理解,即使认可性交要求权,强奸罪也是可能成立的,并非是只要行使权利就必然不构成犯罪。

佐伯 我本人认为没有承认性交要求权的必要,但也并非只要承认就即刻推导出强奸否定说。

在不承认强奸罪的学说的背后,过去或许存在着将妻子视为丈夫所有物的男女差别的思考方法,但现在的思考方法或许是国家不应干涉夫妻性生活等绝对隐私了吧。这可能是种更为深入的思考方法,但关于这一点,首先根据判例·通说的解释,强奸罪的暴力·胁迫必须达到使对方明显地难以反抗的程度,因此,轻微的暴力·胁迫是不会构成强奸的,在设置了类似限制后,强奸罪就变成了亲告罪,如果被害人不控告则不起诉,通过这种形式限制国家的介入,这还不够吗?

道垣内 只是,关于严格地解释暴行·胁迫的程度的做法受到了极为强烈的批判(例如,角田由纪子:《性的法律学》,第15页以下(1991年))。

佐伯 确实如此,关于对强奸罪的暴行·胁迫进行限定性解释的问题,并非不存在为何要作如此限定的疑问。在财产犯中,对于违反被害人的意思夺取财物的行为在三个阶段上进行处罚:使用使他人无法反抗程度的暴行·胁迫夺取他人财物时构成强盗罪,使用未达到该程度的暴行·胁迫时构成恐吓罪,未使用暴行·胁迫而违反对方的意思夺取财物时构成盗窃罪。然而,关于侵害性自由的行为,如果没有使用使对方明显难以反抗程度的暴行·胁迫,那么即使违反对方的意思也不会遭受处罚。可见,性自由的保护弱于财产的保护。至于为何如此,其原因或许在于该法律制定于明治时代,判例·学说也是从那时传承而来,但如此一来,如下蔑视女性式的思考方法(也是蔑视男性的思考方法)或许蕴涵其中:因为男人的性本就带有攻击性,所以某种程度上的暴行·胁迫是无法避免的;对暴行·胁迫不加抵抗的女性内心希望遭受侵害;不抵抗的贞操不值得保护,等等。

因为现在显然不能认可这种思考方法,因此,如果想要利用现在的法观念进行说明,因为性关系是非常私人化的微妙的关系,所以刑法只能在使用某种程度上的强度的暴行·胁迫时才应介入。如果对违反对方意思的性行为一概处罚,恐怕就得当场达成书面协议然后再进行交涉,这反而可能会压抑性自由。即使如此,也不宜对暴力·胁迫的程度进行限定。

道垣内 还存在举证的问题。如果女性受伤,则明显是违反女性意思的性行为,如果暴行·胁迫较为缓和,则终究还是内心的问题。或许是因为存在这些问题,所以法定刑才变得宽松。

佐伯 是的。在实际量刑中,冲绳少女被美国兵强奸的事件中,被告被判处了7年惩役,虽然有批判者认为,从日本量刑现状来看量刑过重,但美国人听说后却惊讶于为何判得如此之轻。在日本也有人建议应修订刑法,提高强奸罪的法定刑使之略低于强盗罪。

2. 占有说与亲属间相盗的特例

道垣内 换个话题可以吗?

在第八回讨论"占有"时我便注意到了一点,但因为是关于亲族关系的问题,所以这回才是个好机会。问题如下:B窃取了A的动产,但在B占有期间,该动产又被人从B家中偷走,逮住犯人后发现是B的儿子C。此时是否可以适用亲属间相盗的特例(《刑法》第244条第1款)而免除其刑。

就结论上来看,我认为免除刑罚的想法是奇怪的。A遭受了损害,刑法关于盗窃罪存在本权说与占有说的对立。如果采用其中的比较纯粹的占有说,则被害人是占有人B。如此便会出现亲属间相盗特例的适用问题。

佐伯 一直以来就如此思考，但是最近有主张将亲属间相盗例的根据理解为以"法不介入家庭"的政策性根据为基础，认为即使从占有说出发将盗窃罪的被害人仅理解为占有人，但在家庭外的第三人进入利害关系人的范围时，就不能政策性地免除刑罚（木村光江：《判批》，载《东京都立大学法学会杂志》36 卷 1 号，第 282 页以下（1995 年）；前田雅英：《刑法各论讲义》，第 3 版，第 187 页（1999 年））。

道垣内 为了什么而议论保护法益的问题不就没有什么改变了吗？

佐伯 确实如此。介绍的学说也认为不以所有者的债权人与亲属关系为必要，所以即使说是"利害关系人"也解决不了问题。因此，作为从保护法益出发进行说明的尝试，以道垣内君的例子为例，有见解试图着眼于 A 遭受了侵占占有脱离物的损害，并以之说明为何无法适用亲属间相盗的特例（参见町野朔：《批判》，载《Jurist》1092 号，第 130 页（1996 年））。既然存在针对 A 的侵占占有脱离物的不法性，就不能以 C 与 B 间存在亲属关系为由，而将盗窃罪准用于亲属间相盗的特例并免除刑罚。

道垣内 但是，如果分析一下的话，以占有人 B 为被害人的盗窃罪与以所有者 A 为被害人的占有脱离物侵占罪是可以同时成立的，所以即使因为 C 与占有人间存在亲属关系可以适用亲属间相盗的特例而免除盗窃罪的刑罚，占有脱离物侵占罪也还是可以成立的。

佐伯 可以像道垣内君那样思考。前面介绍过的铃木左斗志君的论文（参见铃木左斗志：《刑法中的"占有"概念的再构成》，载《学习院大学法学会杂志》34卷2号，第180页以下（1999年））在指出这一点的基础上，从占有说出发对如下问题进行说明：在所有人委托占有的场合，因为受托人与委托人都处于占有状态，针对受托人的盗窃是对受托人与委托人的两个占有的侵害，所以与委托人和受托人双方之间不存在亲属关系的话是不可以的。我认为这是篇颠覆以往思考方式的崭新的论文。

道垣内 委托时委托人也处于占有状态。租赁关系中出租人也拥有占有。这在民法上既不稀奇，也非崭新的改变。受托人与承租人不仅有为了自己而具有占有的意思，也有为了委托人与出租人而占有的意思，因此，两者的占有是并存的。若非如此，会因取得时效等问题而出现微妙的结论。例如，如果将他人的土地误信为自己的而占有了10年时，可以成立取得时效（《民法》第162条第2款），即使中间租赁给第三人，但由于作为自己的土地而行使权利的状态仍处于继续之中，所以取得时效的期间并不中断。理应认为占有仍处于继续之中。

但是，如果被盗的话，被害人就失去了占有，所以铃木君的主张与我的疑问对象上多少存在些差异。

佐伯 是的。从盗窃犯处偷走赃物的例子中，根据铃木君的观点，如果C与占有人B之间存在亲属关系的话是可以适用亲属间相盗特例的。但侵占脱离占有物的问题就残存下来。

关于亲属间相盗的特例，我以前就想根据与民法的关系请教一下刑罚的免除理由问题。关于亲属间相盗特例的根据，在因不适用于共犯所以引入政策性理由这一点上并不存在疑问,但是,我们需要对"法不进入家庭"这一论断为何不适用于暴行与伤害而仅对财产犯设置特别规定的理由进行说明。常用的说明理由是夫妻间与父母子女间的财产处于事实上的共有关系。关于夫妻之间的财产,一般推定双方共有,法律上的问题暂且不论,至少事实上处于共有状态。我不太清楚此种理解是否正确,星野英一先生提到过"财布共同体"。我始终无法忘记学生时代上课时听到的两个语录,一个是星野先生的"财布共同体",另一个是京极纯一先生的"人间万事色与欲望"。

那么,"财布共同体"一词是否可作上述理解?是否还有其他的解释方法?

道垣内 具体的想不起来了,书与论文中出现的频率也不高,但我本人经常在口头上使用。

但是,虽说配偶之间或许可以用"财布共同体"的说明,但即使如此,关于不能进入日常家事债务之范围的问题,也是否定相互之间代理权的存在,而且还得考虑直系血亲与同居的亲属之间如何处理上述问题。根据《刑法》第244条第2款,如果将其归属于亲告罪的范围,只要是亲属即可,就不能说是"财布共同体"了。

佐伯 如果适用于所有亲属,确实是勉强的。即使是亲属相盗的特例,由于第244条第2款单纯地规定了亲告罪,所以这不过是政策性的规定。但是,如果说仅限于第1款规定的亲属,但由于子女使用的零花钱一般由父母给予,所以如果子女从父母钱包中拿走1万元买东西,也可以说是拿出了子女本应拿出的东西的吧?

道垣内　是的。即使子女与第三人签订了负担债务的合同，父母也无须承担责任，1万元的债务是无需由父母承担的。尽管如此，关于窃取1万元却不受处罚的问题，很难用财产关系的共通性进行说明。

此外，关于亲属间相盗特例的一般性问题，如果考虑一下最近的介护老人的问题，很多话题都是关于子女从判断力衰退的父母处夺取财产的事情。当然，民事上会引发损害赔偿责任，但刑法上好像还未能涉足该问题吧？

佐伯　确实如此。

道垣内　废止第1款而规定亲属间相盗时全部适用于亲告罪不可以吗？第3款在某些场合会使共犯变得可怜。例如在父亲配合放荡儿子的违法行为时，仅将父亲投入监狱。

佐伯　直系血亲之间以及同居的亲属之间经常被免除刑罚而对亲属以外的人则概不适用的规定，使人联想到过去的家制度。虽然刑法学者一般在减轻刑罚的问题上态度暧昧而不太重视该问题，但都对该规定是否与现在的亲属制度相契合的问题抱有疑问。道垣内君谈到的可能会成为今后立法论上应该探讨的问题。

3. 对尸体·埋葬物的权利

佐伯　接下来讨论人的死亡。

关于人何时死亡即人的终期问题的议论很多。刑法上至今仍存在着脑死说与心死说（三征候说）的对立，对于脏器移植法的趣旨的理解也各不相同。在治疗现场中,根据厚生省的见解,只有在依据脏器移植法进行脑死亡判断时,才将脑死亡标准用于人的死亡判断,民法上是如何讨论的呢?

道垣内　哪一本教科书中都会说关于出生的时期存在着争论,然而,对于死亡的时间,虽然在继承方面具有重要意义,但至今民法学中并未进行充分的讨论(指出该问题点的是石井美智子:"生与死",《Jurist》1126号,第15页以下(1998年))。内田君、四宫与能见两先生的教科书中都仅提到"尚存在问题"(参见内田贵:《民法Ⅰ》,第2版增补版,第92页(2000年);四宫和夫、能见善久:《民法总则》,第5版,第28—29页(1999年))。

即使将脑死亡视为人的死亡,民法中也并不必然遵循该结论。例如在继承始于何时的问题上,社会通念所考虑的是应该从哪一时点开始进入财产分配的程序,从而可能采用三征候说。只是,如果在医学上采用脑死亡标准,医师的死亡诊断书中会将脑死亡的时间标准记载为死亡日·死亡时刻。如此一来,继承等会在事实上以医师的记载时间为依据。当然,我们可以认为民法上的死亡时刻存在差异,但由于一般情况下无法证明该时间就应从何时起算,所以只能依据死亡诊断书。即,民法事实上认可了脑死亡的标准。

佐伯　原来如此。虽然关于人的死亡时间这么重要的问题难以查清楚这一点尚无法落实,但死亡后是关于尸体与棺内藏置物的处理问题,还是让我们略微论述一下吧。关于对尸体与棺内藏置物,《刑法》第190条设置有损坏尸体罪、侵占尸体罪、取得棺内藏置物罪等规定,其法定刑远低于盗窃罪。

一般认为上述犯罪的侵害法益是社会的宗教感情等社会性法益，而并非对个人财产权的侵害。因此，我想问一下民法中关于对尸体、遗骨、遗发、放置于棺材内的物品的损害等是如何处置的。

町野朔先生的《犯罪各论的现在》(1996 年)中指出：虽然民法判例认为埋葬权人拥有对遗体与遗骨的所有权，但因为学说认为此处所谓的所有权并非是财产权，而是埋葬权等身份法上的权利，所以刑法中也不将其解释为财物。民法学说是这样认为的吗？

道垣内 最高裁平成元年 7 月 18 日判决（参见家月 41 卷 10 号，第 128 页）认为，根据风俗习惯，遗骨归属主持祭祀者所有。这应是以所有权概念为根据的。町野先生评论了该判例，并进一步论述："此处虽然在用语上提到的是遗骨等的'所有权'的归属问题，但实际上不过是指埋葬遗骨的权利"（町野朔：前揭书，第 114 页），其中蕴含着微妙的东西。

如果首先认定埋葬的权利，就需要考虑埋葬权归谁所有的问题，这恐怕得依据《民法》第 897 条认为归祭祀继承者所有吧。战前是不太考虑该问题的。关于属于某"家"的人，户主对其拥有祭祀的权利与义务，户主死亡时，由成为新户主者拥有该权利与义务。然而，如果废除"家"制度，不再存在户主，并且继承也变为共同继承，话题也会随之变得复杂。当然，这里也有一个途径，即依据《民法》第 897 条的规定埋葬权仍然属于祭祀继承者所有，但其并不拥有对遗体的所有权。但是，《民法》第 897 条为了抑制废除"家"制度时如何处置墓地的反对声，在立法时规定墓地问题另当别论——如果从战后修订民法的几位先生的立场来看，这种规定显然是某种意义上妥协的产物。因为该规定是"家制度的残余"，所以战后学者们倾向于对此予以尽可能狭义的解释。

并且,如果认可了埋葬权并将其归属于祭祀继承者,因而选择怎样的墓地问题也即成为祭祀继承者的权限,结果是,仅由长男来决定就不太妥当。虽然舟桥先生等主张遗体·遗骨的共同继承(参见舟桥谆一:《民法总则》,第 87 页(1963 年)),但这违反常识。所以,我妻先生认为应属于《民法》第 897 条其他惯习规定的丧主所有。虽然如此思考会让人感觉我妻说是家制度的残存,但我妻先生在此处是将埋葬权与所有权进行区别考虑。作为丧主之人的所有权是埋葬管理·祭祀供养等目的限制下的所有权,所以该限制是"作为丧主之人应依据全体关系人的意思、惯行与公序良俗而决定何时埋葬尸体及其他物品"(我妻荣:《新订民法总则(民法讲义Ⅰ)》,第 203 页(1965年))。说到"全体关系人员"时,我又感觉到我妻先生栩栩如生的面貌。

即言之,使用"所有权"一词时蕴含有奇妙的意思,即使简单地说其实质上就是指"埋葬权",也会陷入困窘之境。祭祀继承者拥有的"所有权"受到全体关系人员拥有的"埋葬权"的制约。

以上所说的是埋葬前的遗体与遗骨的问题,埋葬后遗体与遗骨便成为了坟墓的一部分,其所有权被坟墓的所有权所吸收,这便是一般的理解方式。

佐伯 听您分析后真是感觉意味深长,如果未掩埋的尸体与遗骨也可以是财产权的对象,这当然也可以构成刑法上的财物。《刑法》第 190 条虽然将物品限定为收纳于棺中之物,但并未对尸体、遗骨、遗发等作特别限定。如果将前述道垣内君的区别论纳入《刑法》第 190 条的解释,则《刑法》第 190 条的客体可能就仅限于埋葬物。因为该条规定的是针对宗教感情的犯罪,所以一般认为即使是没有放入棺材中的尸体,有人对其损坏时也应适用该条规定。但如此一来,岂不是无法发挥作用了吗?

道垣内　佐伯君说将《刑法》第 190 条限定为被埋葬了的尸体是困难的,但《刑法》第 24 章的标题是"有关礼拜场所与坟墓的犯罪"。既然这样,将《刑法》第 190 条的对象限定为埋葬后的物品也没有什么不妥当吧。为了证明这点,我们举个反例:某位老人去世,他平生最喜欢的劳力士手表也一起放入棺中。如果有人在葬礼进行中老人火葬前将手表偷走,难道要构成损坏尸体罪吗?这很明显构成盗窃罪。但是,如果该手表是与尸体、遗骨等一起埋葬了的手表,则即使盗窃该手表也应适用《刑法》第 190 条。这不是很好嘛。

佐伯　不,在刑法中,有力说认为,盗窃埋葬前的劳力士表也不构成盗窃罪。刑法的通说与判例都不将第 190 条限定为埋葬后,所以道垣内君的例子是可以适用该条的。如果认为此时也成立盗窃罪的话,侵占棺内藏置物罪与盗窃罪就成为科刑上的一罪,结果便是仅适用法定刑较重的盗窃罪,而《刑法》第 190 条设定的较轻法定刑的意义就不复存在,所以学者们认为解释为盗窃是不成立的。

道垣内　在以前的讨论中,佐伯君曾提到占有脱离物侵占罪的处罚轻于盗窃罪的原因在于,不归任何人管理的物品可能会引发心动而实施盗窃(本书第 193 页)。我认为此处的问题也是同样的。即言之,因为被埋的物品不受任何人监视,容易让人心动,所以处罚较轻。如果不作上述考虑,就无法说明降低法定刑的理由。

佐伯　所以，作为说明，应解释为棺内藏置物不是民法中的财产权的对象。大家都承认活着的人不是财产权的对象。问题在于死后是否会成为财产权的对象。

道垣内　尸体不是所有权的客体，这是不难理解的。但收纳于棺材中的物品是否是所有权的客体呢？

佐伯　是。

道垣内　那就奇怪了。对于与尸体一起放入棺材中但尚未埋葬的表，否定其所有权的人恐怕不存在吧。①

佐伯　没有吗？看来对于这一点，刑法学者的民法理解尚有问题。

道垣内　将《刑法》第190条限定为埋葬后的学说，不会成为有力说。

佐伯　如果民法中的一般见解是埋葬前属于所有权的对象，我想道垣内说还是存在成为有力说的充分可能性的。即使不变更《刑法》第190条的解释，如果将埋葬前的遗骨与棺内藏置物解释为财物而认可盗窃

---

① 或许还存在"放入棺材中时视为放弃所有权"的余地。但是，微妙之处在于：如果将因火葬而烧坏的劳力士表与遗骨一起放入墓中，则针对盗难，是无法根据所有权行使返还请求权的。并且，将放入棺材中视为放弃所有权时，一旦所有权被放弃，在埋葬时就会出现先占无主物或坟墓的所有权人因附合而取得所有权的问题了，放入棺材中到埋葬之前的阶段上被视为无主物的观点是本人无法接受的。只是认为"大概没人会否定所有权"的说法是有些过头了吧。（道垣内弘人）

罪的成立,其结果就与道垣内说相一致了。这是很有希望的。

再者,虽然刚才道垣内君谈到棺内藏置物的所有权在埋葬后被坟墓的所有权所吸收,但如此一来,埋葬后也可以承认棺内藏置物的财产权,从而夺取埋葬后的棺内藏置物的也可以成立盗窃罪。刚才您还提到因被埋的物品不受任何人监视所以容易让人心动,但即使埋入地中,因为有人对墓地进行管理,所以对埋葬物的占有也不会被否定。此外,由于将侵占棺内藏置物罪解释为针对社会法益的犯罪,所以用财产犯的理论来解释侵占棺内藏置物罪的法定刑是非常困难的。

道垣内 如果不被坟墓的所有权所吸收而仅具有放弃所有权的意思,从荒弃坟墓取出劳力士表的就构成先占无主物,其所有权归属于荒弃坟墓的人所有(《民法》第239条第1款)。其结果是不返还为好。这不是很奇怪吗? 所以还是认为被坟墓的所有权吸收为妥。

如此一来,虽然不能否定占有,减轻法定刑的理由亦不复存在,但不存在占有时就容易让人心动了。所以才减轻了占有脱离物侵占罪的法定刑。但是,即使是占有,因为埋藏于土地中,或放在坟墓中的物品的所有人也难以确认,所以也是容易让人心动的。故而才有了减轻法定刑的理由。在因为是针对社会法益的犯罪所以无法用财产犯的理论进行约束这一点上,如上所述,容易让人心动,或者所有人没有享受其经济价值的意思。因此,与着眼于财产性侵害相比,该类犯罪更着眼于宗教感情等社会法益。如果让我来说明,我认为:之所以必须将其规定为针对社会法益的犯罪,是因为存在即使不严厉处罚侵害个人法益也可以的事由,而该事由与占有脱离物侵占罪的法定刑较轻的事由是相通的。

佐伯 　即使如此,仍然存在为何排除财产犯的成立的问题。为了使道垣内君的说明生动化,应将侵占棺内藏置物罪解释为财产犯与针对社会法益的犯罪的结合。但是,人还是会因心动而去捡钱包或掘墓。不管怎样,将来就该问题写论文时,我一定会提到道垣内说。

4. 死者的人格权

佐伯 　前面谈到名誉・隐私的问题,本回将探讨一下侵害死者的名誉・隐私的问题。刑法规定了毁损死者名誉罪,民法也将侵害死者名誉的行为规定为侵权行为。关于毁损死者名誉罪的保护法益,刑法中存在死者的名誉、遗族的感情或社会的敬虔感情等的论述。如果是遗族的感情,对于没有亲属的死者应如何看待呢？所以应该是死者的名誉或包含遗族在内的社会的感情吧。前者是将死者作为法益主体,但如占有死者时出现过的问题那样,如果将死者作为权利的主体,就会遭到大家的反对。但是,学界又讨论死者的人格权问题,所以我想就上述问题请教一下道垣内君的意见。

道垣内 　我没有什么确定的意见,认为死者享有人格权,遭受侵害时构成毁损名誉的见解已经趋于减少。详言之,说到死者的名誉是否被侵害时有三种理论构成,这是在五十岚先生整理的基础上沿袭下来的(参见五十岚清:《死者的人格权》,载《Jurist》653 号,第 58 页 (1977 年))。其一,通过毁损死者的名誉而侵害了遗族的名誉;其二,侵害死者的名誉而侵害了遗族对死者的敬爱追慕感情;其三,侵害了死者本人的名誉。

　　在狭义上"认可死者的人格权"时,是认可上述第三种理论构成的,但现行法尚存在如下难以解明的问题:首先,如何处理时间限制?其次,对死者的人格权进行救济的主体是谁?再次,认可的根据何在?

佐伯 考虑到个人的自律或人格的独立性,在父亲的名誉受侵害时,孩子的名誉是否也受伤害这一问题上,原则上应当认为不受伤害。否则,当父母做了不名誉的事情时,孩子的名誉也得受影响。如此一来,在死者的名誉受到伤害时,遗族可以请求损害赔偿与遗族的名誉受到侵害是不同的。

道垣内 是的。因此,作为原则应考虑的是"对遗族的敬爱追慕之情的侵害"。但是,在遗族本身的社会评价降低的场合,没必要刻意说"因为父母与子女有别,所以在原理上子女的社会评价不会降低"。国家重新施予刑罚的宗旨体现了国家的一种判断,虽然有必要遵从其原理,但民法上的侵权行为制度并非重新否定判断,而不过是损害现实发生时由谁来负担的问题。

佐伯 原来如此。现在谈到的是刑法与民法的差异上颇为意味深长的问题。然而,认为是毁损死者自身名誉的学说是如何说明由遗族担任诉讼原告这一事实呢?

道垣内 不过是实质论而已。欠缺详细的实定法根据是其痛苦所在。

佐伯 说到痛苦也没有办法,刑法中也没有广泛地接受对死者人格权的认可。先前引用的町野先生在将死者作为权利主体方面也持消极态度(参见町野朔:前揭书,第 90 页)。

原理的问题先讨论到这里,下面简要讨论一下要件问题。

刑法的毁损名誉罪的规定,特别是真实性证明的规定固然对民法的名誉侵害法有一定的影响,而在侵害死者的名誉方面是怎样的呢?与毁损活人的名誉不同,在毁损死者名誉的场合,刑法要求检察官一方必须证明摘示事实的虚假性以及被告人认识到该虚假的事实。与毁损活人的名誉相比,毁损死者名誉时很难成立犯罪。并且在实际中,毁损死者名誉构成有罪的判例也几乎不存在。刑法在上述问题上的处理差异源于有关法益价值的评价差异;或者是因为从记述历史的观点出发,表现的自由较之死者的名誉受到更为厚重的保护;或者是不清楚由哪一方面决定,但刑法的立场有可能影响了侵权行为法的解释。在毁损死者名誉时,侵权行为仅在事实虚假的场合才告成立,而且举证责任也由原告一方承担。将侵权行为的成立限于故意的场合,或许与侵权行为法不相协调。

道垣内 民法上议论的重点也在这里,是与要求厘清过去的社会事实以及保障表现自由之间的关系问题。例如,四宫和夫先生指出:侵害近亲者利益的情形中仅限于存在故意时才成立侵权行为,但问题在于怎样才能从理论上进行说明。四宫先生适用了"间接被害人"的概念,遗族并非直接地受到侵害,而是因为死者遭受名誉毁损而遭受了间接损害,所以在成立方面有所限定(参见四宫和夫:《侵权行为法》,第 326 页(1985 年))。但是,是否不使用这一概念侵权行为就无法成立呢?当然不是,过失是指违反义务,因此,我们一般认为应设定如下义务内容:虽然可以摘示毁损死者名誉的事实,但在认识到这可能会侵害遗族的敬爱追慕之情时,必须停止摘示。只是我本人认为,仅限于故意的场合是不合适的。当然，也有过失时不可以但故意时可以的情形。即，因为关键在于历史的记述在何种程度上是可能的这一点，因此与通常的毁损名誉相同，关键在于事实是有关公益的事实，具有相信其为真实的合理理由，并且，与活着的人们相比，对于"该有关公益的事实"之要件可以进行更广泛的解释时。

佐伯 死者是否是权利主体的问题是与前述损坏尸体罪的议论相关联的。虽然刑法当然地认为损坏尸体罪的法益主体是死者以外的遗族或社会，但如果死者可以成为法益主体的话，就可以认为是对死者本身的犯罪了。虽然该罪的规定位置一般是在针对社会法益的犯罪中，但规定强制猥亵罪、强奸罪、侵入住宅罪等针对社会法益的犯罪场所也包含有可以解释为针对个人法益的犯罪的内容。并且，该问题在脏器移植中是与应重视脏器提供者的生前意思还是遗族的意思的问题相关联。如果死者是权利主体，损坏尸体罪的法益主体也是死者，脏器移植法中规定的遗族可以压过脏器提供者的意思的做法就是不妥当的。

道垣内 如果说因为是关于毁损死者名誉的民法的议论所以遗族也享有作为遗族应受保护的利益，那么，这与其说是压过脏器提供者的意思，不如说是放弃遗族固有的利益之程序是必要的。

佐伯 原来如此。

5. 继承

佐伯 最后略微涉及一下继承问题。我能想到的只有两个,但在刑法上构成问题的是:为了继承遗产而杀害父母是否构成强盗杀人罪。下级审中有判例作否定答复(参见东京高判平成元·2·27高刑集42卷1号,第87页),学说一般也支持该判例。但关于得出否定结论是否妥当的问题,为何不能构成强盗杀人罪的问题,虽然研究者们作出了各种各样的说明,但都未能得出令众人信服的理由。

一种思考方式认为,因为继承是以民法上独立的原因为基础而发生的,不是因为杀害了父母才出现的,所以杀害行为与利得行为之间并无直接的因果关系。该见解最近成为了有力说。

道垣内 继承不同于储蓄,也得继承被继承人的债务,如果父母的债务较多的话……

佐伯 但是,举个例子,行为人杀害了某人意图夺取金钱时,搜遍了口袋却没有找到钱,此时虽然可解释为强盗罪未遂,但还是应解释为强盗杀人罪既遂。《刑法》第240条规定:"强盗是指……使人死亡",所以此时的"强盗"是不问其既遂还是未遂的。如此一来,继承的不安定性就不能成为否定强盗杀人罪的根据。此外,即使继承的不安定性构成问题,如果父母财产丰厚而继承人只有一个的场合,在确实可以获得利益的场合,也不存在否定强盗罪成立的理由。

道垣内 还有一点是,如果杀害被继承人的话,则根据《民法》第 891 条第 1 款丧失继承资格,还能以继承为目的实施杀人吗?

佐伯 这是是否被发觉的问题。在通常的强盗罪中,被抓获后夺取的财物也必须返还被害人,但还是构成强盗。两者是相同的。

道垣内 原来如此。我们还是回到刚才的刑法学,继承是以民法上的独立原因为基础的,这是《刑法》第 236 条第 1 款之"强取"的解释问题吧。不能简单地说是抑制了被害人的反抗而夺取。

佐伯 继承的场合涉及第 2 款的强盗问题,这些暂且不谈,道垣内君的说明提到的是为何没有"强取"的问题。虽然有说明认为是因为没有被害人的处分行为,但强盗罪并不以被害人的处分行为为必要。即使杀害了债权人,如果可以因此在事实上而免于支付债权的话,也可以解释为强盗杀人,是第 2 款的强盗。

道垣内 所谓杀害债权人是指,胁迫债权人使之放弃债权,或者使债权人限于意识不明而无法实行时效中断程序等连续性的感觉。即,语言的胁迫、有形力的行使、伤害、杀害等连续行使,其中的"伤害"当然属于"强取"。如此一来,位于延长线上的杀害也构成了"强取"。杀人不是为了享受免除债务等形式上的利益而必须。与之相对,语言的胁迫、有形力的行使、伤害等是无法引发继承的。只有杀害才可能使继承开始。换言之,通过继承而强取财物的形态是无法脱离杀人而成立的。并且,《刑法》第 240 条采用了以"强盗"行为可单独存在为前提而使人死亡的构造。因此,仅凭借使人死亡而获取的利益是无法构成

"强取"的。

佐伯 嗯。再略微思考一下。

最后，这并非刑法的问题，而是关于刚才提到的民法的继承资格欠缺的问题。虽然《民法》第891条规定："故意致使被继承人或在继承上处于先顺位或同顺位的人于死亡，或因意图致使上述人员死亡而被判处刑罚的人"，但为了准备这回讨论，我读了一下《注释民法》，民法通说认为，在附有执行犹豫的场合，不包含"被处以刑罚的人"，其理由在于，如果执行犹豫的期间中止，而根据刑法规定（《刑法》第27条），因刑罚的宣判效力丧失将无法进行处罚（参见中川善之助、泉久雄编：《新版注释民法（26）》，第298页（加藤永一）（1992年））。

《刑法》第27条规定的是刑罚的宣判效力将来性地消灭，所以并不像民法上的撤销那样拥有溯及力。因为继承开始于被继承人的死亡，继承开始时是显然可以处以刑罚的，认为刑罚的效力事后性的消灭而不能进行处罚的解释是没道理的。

例如，虽然公务员的失格事由中包括"被处以禁锢以上刑罚"，但被处于执行犹豫时也视为"被判处刑罚"。虽然我只读了一下《注释民法》，并不清楚这是否是目前民法的通说，但上述理由从刑法的角度来看是怪异的。但是，如果根据如下实质性理由——因为处以执行犹豫的场合，往往并非恶质的事例，所以应认可继承的存在——而推导出相同结论的话，从条文的文言来看，这也是相当舒缓的解释，不失为一种思考方式。

道垣内 因为处以执行犹豫所以并非恶质的感觉本身是正确的吗？

佐伯 杀害父母但判处执行犹豫的案例中,大多是因为父母负有归责的要素。例如杀害尊亲属违宪判决(参见最大判昭和48·4·4刑集27卷3号,第265页;《宪法判例百选Ⅰ》,第4版,30事件);或者是长时间照顾高龄父母,过于疲惫而杀害父母的事件,都是行为人的责任能力近乎于心神丧失的场合。上述案例都作出了实质性判断而承认继承的成立。虽说如此,因为将民法的继承依存于刑法的执行犹豫判决的做法是否合适是另外的问题,所以民事裁判所不会对是否认可继承作个别化的判断吗?

道垣内 只是这样就没有线索了。即,因为民法未规定"被处以刑罚的人",所以裁判所也就没有进行实质判断的余地。但是,不能继承似乎是更合适的。

多数情形是本来应继承的财产就不多吧?

佐伯 确实存在这种问题。只是实质判断的层面上怎样呢?通常认为可以否定继承,但在是否可以全部否定的问题上仍存在疑问。例如,父亲虽然财产不菲却只有儿子一个亲属,该父亲经常虐待孩子,终于有一天儿子无法忍受而将父亲杀害。裁判所认为儿子因受虐待处于心神耗弱状态,所以处以执行犹豫。此种场合,如果不认可孩子的继承权,就得认可"笑着的继承人"之继承权;如果不存在该"笑着的继承人",财产就得收归国有了吧?

道垣内 此时可以针对继承财产法人提起损害赔偿请求诉讼。存在其他共同继承人时也是相同的,也可以将父亲的虐待行为作为侵权行为提起损害赔偿请求。因为损害赔偿债务是被继承的。

佐伯　因为这是针对活着期间遭受虐待的侵权行为诉讼，所以杀害行为发生后不应构成过失相抵吧？

道垣内　不应构成，但存在作为反诉的因杀害而产生的损害赔偿请求。

佐伯　原来如此，果然是精辟的解释。只是有些取巧吧。

道垣内　我自己认为是有些取巧的。但却是与刑法、民法的条文相契合的，并且，如果想要纳入实质判断的话，也可以作上述考虑。

6. 结语

佐伯　本回的题目是"从试管到墓场"，但各个标题之间并无特殊的关联性，我们只是就想到的标题展开了论述，尚遗漏了诸多问题，但讨论还是到此为止吧。

道垣内　谢谢。

佐伯　我们的对话到此也就结束了。懒散的我之所以能将对话坚持到今天，首先完全是道垣内君的功劳，所以在此首先向道垣内君表示感谢。其次，对于为该对话提供了诸多帮助的有斐阁的田中君，对于将难以理解的对话与无聊的闲谈进行准确记录的诸位表示感谢。为了传达给读者诸君以对话的气氛，为了使学生易于接收内容复杂的内容，我们开了好多玩笑，但这些玩笑是要删除的。

正如首次对话中道垣内君所提到的,本对话的目的在于为刑法与民法的对话提供契机,如果今后刑法与民法的对话能够渐趋兴盛,该对话的目的便达成了。我也希望今后能与道垣内君继续交流。

道垣内 承蒙您多次给了我思考的灵感,谢谢。在非学术的问题上也增加了很多认识。第一点便是佐伯君是个很喜欢冰激凌的好人,夏季会谈时,佐伯君总是买冰激凌给我吃。第二点是有斐阁的田中君很不擅长看地图。具体问题略去不谈,但承蒙关照,非常感谢。

佐伯 确实是愉快地学到了很多东西。非常感谢。

结束语

1. 致以学生为中心的诸位读者

各位是否感觉有趣？对话的双方感觉很有意思，所以希望这种感觉也能传递给你们。

刑法与民法的交错部分存在诸多法律问题，因而应在加深相互理解的同时构建不存在矛盾的法体系，这是与为同学们——进而扩展范围的话，包括国民在内制定易于理解的法相联系的。我们便是出于这种考虑才组织对话的。但是，如果在读完本书后得出"无论如何无法实现一致的解释。因为法目的本就存在差异。还是各自分别思考为妥"的结论，也没有关系。结论可以放置一边，只要能够通过对话深切感受到两法的交错样态则足矣。

此外，希望你们能感受到学者之间的议论层面上的乐趣。我们也说了些傻话。但会话的结构是严谨的，玩笑话只是应当时的气氛而生的。

读过对话后，在理解民法与刑法的基础上，会发现学界在研讨双方交错的问题方面存在不足。这是个好机会。读过了关于双方最先进讨论状况的同学们，或许可以轻易地超越我们。希望你们能够带着自信与野心学下去。

2. 致读者以及学界同仁

坦言之，如果简单地理解为交错的话题，不免有些遗憾。

出于礼仪,首先从刑法的话题出发。

我是21年前拿到刑法各论(东京大学法学部称为"刑法第2部")的讲义并学习的。当时我最喜欢的就是刑法。但感觉刑法各论没有什么意思。我无法理解学说对立的根本状况以及议论的背景,从而有种被纷繁复杂的学说所戏弄的感觉。

最近涌现了许多关于刑法各论的有趣的著作。如本对话中引用过的林干人教授、町野朔教授、山口厚教授的论文集,西田典之教授与林教授的教科书等,读过的感觉都是分则变得生动活泼起来。对话中的佐伯君的发言与说明也是如此。例如,关于为何认为存款人占有现金的问题(第2回)等,读通常的教科书无法深切领悟的问题,各位都超越了以往的学说而给出了浅显易懂的介绍与鞭辟入里的分析。

(我相信)同样的问题也是适用于民法的。

例如,在双重让与问题上,关于川岛说、末川说以及此后的学说分析·整理都可以使其变得通俗易懂,作为学者,多自负于能作出超越以往学说水准的分析。关于不法原因给付与所有权转移的判例分析、关于无强制力的债务的分类、关于双重让与的学说的分析、关于自力救济的两种类型的区别等,究竟能认可多少的问题尚未确定,但我希望的是能为民法学提供些许资助意见。

虽然是隐藏于交错的阴影中而难以理解其存在的话题,但我希望能够得到大方的批评。

另外,"前言"中似乎揭露了我在对话前未能做好充分准备的问题。这是我的懈怠以及"听凭自然"的性格表露,但这并非是唯一的原因。佐伯君常从我未曾预料到的角度提问,又不可能重新准备。但是,受益于类似质问,开发出了许多新的分析。

3. 致提供帮助的诸位

每月的对话都十分辛苦。还经常出现失败。在连载过程中,我们收到了青木人志助教授(一桥大学法学部)、中田裕康教授(一桥大学法学部)、角记代惠教授(立教大学法学部)、冲野真已教授(学习院大学法学部)提供的宝贵意见。此外,同学们也提出了不少感想。这对我们都是一种激励。我对佐伯君的教示也通过佐伯君重新返还给了我,受益匪浅。

特别是中田教授提供了关于全部对话的详细的笔记。在将其归纳于书中时,我不得不为未能充分地吸收于书中的部分向中田教授表示歉意。

再者,西田典之教授、中田教授在《法学教室》241号至243号中举办的讨论会也为我们提供了种种见解。

再次对上述诸位谨示谢意。

为我们的对话提供了《法学教室》版面的是曾担任有斐阁法学教室编集长的大井文夫君。有斐阁的田中朋子负责了每回的速记与录音。之所以能够充满乐趣地继续每回的讨论,皆因得益于诸位的关照。非常感谢。

我想略带节制地感谢一下谈话对手佐伯君,他早前就一直关照着幼稚且厚脸皮的后辈,这回又使率直的议论成为可能。此外还多次请我吃馥颂(fauchon paris)抹茶冰激凌,感谢之情难以言表。

道垣内弘人
2001年3月31日

判例索引

- **大审院**

大判明治 41·3·20 民录 14 辑 313 页 …………… 91
大判明治 42·6·10 刑录 15 辑 759 页 …………… 8
大判明治 45·7·8 民录 18 辑 691 页 …………… 79
大判大正元 10·8 刑录 18 辑 1231 页 …………… 29
大判大正 2·11·25 新闻 914 号 28 页 …………… 8
大判大正 7·7·3 民录 24 辑 1338 页 …………… 238
大判大正 7·12·6 刑录 24 辑 1506 页 …………… 203
大判大正 13·6·10 刑集 3 卷 473 页 …………… 194
大连判大正 13·12·24 民集 3 卷 555 页 ………… 78
大判大正 15·11·11 判例拾遗（1）民 104 ……… 80
大判昭和 8·4·26 民集 12 卷 767 页 …………… 75
大判昭和 8·9·20 法律新报 345 号 9 页 ………… 80
大判昭和 9·6·15 民集 13 卷 1164 页 …………… 95
大判昭和 12·4·17 判决全集 4 卷 8 号 3 页 …… 237
大判昭和 14·5·9 新闻 4437 号 12 页 …………… 237
大判昭和 14·12·22 刑集 18 卷 565 页 ………… 203
大判昭和 21·11·26 刑集 25 卷 50 页 …………… 188

- **最高裁判所**

最判昭和 23·6·5 刑集 2 卷 7 号 641 页 ………… 47
最判昭和 24·3·8 刑集 3 卷 3 号 276 页 ………… 35
最判昭和 25·6·6 刑集 4 卷 6 号 928 页 ………… 188
最判昭和 30·6·2 民集 9 卷 7 号 855 页 ………… 75
最判昭和 30·10·14 刑集 9 卷 11 号 2173 页 …… 265
最判昭和 31·4·24 民集 10 卷 4 号 417 页 ……… 147

最判昭和 31・6・26 刑集 10 卷 6 号 874 頁 ………… 140
最判昭和 32・12・19 民集 11 卷 13 号 2278 頁 ………… 33
最判昭和 35・4・26 刑集 14 卷 6 号 748 頁 ………… 270
最判昭和 36・4・27 民集 15 卷 4 号 901 頁 ………… 148
最判昭和 37・2・6 民集 16 卷 2 号 206 頁 ………… 383,384
最判昭和 37・3・8 民集 16 卷 3 号 500 頁 ………… 63
最判昭和 41・4・8 刑集 20 卷 4 号 207 頁 ………… 200
最判昭和 41・4・28 民集 20 卷 4 号 900 頁 ………… 101,271
最判昭和 41・6・23 民集 20 卷 5 号 1118 頁 ………… 335
最決昭和 43・1・18 刑集 22 卷 1 号 7 頁 ………… 344
最判昭和 43・3・8 判时 516 号 41 頁 ………… 280
最判昭和 43・7・11 民集 22 卷 7 号 1462 頁 ………… 27
最判昭和 43・8・2 民集 22 卷 8 号 1571 頁 ………… 147
最大判昭和 44・6・25 刑集 23 卷 7 号 975 頁 ………… 333
最判昭和 44・12・18 民集 23 卷 12 号 2476 頁 ………… 240
最大判昭和 45・10・21 民集 24 卷 11 号 1560 頁 ………… 48
最判昭和 46・3・25 民集 25 卷 2 号 208 頁 ………… 81
最判昭和 46・10・28 民集 25 卷 7 号 1069 頁 ………… 49
最大判昭和 48・4・4 刑集 27 卷 3 号 265 頁 ………… 405
最決昭和 49・5・31 裁判集刑 192 号 571 頁 ………… 204
最判昭和 49・9・26 民集 28 卷 6 号 1243 頁 ………… 17
最判昭和 50・10・24 民集 29 卷 9 号 1417 頁 ………… 173
最判昭和 51・9・21 判时 832 号 47 頁 ………… 83
最判昭和 53・6・23 判时 897 号 59 頁 ………… 281
最決昭和 55・7・15 判时 972 号 129 頁 ………… 111
最判昭和 56・4・16 刑集 35 卷 3 号 84 頁 ………… 323
最判昭和 56・12・17 民集 35 卷 9 号 1328 頁 ………… 103
最判昭和 57・1・22 民集 36 卷 1 号 92 頁 ………… 81,89
最判昭和 57・9・28 判时 1062 号 81 頁 ………… 87,95
最判昭和 58・4・8 刑集 37 卷 3 号 215 頁 ………… 204
最判昭和 58・11・1 刑集 37 卷 9 号 1341 頁 ………… 323
最大判昭和 61・6・11 民集 40 卷 4 号 872 頁 ………… 334

最決昭和61・7・18 刑集 40 巻 5 号 438 頁 …………… 158
最判昭和 62・2・12 民集 41 巻 1 号 67 頁 …………… 84
最判昭和 62・11・12 判時 1261 号 71 頁 …………… 99
最決平成元・7・7 刑集 43 巻 7 号 607 頁 …………… 274
最判平成元・7・18 家月 41 巻 10 号 128 頁 …………… 393
最判平成 3・3・22 民集 45 巻 3 号 268 頁 …………… 95
最判平成 4・4・10 家月 44 巻 8 号 16 頁 …………… 5
最判平成 5・2・26 民集 47 巻 2 号 1653 頁 …………… 88
最判平成 6・2・22 民集 48 巻 2 号 414 頁 …………… 81,98
最判平成 7・11・10 民集 49 巻 9 号 2953 頁 …………… 88
最判平成 8・4・26 民集 50 巻 5 号 1267 頁 …………… 38
最判平成 8・11・22 民集 50 巻 10 号 2702 頁 …………… 84
最判平成 9・9・9 民集 51 巻 8 号 3804 頁 …………… 344
最判平成 11・2・4 判例集未登載 …………… 339
最判平成 11・10・26 判時 1692 号 59 頁 …………… 342
最大判平成 11・11・24 民集 53 巻 8 号 1899 頁 …………… 95
最判平成 11・11・30 民集 53 巻 8 号 1965 頁 …………… 78
最決平成 11・12・9 刑集 53 巻 9 号 1117 頁 …………… 320
最判平成 12・3・9 金法 1586 号 96 頁 …………… 43

● **高等裁判所**

名古屋高判昭和 24・10・6 判特 1 号 172 頁 …………… 204
札幌高判昭和 27・11・20 高刑集 5 巻 11 号 2018 頁 …… 65
名古屋高判昭和 30・12・13 裁特 2 巻 24 号 1276 頁 …… 65
大阪高判昭和 31・12・11 高刑集 9 巻 12 号 1263 頁 …… 288
福岡高判昭和 47・11・22 刑月 4 巻 11 号 1803 頁 …… 141
広島高判昭和 51・9・21 刑月 8 巻 9—10 号 380 頁 …… 308
札幌高判昭和 51・11・11 判夕 347 号 300 頁 …………… 38
東京高判昭和 55・3・3 判時 975 号 132 頁 …………… 30
福岡高判昭和 56・9・21 刑月 13 巻 8—9 号 527 頁 …… 213
東京高判昭和 57・1・21 刑月 14 巻 1—2 号 1 頁 …… 203

东京高判昭和 57・5・26 判时 1060 号 146 页 ……………… 204
福冈高判昭和 58・2・28 判时 1083 号 156 页 ……………… 196
东京高判昭和 59・11・19 判夕 544 号 251 页 ……………… 213
广岛高松江支判昭和 62・6・18 高刑集 40 卷 1 号 71 页 …… 382
大阪高判昭和 62・9・18 判夕 660 号 251 页 ……………… 370
东京高判平成元・2・27 高刑集 42 卷 1 号 87 页 …………… 402
东京高判平成 4・7・23 判时 1431 号 128 页 ……………… 95,96
东京高判平成 6・9・12 判时 1545 号 113 页 ……………… 38,39
大阪高判平成 9・10・8 判时 1631 号 80 页 ………………… 339
大阪高判平成 10・3・18 判夕 1002 号 290 页 ……………… 41

● 地方裁判所

新泻地判昭和 41・2・1 下刑集 8 卷 2 号 261 页 …………… 141
冈山地判昭和 43・5・31 判夕 232 号 226 页 ……………… 111
岐阜地判昭和 44・11・26 刑月 1 卷 11 号 1075 页 ………… 261
东京地判昭和 47・10・19 判例集未登载 …………………… 45
熊本地判昭和 48・3・20 判时 696 号 15 页 ………………… 354
和歌山地判昭和 49・9・27 判时 775 号 178 页 …………… 213
福冈地小仓支判昭和 57・7・16 判时 1057 号 117 页 ……… 266
新泻地判昭和 57・7・29 判时 1057 号 117 页 ……………… 266
浦和地判昭和 60・9・10 判夕 614 号 104 页 ……………… 383
京都地判昭和 62・5・12 判时 1259 号 92 页 ……………… 383
东京地判昭和 63・3・29 判时 1306 号 121 页 ……………… 31
东京地判昭和 63・7・27 金法 1220 号 34 页 ……………… 31
东京地判平成 2・5・22 判时 1357 号 93 页 ………………… 350
东京地判平成 2・7・13 判时 1381 号 64 页 ………………… 77
冈山地津山支判平成 3・3・29 判时 1410 号 100 页 ………… 383
高知地判平成 4・3・30 判时 1456 号 135 页 ……………… 350
东京地判平成 6・8・23 判时 1538 号 195 页 ……………… 181
高知地判平成 7・7・14 判夕 902 号 106 页 ………………… 76
大阪地判平成 7・12・19 判时 1583 号 98 页 ……………… 339

东京地判平成 8・7・30 判时 1599 号 106 页 ·················· 326
大阪地　支判平成 9・10・27 判例集未登载 ····················· 41
东京地判平成 10・3・31 金法 1534 号 78 页 ·················· 102
东京地判平成 10・8・19 判时 1653 号 154 页·················· 231

- **简易裁判所**

尼崎简判昭和 43・2・29 下刑集 10 卷 2 号 211 页 ········· 204

判例・判例集・杂志等的简称

(以左栏所列作为引用时的简称)

大判	大审院判决
最判(决)	最高裁判决(决定)
最大判	最高裁大法庭判决
高判	高裁判决
地判	地判判决
支判	支判判决
简判	简易裁判所判决
刑录	大审院刑事判决录
刑集	大审院刑事判例集・最高裁刑事判例集
民集	大审院民事判例集・最高裁民事判例集
高刑集	高裁刑事判例集
下刑集	下级裁判所刑事裁判例集
集刑	最高裁裁判集 刑事
刑月	刑事裁判月报
新闻	法律新闻
判特	高裁刑事判决特报
裁特	高裁刑事裁判特报
东高刑时报	东京高裁判决时报 刑事
刑法	刑法杂志
现刑	现代刑事法
警研	警察研究
法协	法学协会杂志
曹时	法曹时报
判时	判例时报
判タ	判例 Times
法セ	法学 Seminar
家月	家庭裁判月报
最判解刑事篇	最高裁判例解说刑事篇
平成(昭和)××年度	平成(昭和)××年度
平成(昭和)××年度重判解 (ジュリ××号)	平成(昭和)××年度重要判例解说 (Select××号)
セレクト×× (法教××号别册附录)	判例 Select (法学教室××号别册附录)
法教	法学教室
ジュリ	Jurist
民录	大审院民事判决录
金法	旬刊金融法务事情

译者后记

经过近三个春秋的耕作，东京大学佐伯仁志教授与道垣内弘人教授的共著——《刑法与民法的对话》终于要与中国读者见面了。望着书桌前厚厚的一摞译稿，喜悦、担忧、感念、遗憾，一时交集之感顿生。

一

回国已一年有余，无论身在何处，我都强烈地思念着导师佐伯仁志先生。

2008年的3月29日，我受日本安田和风亚洲青少年留学基金的资助携书将雏来到先生门下进行为期两年的学术研究。3月底的东京，薄雨收寒，斜照弄晴，河岸樱花烂漫。然而，由于我初来乍到语言不通，加之幼子就学在即，内心着实无一点轻松之感，兴奋、惶恐、期待，间杂偶尔的恍惚，可谓万千滋味在心头。

就是在这样无可名状的心境中，我来到东京大学大学院法学政治学研究科去见佐伯先生。因之前曾两度拜谒，未及红门，从容安静、温文尔雅的先生似已出现在面前。

午餐是在东京大学本乡校区的松本楼进行的。松本楼是一家经营法国料理的高级餐馆，曾是见证梅屋庄吉先生与孙中山先生友谊的地方，佐伯先生选择此处用餐足见其细密心思。

见面后，先生依然是温和的笑，但其细致入微的关心却让我至今刻骨铭心。大到研究计划、入研程序、幼子的就学,小到资料查阅、来校时的路线、就餐的处所、周末的见习,但凡研究生活所涉无所不及。现在看来,先生当时的诸多考虑固然是对我研究生活的期许,当然也有对作为初到者的我的担心,而这从他一再嘱咐学生"请妥善照顾于先生"的安排中可见一斑。

就这样,我在先生几乎无微不至的关照下开始了两年的学术研究生涯,研究课题是"刑法与民法的关系"。从此以后,听课(山口厚先生的"刑法总论",佐伯先生的"刑法各论",东大留学生中心开设的日语等)、讨论(佐伯先生的研究生讨论会)、资料查阅、写作、参加中日刑事法研讨会等成为我两年留学生活的主要内容。刚开始时,由于日语尚未过关,与佐伯先生的交流几乎是日语、英语和汉字并用——虽然我对此深感惭愧,但佐伯先生对此并不以为然,只是鼓励我多看书,多与人交流,尤其是多看日语电视节目。后来,也许是先生考虑到我的特殊情况,除了每周上课时见面外,只要时间允许,每个月总要与我交流研究状况,顺便共进午餐,闲暇时刻也带我在东大校内或到东大校园旁边的根津、汤岛等地见习。正是由于先生的这些鼓励,我的语言、见识和专业素养得到了很大的提升,"刑法与民法的关系"之研究也因先生的耐心指导而进展顺利。

中国人民大学法学院的冯军教授在其导师大塚仁教授的《刑法概说(总论)》中译本"译者后记"中曾说"能够在大塚仁先生指导下学习,是我一直暗自庆幸的事",而佐伯先生之与我,又何尝不是如此!在日本求学的两年中,也有不少"中国留学生告诉我他们的导师如何不理解、不关心甚至刁难他们的事情",每当此时,我就对佐伯先生充满感激和尊敬(像冯军兄对大塚仁教授一样);每当此时,我也总是不由自主地想起鲁迅先生当年留学仙台时的老师藤野先生。

  回国后,佐伯先生仍一如既往地关爱着作为后辈的我。去年的9月初,先生利用参加中日经济刑法会议的机会来山东大学讲学,并欣然接过徐显明校长颁发的名誉教授的聘书。这不禁又让我甚为感动:尽管之前国内外也有很多大学屡屡向先生发出访学邀请,但像来山东大学这样这么痛快地答应邀请的,在佐伯先生好像还是第一次。

二

  由于对刑法与民法的关系深感兴趣,赴日之前我已就本书研读多遍并尝试着翻译了其中的章节。来东京大学后不久的一天,突然接到北京大学出版社曾健老师的电话,原来北大出版社打算出版《刑法与民法的对话》的中译本。承蒙佐伯先生与道垣内先生不弃,我与张小宁博士承担了翻译任务。其中,第一、三、六、八、十一、十二章由我翻译,第二、四、五、七、九、十、十三、十四、十五、十六章由张小宁翻译。我们每人翻译完毕自己的章节后交对方校译一遍,然后将译稿交我,最后由我对全部译文进行再校译、润色、统一文风与术语。虽然我们对本书的翻译投入了极大精力,但由于自身学识疏漏,且本书又跨越了刑法与民法两大法域,故而我们对翻译此书始终深怀初学者心态,读者诸君如果发现翻译有误,敬请不吝批评指正。

  关于本书的翻译,特作以下几点说明:

  首先,由于本书是以朋友间对话的形式进行的,内容既有严肃的学术争论,同时也夹杂着一些笑谈,文体亦时而沉重严谨时而轻松活泼,所以对于对话人在不同语境的语气、心情的把握要求较高。基于此，译文会因语境的不同而风格有异。

其次，对于原书正文中出现的引注，我们保留了原来的形式（依然放在正文中的括号内），而没有按中国传统的编辑体例采取脚注或尾注的形式，这主要是考虑到译文形式上的美观。然而，对于原书的尾注，考虑到中国的阅读习惯以及方便性，我将其改为脚注。

再次，翻译也尽可能地保留了日文中的汉字类法律用语，这主要是因为以下两点因素：一是汉语中没有对应的法律术语，如直流抵押、略取、诱拐等；二是觉得不译或许更好，如执行犹豫、起诉犹豫、强盗罪等。除此之外，对于原文中出现的一些片假名术语，我们直接译为了英文，例如 cashing，Jurist，Seminar 等。这样做是否妥当，还望读者批评指正。

最后，因原书大量引用判例、判例集以及各类杂志，而书中并没有附有所引用判例、判例集以及杂志的简称，所以我们在中文本中另行添加了"判例·判例集以及杂志的简称"这一内容。

三

翻译乃一项极为耗人心血的工程，本书的翻译与出版也得到了众多师友的帮助与厚爱。

我之能赴东京大学学习，端赖于恩师马克昌先生的挚友、日本早稻田大学前校长西原春夫先生。正是由于西原先生的推荐，我得到了安田和风亚洲青少年交流基金的资助并有幸进入佐伯门下，从而也才有了学术上的更进一步。回国前夕的 3 月 26 日，西原先生在日比谷公园的松本楼与我归国饯行，其殷殷之情溢于言表。

感谢北京大学的陈兴良教授。翻译完成后，我把译文通过邮件发送给了陈老师，希望他能帮我们写序。没想到，两周没到陈老师即把序发送过来。一想到陈老师多年来对我的关爱与提携，就特别感动。

感谢日本成文堂编辑部部长本乡三好先生。在日本留学也会存在困难时刻，本乡的帮助就像驱散浓雾的阳光。去日本之前，他和金光旭先生帮我租好了住所；为了支持我的研究，他曾送我大批宝贵的专业书籍；每年的生日时刻，总能提前收到本乡先生寄送的花篮；回国前夕，他帮我把六大箱的研究资料寄回国内，同时亲自开车把我们送到成田机场。他就像一位负责的兄长，给予我无尽的关照。

感谢日本成蹊大学的金光旭教授。著作的翻译力求"信、达、雅"，译文完毕后我抽出了其中的两章请作为刑法学者兼翻译家的金先生过目审查，以了解译文的真实水平。金老师拨冗帮我看了两章，看后一再嘱咐我"尽快付印"，其拳拳之心固然予我信心，当然也令人感动。

感谢北京航空航天大学法学院的刘保玉教授。由于本书的翻译跨越刑法与民法两大法域，而作为刑法学者的我们只知其一不知其二，因此向作为民法学者的保玉教授请教几乎成为了我的"家庭作业"。无论是白天还是黑夜，无论是国内还是国外，电话两端所讨论的几乎皆是译稿的内容，因此本书的翻译也隐含着刘保玉教授的心血。

感谢其他提供帮助的师长和朋友。他们是：日本一桥大学法学部的王云海教授，山东大学法学院的申政武教授、秦伟教授、许庆坤教授，西北政法大学的付玉明副教授，中国人民大学法学院的付立庆副教授，清华大学法学院博士后研究人员钱叶六博士，东京大学大学院法学政治学研究科的高庆凯、于佳佳博士等。

本书的出版还要特别感谢北京大学出版社的曾健老师以及陈晓洁编辑。曾老师与陈老师高度负责的态度让我受益匪浅，他们的督促驱除了我的懒散，由此导致本书的尽快出版。

最后，我想把我深深的感激与尊敬送给我的恩师马克昌先生！十多年来，先生耳提面命，我亦一刻也不敢有丝毫懈怠。留学归来，本想等译著出版后亲自送到先生面前，却不料成为了永远不可能实现的承诺。马先生，就让我把这迟到的译稿双手捧于您的灵前，让思念的泪水倾盆而下……

于改之

2011 年 9 月 15 日于泉城济南

北京市版权局著作权合同登记号 图字:01-2009-0726
图书在版编目(CIP)数据

刑法与民法的对话/(日)佐伯仁志,(日)道垣内弘人著;于改之,张小宁译.—北京:北京大学出版社,2012.1
ISBN 978-7-301-16349-8

Ⅰ.①刑… Ⅱ.①佐… ②道… ③于… ④张… Ⅲ.①刑法-研究 ②民法-研究 Ⅳ.①D914.04 ②D913.04

中国版本图书馆 CIP 数据核字(2011)第 235751 号

KEIHO TO MINPO NO TAIWA
by SAEKI Hitoshi/DOGAUCHI Hiroto
Copyright ⓒ 2001 SAEKI Hitoshi/DOGAUCHI Hiroto
All rights reserved.
Originally published in Japan by YUHIKAKU PUBLISHING CO., LTD., Tokyo.
Chinese (in simplified character only) translation rights arranged with
YUHIKAKU PUBLISHING CO., LTD., Japan
through THE SAKAI AGENCY.

书　　　名:	刑法与民法的对话
著作责任者:	〔日〕佐伯仁志　〔日〕道垣内弘人　著　于改之　张小宁　译
责任编辑:	曾　健　陈晓洁
标准书号:	ISBN 978-7-301-16349-8/D·2504
出版发行:	北京大学出版社
地　　　址:	北京市海淀区成府路205号　100871
网　　　址:	http://www.yandayuanzhao.com
电子邮箱:	law@pup.pku.edu.cn
电　　　话:	邮购部 62752015　发行部 62750672　编辑部 62117788 出版部 62754962
印　刷　者:	北京汇林印务有限公司
经　销　者:	新华书店
	880 毫米×1230 毫米　A5　14 印张　254 千字 2012 年 1 月第 1 版　2018 年 7 月第 5 次印刷
定　　　价:	49.00 元

未经许可,不得以任何方式复制或抄袭本书之部分或全部内容。
版权所有,侵权必究
举报电话:010-62752024　电子邮箱:fd@pup.pku.edu.cn